Cadernos do cárcere

Obras de Antonio Gramsci

Editor: Carlos Nelson Coutinho
Coeditores: Luiz Sérgio Henriques e Marco Aurélio Nogueira

Cadernos do cárcere (6 vols.)

1. Introdução ao estudo da filosofia. A filosofia de Benedetto Croce
2. Os intelectuais. O princípio educativo. Jornalismo
3. Maquiavel. Notas sobre o Estado e a política
4. Temas de cultura. Ação católica. Americanismo e fordismo
5. O *Risorgimento*. Notas sobre a história da Itália
6. Literatura. Folclore. Gramática. Apêndices: variantes e índices

Escritos políticos (2 vols.)

1. Escritos políticos 1910-1920
2. Escritos políticos 1921-1926

Cartas do cárcere (2 vols.)

Antonio Gramsci

Cadernos do cárcere

Volume 2:
Os intelectuais. O princípio educativo.
Jornalismo.

Tradução de
Carlos Nelson Coutinho

11ª edição

CIVILIZAÇÃO BRASILEIRA

Rio de Janeiro
2025

Capa: Rodrigo Moreira
Imagem de capa: Laski Diffusion/ Getty Images

Texto revisado segundo o Acordo Ortográfico da Língua Portuguesa de 1990.

Direitos desta tradução adquiridos pela
EDITORA CIVILIZAÇÃO BRASILEIRA
Um selo da
EDITORA JOSÉ OLYMPIO LTDA.
Rua Argentina, 171 — Rio de Janeiro, RJ — 20921-380 — Tel.: (21) 2585-2000.

CIP-BRASIL. CATALOGAÇÃO NA PUBLICAÇÃO
SINDICATO NACIONAL DOS EDITORES DE LIVROS, RJ

G773c Gramsci, Antonio, 1891-1937
11. ed. Cadernos do cárcere, volume 2 : os intelectuais, o princípio educativo,
v. 2 jornalismo / Antonio Gramsci ; tradução Carlos Nelson Coutinho. –
11. ed. – Rio de Janeiro : Civilização Brasileira, 2025.
322 p.

Tradução de: Quaderni del carcere
ISBN 978-65-5802-023-3

1. Gramsci, Antonio, 1891-1937 - Visão política e social. 2. Comunismo. 3. Socialismo. 4. Filosofia. 5. Materialismo histórico. 6. Teoria politica. 7. Estado e sociedade. I. Coutinho, Carlos Nelson. II. Título.

21-73076 CDD: 320.5315
CDU: 32:141.81

Camila Donis Hartmann – Bibliotecária – CRB – 7/6472

Impresso no Brasil
2025

SUMÁRIO

NOTA PRÉVIA

Para os critérios utilizados na presente edição brasileira dos *Cadernos do cárcere*, cujo volume 2 o leitor tem agora em mãos, remetemos à detalhada "Introdução" contida no volume 1. Nela, o leitor encontrará não apenas a explicitação desses critérios, mas também uma descrição dos *Cadernos* e uma história de suas edições na Itália e no Brasil.

Recordamos aqui apenas alguns tópicos:

1) Os *Cadernos do cárcere* se dividem, segundo indicações do próprio Gramsci, em "cadernos especiais" e "cadernos miscelâneos". Nos primeiros, em geral mais tardios, Gramsci agrupou notas sobre temas específicos; nos segundos, reuniu apontamentos sobre diferentes assuntos. Além de reproduzir os "cadernos especiais" tais como nos foram legados por Gramsci, esta edição os faz sempre acompanhar pelas notas contidas nos "cadernos miscelâneos" relativas ao conteúdo básico de cada um dos "cadernos especiais". Apresentados aqui em sua presumível ordem cronológica de redação, os cadernos e as notas (sempre precedidas no manuscrito de Gramsci por um sinal de §) são datados e numerados segundo os critérios adotados na edição crítica organizada por Valentino Gerratana (*Quaderni del carcere*, Turim, Einaudi, 1975, 4 vols.).

2) Em sua edição, Gerratana distingue as notas gramscianas em textos A, B e C. Os textos A são aqueles que Gramsci cancela e depois retoma, com maiores ou menores alterações, em textos C; os textos B são os de redação única. Nossa edição, que reproduz a totalidade dos textos B e C, não contém — salvo algumas exceções — os textos A. Enquanto os "cadernos especiais" são quase sempre constituídos por textos C, os "cadernos miscelâneos" (se excluirmos os textos A e apenas três textos C) são formados por textos B. Quando houver exceções a

essa "regra", elas serão indicadas na presente edição, mediante a inclusão, após cada parágrafo que não siga a "regra", dos signos {B} ou {C}. Cabe advertir que tais exceções não ocorrem no presente volume 2, no qual todos os "cadernos especiais" (12, 24 e 28) são formados exclusivamente por textos C e todas as notas dos "cadernos miscelâneos" são de tipo B.

3) Sempre que o leitor encontrar, ao longo do texto de Gramsci, um número posto entre colchetes ([1], [2], [3], etc.) tal número remete às "Notas ao texto", situadas no final de cada volume. Essas "Notas" fazem parte do aparato crítico da presente edição.

C.N.C.

CADERNOS DO CÁRCERE

VOLUME 2

I.

OS INTELECTUAIS. O PRINCÍPIO EDUCATIVO

1. Caderno 12

(1932)

Apontamentos e notas dispersas para um grupo de ensaios sobre a história dos intelectuais

§ 1. Os intelectuais são um grupo autônomo e independente, ou cada grupo social tem sua própria categoria especializada de intelectuais? O problema é complexo por causa das várias formas que assumiu até agora o processo histórico real de formação das diversas categorias intelectuais. As mais importantes dessas formas são duas:

1) Todo grupo social, nascendo no terreno originário de uma função essencial no mundo da produção econômica, cria para si, ao mesmo tempo, organicamente, uma ou mais camadas de intelectuais que lhe dão homogeneidade e consciência da própria função, não apenas no campo econômico, mas também no social e político: o empresário capitalista cria consigo o técnico da indústria, o cientista da economia política, o organizador de uma nova cultura, de um novo direito, etc., etc. Deve-se observar o fato de que o empresário representa uma elaboração social superior, já caracterizada por uma certa capacidade dirigente e técnica (isto é, intelectual): ele deve possuir uma certa capacidade técnica, não somente na esfera restrita de sua atividade e de sua iniciativa, mas também em outras esferas, pelo menos nas mais próximas da produção econômica (deve ser um organizador de massa de homens, um organizador da "confiança" dos que investem em sua empresa, dos compradores de sua mercadoria, etc.). Se não todos os empresários, pelo menos uma elite deles deve possuir a capacidade de organizar a sociedade em geral, em todo o seu complexo organismo de serviços, até o organismo estatal, tendo em vista a necessidade de criar as condições mais favoráveis à expansão da própria classe; ou, pelo menos, deve possuir a capacidade de escolher os "prepostos" (empregados especializados) a quem confiar esta atividade organizativa das relações gerais exteriores à empresa. Pode-se observar que

os intelectuais "orgânicos" que cada nova classe cria consigo e elabora em seu desenvolvimento progressivo são, na maioria dos casos, "especializações" de aspectos parciais da atividade primitiva do tipo social novo que a nova classe deu à luz. (Também os senhores feudais eram detentores de uma particular capacidade técnica, a militar, e é precisamente a partir do momento em que a aristocracia perde o monopólio desta capacidade técnico-militar que se inicia a crise do feudalismo. Mas a formação dos intelectuais no mundo feudal e no mundo clássico precedente é uma questão que deve ser examinada à parte: esta formação e elaboração seguem caminhos e modos que é preciso estudar concretamente. Assim, cabe observar que a massa dos camponeses, ainda que desenvolva uma função essencial no mundo da produção, não elabora seus próprios intelectuais "orgânicos" e não "assimila" nenhuma camada de intelectuais "tradicionais", embora outros grupos sociais extraiam da massa dos camponeses muitos de seus intelectuais e grande parte dos intelectuais tradicionais seja de origem camponesa.)

2) Todo grupo social "essencial", contudo, emergindo na história a partir da estrutura econômica anterior e como expressão do desenvolvimento desta estrutura, encontrou — pelo menos na história que se desenrolou até nossos dias — categorias intelectuais preexistentes, as quais apareciam, aliás, como representantes de uma continuidade histórica que não foi interrompida nem mesmo pelas mais complicadas e radicais modificações das formas sociais e políticas. A mais típica destas categorias intelectuais é a dos eclesiásticos, que monopolizaram durante muito tempo (numa inteira fase histórica, que é parcialmente caracterizada, aliás, por este monopólio) alguns serviços importantes: a ideologia religiosa, isto é, a filosofia e a ciência da época, com a escola, a instrução, a moral, a justiça, a beneficência, a assistência, etc. A categoria dos eclesiásticos pode ser considerada como a categoria intelectual organicamente ligada à aristocracia fundiária: era juridicamente equiparada à aristocracia, com a qual dividia o exercício da propriedade feudal da terra e o uso dos privilégios estatais ligados

à propriedade. Mas o monopólio das superestruturas por parte dos eclesiásticos (disso nasceu a acepção geral de "intelectual" ou de "especialista", da palavra "clérigo", em muitas línguas de origem neolatina ou fortemente influenciadas, através do latim eclesiástico, pelas línguas neolatinas, com seu correlativo de "laico" no sentido de profano, de não especialista) não foi exercido sem luta e sem limitações; e, por isso, nasceram, sob várias formas (que devem ser pesquisadas e estudadas concretamente), outras categorias, favorecidas e ampliadas pelo fortalecimento do poder central do monarca, até o absolutismo. Assim, foi-se formando a aristocracia togada, com seus próprios privilégios, bem como uma camada de administradores, etc., cientistas, teóricos, filósofos não eclesiásticos, etc.

Dado que estas várias categorias de intelectuais tradicionais sentem com "espírito de grupo" sua ininterrupta continuidade histórica e sua "qualificação", eles se põem a si mesmos como autônomos e independentes do grupo social dominante. Esta autoposição não deixa de ter consequências de grande importância no campo ideológico e político (toda a filosofia idealista pode ser facilmente relacionada com esta posição assumida pelo conjunto social dos intelectuais e pode ser definida como a expressão desta utopia social segundo a qual os intelectuais acreditam ser "independentes", autônomos, dotados de características próprias, etc. Deve-se notar, porém, que se o papa e a alta hierarquia da Igreja se creem mais ligados a Cristo e aos apóstolos do que aos senadores Agnelli e Benni, o mesmo não ocorre com Gentile e Croce, por exemplo; Croce, sobretudo, sente-se fortemente ligado a Aristóteles e a Platão, mas não esconde, ao contrário, que esteja ligado aos senadores Agnelli e Benini e nisto, precisamente, deve ser procurada a característica mais marcante da filosofia de Croce.)

(Essa pesquisa sobre a história dos intelectuais não será de caráter "Sociológico", mas dará lugar a uma série de ensaios de "história da cultura" (*Kulturgeschichte*) e de história da ciência política. Todavia, será difícil evitar algumas formas esquemáticas e abstratas que recordem as da "sociologia": será preciso, portanto, encontrar a forma literária mais adequada para que a exposição seja "não sociológica". A primeira parte da pesquisa poderia ser uma crítica metodológica das obras já existentes sobre os intelectuais, que são quase todas de caráter sociológico. Portanto, coletar a bibliografia sobre o assunto é indispensável.)

Quais são os limites "máximos" da acepção de "intelectual"? É possível encontrar um critério unitário para caracterizar igualmente todas as diversas e variadas atividades intelectuais e para distingui-las, ao mesmo tempo e de modo essencial, das atividades dos outros agrupamentos sociais? O erro metodológico mais difundido, ao que me parece, é ter buscado este critério de distinção no que é intrínseco às atividades intelectuais, em vez de buscá-lo no conjunto do sistema de relações no qual estas atividades (e, portanto, os grupos que as personificam) se encontram no conjunto geral das relações sociais. Na verdade, o operário ou proletário, por exemplo, não se caracteriza especificamente pelo trabalho manual ou instrumental, mas por este trabalho em determinadas condições e em determinadas relações sociais (sem falar no fato de que não existe trabalho puramente físico, e de que mesmo a expressão de Taylor, do "gorila *amestrado*", é uma metáfora para indicar um limite numa certa direção: em qualquer trabalho físico, mesmo no mais mecânico e degradado, existe um mínimo de qualificação técnica, isto é, um mínimo de atividade intelectual criadora). E já se observou que o empresário, pela sua própria função, deve possuir em certa medida algumas qualificações de caráter intelectual, embora sua figura social seja determinada não por elas, mas pelas relações sociais gerais que caracterizam efetivamente a posição do empresário na indústria.

Por isso, seria possível dizer que todos os homens são intelectuais, mas nem todos os homens têm na sociedade a função de intelectuais (assim, o fato de que alguém possa, em determinado momento, fritar dois ovos ou costurar um rasgão no paletó não significa que todos sejam cozinheiros ou alfaiates). Formam-se assim, historicamente, categorias especializadas para o exercício da função intelectual; formam-se em conexão com todos os grupos sociais, mas sobretudo em conexão com os grupos sociais mais importantes, e sofrem elaborações mais amplas e complexas em ligação com o grupo social dominante. Uma das características mais marcantes de todo grupo que se desenvolve no sentido do domínio é sua luta pela assimilação e pela conquista "ideológica" dos intelectuais tradicionais, assimilação e conquista que são tão mais rápidas e eficazes quanto mais o grupo em questão for capaz de elaborar simultaneamente seus próprios intelectuais orgânicos. O enorme desenvolvimento obtido pela atividade e pela organização escolar (em sentido lato) nas sociedades que emergiram do mundo medieval indica a importância assumida no mundo moderno pelas categorias e funções intelectuais: assim como se buscou aprofundar e ampliar a "intelectualidade" de cada indivíduo, buscou-se igualmente multiplicar as especializações e aperfeiçoá-las. Isso resulta das instituições escolares de graus diversos, até os organismos que visam a promover a chamada "alta cultura", em todos os campos da ciência e da técnica. (A escola é o instrumento para elaborar os intelectuais de diversos níveis. A complexidade da função intelectual nos vários Estados pode ser objetivamente medida pela quantidade das escolas especializadas e pela sua hierarquização: quanto mais extensa for a "área" escolar e quanto mais numerosos forem os "graus" "verticais" da escola, tão mais complexo será o mundo cultural, a civilização, de um determinado Estado. Pode-se ter um termo de comparação na esfera da técnica industrial: a industrialização de um país se mede pela sua capacidade de construir máquinas que construam máquinas e pela fabricação de instrumentos cada vez mais precisos para construir máquinas e instrumentos que construam máquinas, etc. O país que possuir a melhor capacitação para construir instrumentos destinados aos laboratórios dos cientistas e para construir instrumentos que verifiquem estes instrumentos, este país pode ser considerado o mais complexo no campo técnico-industrial, o mais civilizado, etc. O mesmo ocorre na preparação dos intelectuais e nas escolas destinadas a tal preparação: escolas e instituições de alta cultura são similares.)

(Também nesse campo a quantidade não pode ser destacada da qualidade. À mais refinada especialização técnicocultural, não pode deixar de corresponder a maior ampliação possível da difusão da instrução primária e o maior empenho no favorecimento do acesso aos graus intermediários do maior número. Naturalmente, esta necessidade de criar a mais ampla base possível para a seleção e elaboração das mais altas qualificações intelectuais — ou seja, de dar à alta cultura e à técnica superior uma estrutura democrática — não deixa de ter inconvenientes: cria-se assim a possibilidade de amplas crises de desemprego nas camadas médias intelectuais, como ocorre efetivamente em todas as sociedades modernas.)

Deve-se notar que a elaboração das camadas intelectuais na realidade concreta não ocorre num terreno democrático abstrato, mas segundo processos históricos tradicionais muito concretos. Formaram-se camadas que, tradicionalmente, "produzem" intelectuais; e elas são as mesmas que, com frequência, especializaram-se na "poupança" isto é, a pequena e média burguesia fundiária e alguns estratos da pequena e média burguesia urbana. A diferente distribuição dos diversos tipos de escola (clássicas e profissionais) no território "econômico" e as diferentes aspirações das várias categorias destas camadas determinam, ou dão forma, à produção dos diferentes ramos de especialização intelectual. Assim, na Itália, a burguesia rural produz sobretudo funcionários estatais e profissionais liberais, enquanto a burguesia urbana produz técnicos para a indústria: por isso, a Itália setentrional produz sobretudo técnicos e a Itália meridional sobretudo funcionários e profissionais.

A relação entre os intelectuais e o mundo da produção não é imediata, como ocorre no caso dos grupos sociais fundamentais, mas é "mediatizada", em diversos graus, por todo o tecido social, pelo conjunto das superestruturas, do qual os intelectuais são precisamente os "funcionários". Seria possível medir a "organicidade" dos diversos estratos intelectuais, sua conexão mais ou menos estreita com um grupo social fundamental, fixando uma gradação das funções e das superestruturas de baixo para cima (da base estrutural para o alto). Por enquanto, podem-se fixar dois grandes "planos" superestruturais: o que pode ser chamado de "sociedade civil" (isto é, o conjunto de organismos designados vulgarmente como "privados") e o da "sociedade política ou Estado" planos que correspondem, respectivamente, à função de "hegemonia" que o grupo dominante exerce em toda a sociedade e àquela de "domínio direto" ou de comando, que se expressa no Estado e no governo "jurídico". Estas funções são precisamente organizativas e conectivas. Os intelectuais são os "prepostos" do grupo dominante para o exercício das funções subalternas da hegemonia social e do governo político, isto é: 1) do consenso "espontâneo" dado pelas grandes massas da população à orientação impressa pelo grupo fundamental dominante à vida social, consenso que nasce "historicamente" do prestígio (e, portanto, da confiança) obtido pelo grupo dominante por causa de sua posição e de sua função no mundo da produção; 2) do aparelho de coerção estatal que assegura "legalmente" a disciplina dos grupos que não "consentem", nem ativa nem passivamente, mas que é constituído para toda a sociedade na previsão dos momentos de crise no comando e na direção, nos quais desaparece o consenso espontâneo. Esta colocação do problema tem como resultado uma ampliação muito grande do conceito de intelectual, mas só assim se torna possível chegar a uma aproximação concreta à realidade. Este modo de colocar a questão entra em choque com preconceitos de casta: é verdade que a própria função organizativa da hegemonia social e do domínio estatal dá lugar a uma certa divisão do trabalho e, portanto, a toda uma gradação de qualificações, em algumas das quais não mais aparece nenhuma atribuição diretiva e organizativa: no aparelho da direção social e estatal existe toda uma série de empregos de caráter manual e instrumental (de ordem e não de conceito, de agente e não de oficial ou funcionário, etc.), mas, evidentemente, é preciso fazer esta distinção, como é preciso fazer também algumas outras. De fato, a atividade intelectual deve ser diferenciada em graus também do ponto de vista intrínseco, graus que, nos momentos de extrema oposição, dão lugar a uma autêntica diferença qualitativa: no mais alto grau, devem ser postos os criadores das várias ciências, da filosofia, da arte, etc.; no mais baixo, os mais modestos "administradores" e divulgadores da riqueza intelectual já existente, tradicional, acumulada. O organismo militar, também, neste caso, oferece um modelo destas complexas gradações: oficiais subalternos, oficiais superiores, Estado-Maior; e não se devem esquecer os cabos e sargentos, cuja importância real é superior ao que habitualmente se crê. É interessante notar que todas estas partes se sentem solidárias, ou, melhor, que os estratos inferiores manifestam um "espírito de grupo" mais evidente, do qual recolhem uma "vaidade" que frequentemente os expõe aos gracejos e às troças.

No mundo moderno, a categoria dos intelectuais, assim entendida, ampliou-se enormemente. Foram elaboradas, pelo sistema social democrático-burocrático, imponentes massas, nem todas justificadas pelas necessidades sociais da produção, ainda que justificadas pelas necessidades políticas do grupo fundamental dominante. Daí a concepção loriana do "trabalhador" improdutivo [1] (mas improdutivo em relação a quem e a que modo de produção?), que poderia ser parcialmente justificada se se levasse em conta que estas massas exploram sua posição a fim de obter grandes somas retiradas à renda nacional. A formação em massa estandardizou os indivíduos, na qualificação intelectual e na psicologia, determinando os mesmos fenômenos que ocorrem em todas as outras massas estandardizadas: concorrência (que coloca a necessidade da organização profissional de defesa), desemprego, superprodução escolar, emigração, etc.

Posição diversa dos intelectuais de tipo urbano e de tipo rural. [2] Os intelectuais de tipo urbano cresceram junto com a indústria e são ligados às suas vicissitudes. A sua função pode ser comparada à dos oficiais subalternos no exército: não possuem nenhuma iniciativa autônoma na elaboração dos planos de construção; colocam em relação, articulando-a, a massa instrumental com o empresário, elaboram a execução imediata do plano de produção estabelecido pelo estado-maior da indústria, controlando suas fases executivas elementares. Na média geral, os intelectuais urbanos são bastante estandardizados; os altos intelectuais urbanos confundem-se cada vez mais com o estado-maior industrial propriamente dito.

Os intelectuais de tipo rural são, em grande parte, "tradicionais" isto é, ligados à massa social do campo e pequeno-burguesa, de cidades (notadamente dos centros menores), ainda não elaborada e posta em movimento pelo sistema capitalista: este tipo de intelectual põe em contato a massa camponesa com a administração estatal ou local (advogados, tabeliães, etc.) e, por esta mesma função, possui uma grande função político-social, já que a mediação profissional dificilmente se separa da mediação política. Além disso: no campo, o intelectual (padre, advogado, professor, tabelião, médico, etc.) possui um padrão de vida médio superior, ou, pelo menos, diverso daquele do camponês médio e representa, por isso, para este camponês, um modelo social na aspiração de sair de sua condição e de melhorá-la. O camponês acredita sempre que pelo menos um de seus filhos pode se tornar intelectual (sobretudo padre), isto é, tornar-se um senhor, elevando o nível social da família e facilitando sua vida econômica pelas ligações que não poderá deixar de estabelecer com os outros senhores. A atitude do camponês diante do intelectual é dúplice e parece contraditória: ele admira a posição social do intelectual e, em geral, do funcionário público, mas finge às vezes desprezá-la, isto é, sua admiração mistura-se instintivamente com elementos de inveja e de raiva apaixonada. Não se compreende nada da vida coletiva dos camponeses, nem dos germes e fermentos de desenvolvimento nela existentes, se não se leva em consideração, se não se estuda concretamente e não se aprofunda esta subordinação efetiva aos intelectuais: todo desenvolvimento orgânico das massas camponesas, até um certo ponto, está ligado aos movimentos dos intelectuais e deles depende.

O caso é diverso para os intelectuais urbanos: os técnicos de fábrica não exercem nenhuma função política sobre suas massas instrumentais, ou, pelo menos, é esta uma fase já superada; por vezes, ocorre precisamente o contrário, ou seja, que as massas instrumentais, pelo menos através de seus próprios intelectuais orgânicos, exerçam uma influência política sobre os técnicos.

O ponto central da questão continua a ser a distinção entre intelectuais como categoria orgânica de cada grupo social fundamental e intelectuais como categoria tradicional, distinção da qual decorre toda uma série de problemas e de possíveis pesquisas históricas. O problema mais interessante é o que diz respeito, se considerado deste ponto de vista, ao partido político moderno, às suas origens reais, aos seus desenvolvimentos, às suas formas. O que se torna o partido político em relação ao problema dos intelectuais? É necessário fazer algumas distinções: 1) para alguns grupos sociais, o partido político é nada mais do que o modo próprio de elaborar sua categoria de intelectuais orgânicos, que se formam assim, e não podem deixar de formar-se, dadas as características gerais e as condições de formação, de vida e de desenvolvimento do grupo social dado, diretamente no campo político e filosófico, e não no campo da técnica produtiva (no campo da técnica produtiva, formam-se os estratos que correspondem, pode-se dizer, aos cabos e sargentos no exército, isto é, os operários qualificados e especializados na cidade e, de modo mais complexo, os parceiros e colonos no campo, pois o parceiro e o colono correspondem geralmente ao tipo artesão, que é o operário qualificado de uma economia medieval); 2) o partido político, para todos os grupos, é precisamente o mecanismo que realiza na sociedade civil a mesma função desempenhada pelo Estado, de modo mais vasto e mais sintético, na sociedade política, ou seja, proporciona a soldagem entre intelectuais orgânicos de um dado grupo, o dominante, e intelectuais tradicionais; e esta função é desempenhada pelo partido precisamente na dependência de sua função fundamental, que é a de elaborar os próprios componentes, elementos de um grupo social nascido e desenvolvido como "econômico", até transformá-los em intelectuais políticos qualificados, dirigentes, organizadores de todas as atividades e funções inerentes ao desenvolvimento orgânico de uma sociedade integral, civil e política. Aliás, pode-se dizer que, no seu âmbito, o partido político desempenha sua função muito mais completa e organicamente do que, num âmbito mais vasto, o Estado desempenha a sua: um intelectual que passa a fazer parte do partido político de um determinado grupo social confunde-se com os intelectuais orgânicos do próprio grupo, liga-se estreitamente ao grupo, o que, através da participação na vida estatal, ocorre apenas mediocremente ou mesmo nunca. Aliás, ocorre que muitos intelectuais pensam ser o Estado, crença que, dado o imenso número de componentes da categoria, tem por vezes notáveis consequências e leva a desagradáveis complicações para o grupo fundamental econômico que realmente é o Estado.

Que todos os membros de um partido político devam ser considerados como intelectuais é uma afirmação que pode se prestar à ironia e à caricatura; contudo, se refletirmos bem, nada é mais exato. Será preciso fazer uma distinção de graus; um partido poderá ter uma maior ou menor composição do grau mais alto ou do mais baixo, mas não é isto que importa: importa a função, que é diretiva e organizativa, isto é, educativa, isto é, intelectual. Um comerciante não ingressa num partido político para comerciar, nem um industrial para produzir mais e com custos reduzidos, nem um camponês para aprender novos métodos de cultivar a terra, ainda que alguns aspectos destas exigências do comerciante, do industrial, do camponês possam ser satisfeitos no partido político. (A opinião geral contradiz esta afirmação, ao dizer que o comerciante, o industrial, o camponês "politiqueiros" perdem ao invés de ganhar, e que são os piores de sua categoria, o que pode ser questionado.) Para estas finalidades, dentro de certos limites, existe o sindicato profissional, no qual a atividade econômico-corporativa do comerciante, do industrial, do camponês encontra seu quadro mais adequado. No partido político, os elementos de um grupo social econômico superam este momento de seu desenvolvimento histórico e se tornam agentes de atividades gerais, de caráter nacional e internacional. Esta função do partido político apareceria com muito maior clareza mediante uma análise histórica concreta do modo pelo qual se desenvolveram as categorias orgânicas e as categorias tradicionais dos intelectuais, tanto no terreno das várias histórias nacionais quanto no do desenvolvimento dos vários grupos sociais mais importantes no quadro das diversas nações, sobretudo daqueles grupos cuja atividade econômica foi predominantemente instrumental.

A formação dos intelectuais tradicionais é o problema histórico mais interessante. Ele se liga certamente à escravidão do mundo clássico e à posição dos libertos de origem grega e oriental na organização social do Império Romano. Esta separação não apenas social, mas nacional, racial, entre grandes massas de intelectuais e a classe dominante do Império Romano se reproduz, após a queda do Império, entre guerreiros germânicos e intelectuais originários romanizados, continuadores da categoria dos libertos. Articula-se com estes fenômenos o nascimento e desenvolvimento do catolicismo e da organização eclesiástica que, por muitos séculos, absorveu a maior parte das atividades intelectuais e exerceu o monopólio da direção cultural, com sanções penais para quem quisesse se opor, ou mesmo ignorar, tal monopólio. Na Itália, verifica-se o fenômeno, mais ou menos intenso segundo a época, da função cosmopolita dos intelectuais peninsulares. Farei referência às diferenças que saltam imediatamente à vista no desenvolvimento dos intelectuais em toda uma série de países, pelo menos nos mais importantes, com a advertência de que estas observações deverão ser verificadas e aprofundadas (de resto, todas estas notas devem ser consideradas simplesmente como indicações e motivos para ajudar a memória, devendo ser verificados e aprofundados).

No que diz respeito à Itália, o fato central é precisamente a função internacional ou cosmopolita de seus intelectuais, que é causa e efeito do estado de desagregação em que permaneceu a península, desde a queda do Império Romano até 1870.

A França fornece um tipo completo de desenvolvimento harmônico de todas as energias nacionais e, particularmente, das categorias intelectuais. Quando, em 1789, um novo agrupamento social aflora politicamente à história, ele está completamente aparelhado para todas as suas funções sociais e, por isso, luta pelo domínio total da nação, sem estabelecer compromissos essenciais com as velhas classes, mas, ao contrário, subordinando-as às próprias finalidades. As primeiras células intelectuais do novo tipo nascem com as primeiras células econômicas: a própria organização eclesiástica sofre sua influência (galicanismo, lutas muito precoces entre Igreja e Estado). Esta maciça construção intelectual explica a função da cultura francesa nos séculos XVIII e XIX, função de irradiação internacional e cosmopolita e de expansão de caráter imperialista e hegemônico de modo orgânico, portanto muito diversa da italiana, de caráter imigratório pessoal e desagregado, que não reflui sobre a base nacional para potenciá-la, mas, ao contrário, concorre para impossibilitar a constituição de uma sólida base nacional.

Na Rússia, diversas temáticas: a organização política e econômico-comercial foi criada pelos normandos (varegos); a religiosa, pelos gregos bizantinos. Num segundo momento, os alemães e franceses levam a experiência europeia à Rússia e emprestam um primeiro esqueleto consistente à gelatina histórica russa. As forças nacionais são inertes, passivas e receptivas, mas — talvez precisamente por isto — assimilam completamente as influências estrangeiras e os próprios estrangeiros, russificando-os. No período histórico mais recente, ocorre o fenômeno inverso: uma elite dentre as pessoas mais ativas, enérgicas, empreendedoras e disciplinadas vai para o exterior, assimila a cultura e as experiências históricas dos países mais desenvolvidos do Ocidente, sem com isso perder as características mais essenciais da própria nacionalidade, isto é, sem romper as ligações sentimentais e históricas com o próprio povo; feito assim seu aprendizado intelectual, retornam ao país, obrigando o povo a um despertar forçado, a uma marcha acelerada para a frente, queimando as etapas. A diferença entre esta elite e aquela alemã importada (por Pedro o Grande, por exemplo) consiste em seu caráter essencial nacional-popular: não pode ser assimilada pela passividade inerte do povo russo, já que ela mesma é uma enérgica reação russa à própria inércia histórica.

Num outro terreno e em condições bem diversas de tempo e lugar, este fenômeno russo pode ser comparado ao nascimento da nação americana (Estados Unidos): os imigrantes anglo-saxões são também uma elite intelectual, mas sobretudo moral. Refiro-me, naturalmente, aos primeiros imigrantes, aos pioneiros, protagonistas das lutas religiosas e políticas inglesas, derrotados, mas nem humilhados nem rebaixados em sua pátria de origem. Eles trazem para a América, em suas próprias pessoas, além da energia moral e volitiva, um certo grau de civilização, uma certa fase da evolução histórica europeia que, transplantada no solo virgem americano por tais agentes, continua a desenvolver as forças implícitas em sua natureza, mas com um ritmo incomparavelmente mais rápido do que na velha Europa, onde existe toda uma série de freios (morais, intelectuais, políticos, econômicos, incorporados em determinados grupos da população, relíquias dos regimes passados que não querem desaparecer) que se opõem a um processo rápido e equilibram na mediocridade qualquer iniciativa, diluindo-a no tempo e no espaço.

Na Inglaterra, o desenvolvimento é muito diferente daquele da França. O novo agrupamento social nascido sobre a base do industrialismo moderno tem um surpreendente desenvolvimento econômico-corporativo, mas engatinha no campo intelectual-político. É muito ampla a categoria dos intelectuais orgânicos, isto é, dos intelectuais nascidos no mesmo terreno industrial do grupo econômico; porém, na esfera mais elevada, encontramos conservada a posição de quase monopólio da velha classe agrária, que perde a supremacia econômica mas conserva por muito tempo uma supremacia político-intelectual, sendo assimilada como "intelectuais tradicionais" e como estrato dirigente pelo novo grupo que ocupa o poder. A velha aristocracia fundiária se une aos industriais através de um tipo de sutura que, em outros países, é precisamente aquele que une os intelectuais tradicionais às novas classes dominantes.

O fenômeno inglês manifestou-se também na Alemanha, complicado aqui por outros elementos históricos e tradicionais. A

Alemanha, como a Itália, foi a sede de uma instituição e de uma ideologia universalista, supranacional (Sacro Império Romano da Nação Alemã), e forneceu uma certa quantidade de quadros à cosmópole medieval, depauperando as próprias energias internas e provocando lutas que desviavam dos problemas da organização nacional e mantinham a desagregação territorial da Idade Média. O desenvolvimento industrial ocorreu sob um invólucro semifeudal, que durou até novembro de 1918, e os *junker* mantiveram uma supremacia político-intelectual bem maior do que a mantida pelo mesmo grupo inglês. Eles foram os intelectuais tradicionais dos industriais alemães, mas com privilégios especiais e com uma forte consciência de ser um grupo social independente, baseada no fato de que detinham um notável poder econômico sobre a terra, mais "produtiva" do que na Inglaterra. Os *junker* prussianos assemelham-se a uma casta sacerdotal-militar, que possui um quase monopólio das funções diretivo-organizativas na sociedade política, mas que dispõe ao mesmo tempo de uma base econômica própria e não depende exclusivamente da liberalidade do grupo econômico dominante. Além disso, diferentemente dos nobres agrários ingleses, os *junker* constituíam a oficialidade de um grande exército permanente, o que lhes fornecia sólidos quadros organizativos, favoráveis à conservação do espírito de grupo e do monopólio político. (No livro *Parlamento e governo na nova ordem da Alemanha*, de Max Weber [3], podem-se encontrar muitos elementos que permitem observar como o monopólio político dos nobres impediu a elaboração de um pessoal político burguês numeroso e experimentado e constituiu a base das contínuas crises parlamentares e da desagregação dos partidos liberais e democráticos; daí a importância do Centro Católico e da Social-Democracia, que conseguiram, durante o período imperial, elaborar um estrato parlamentar e diretivo próprio bastante numeroso.)

Nos Estados Unidos, deve-se notar a ausência, em certa medida, dos intelectuais tradicionais e, portanto, o diverso equilíbrio dos intelectuais em geral. Ocorreu uma formação maciça de todas as superestruturas modernas com base na indústria. A necessidade de um equilíbrio não é dada pelo fato de que seja necessário fundir os intelectuais orgânicos com os tradicionais, que não existem como categoria cristalizada e misoneísta, mas pelo fato de que seja necessário fundir, num único cadinho nacional de cultura unitária, diversos tipos de cultura trazidos pelos imigrantes de origens nacionais variadas. A ausência de uma vasta sedimentação de intelectuais tradicionais, como ocorreu nos países de civilização antiga, explica parcialmente seja a existência de apenas dois grandes partidos políticos, que poderiam na realidade ser facilmente reduzidos a um só (comparar com a França, e não somente a do pós-guerra, quando a multiplicação dos partidos se tornou um fenômeno geral), seja, ao inverso, a multiplicação ilimitada de seitas religiosas (ao que parece, foram catalogadas mais de duzentas; comparar com a França e com as encarniçadas lutas empreendidas para que se mantivesse a unidade religiosa e moral do povo francês).

Uma manifestação interessante deve ainda ser estudada nos Estados Unidos, qual seja a da formação de um número surpreendente de intelectuais negros, que absorvem a cultura e a técnica americanas. Pode-se pensar na influência indireta que estes intelectuais negros podem exercer sobre as massas atrasadas da África, bem como na influência direta que se verificaria caso ocorresse uma destas hipóteses: 1) se o expansionismo americano se servisse dos negros nacionais como seus agentes na conquista dos mercados africanos e na extensão a eles do próprio tipo de cultura (algo similar já ocorreu, mas ignoro em que proporções); 2) se as lutas pela unificação do povo americano se aguçassem a tal ponto que determinassem o êxodo dos negros e o retorno à África dos elementos intelectuais mais independentes e enérgicos e, portanto, menos propensos a sujeitar-se a uma possível legislação ainda mais humilhante do que o costume atualmente difundido. Nasceriam duas questões fundamentais: 1) da língua, isto é, o inglês poderia se tornar a língua culta da África, unificadora da atual poeira de dialetos? 2) se esta camada intelectual poderia ter a capacidade assimiladora e organizadora na medida necessária para converter em "nacional" o atual sentimento primitivo de raça desprezada, elevando o continente africano ao mito e à função de pátria comum de todos os negros. Parece-me que, por enquanto, os negros da América devem ter um espírito racial e nacional mais negativo do que positivo, isto é, provocado pela luta que os brancos empreendem no sentido de isolá-los e rebaixá-los: mas não foi este o caso dos judeus até todo o século XVIII? A Libéria, já americanizada e com o inglês como língua oficial, poderia tornar-se a Sião dos negros americanos, com a tendência a converter-se no Piemonte africano. [4]

Na América do Sul e Central, a questão dos intelectuais, ao que me parece, deve ser examinada levando-se em conta as seguintes condições fundamentais: também na América do Sul e Central inexiste uma ampla categoria de intelectuais tradicionais, mas o problema não se apresenta nos mesmos termos que nos Estados Unidos. De fato, encontramos na base do desenvolvimento desses países os quadros da civilização espanhola e portuguesa dos séculos XVI e XVII, caracterizada pela Contra-Reforma e pelo militarismo parasitário. As cristalizações ainda hoje resistentes nesses países são o clero e uma casta militar, duas categorias de intelectuais tradicionais fossilizadas na forma da metrópole europeia. A base industrial é muito restrita e não desenvolveu superestruturas complexas: a maior parte dos intelectuais é de tipo rural e, já que domina o latifúndio, com extensas propriedades eclesiásticas, estes intelectuais são ligados ao clero e aos grandes proprietários. A composição nacional é muito desequilibrada mesmo entre os brancos, mas complica-se ainda mais pela imensa quantidade de índios, que em alguns países formam a maioria da população. Pode-se dizer que, no geral, existe ainda nessas regiões americanas uma situação tipo *Kulturkampf* [5] e tipo processo Dreyfus, isto é, uma situação na qual o elemento laico e burguês ainda não alcançou o estágio da subordinação dos interesses e da influência clerical e militarista à política laica do Estado moderno. Ocorre assim que, por oposição ao jesuitismo, tenham ainda grande influência a Maçonaria e o tipo de organização cultural como a "Igreja positivista". Os eventos dos últimos tempos (novembro de 1930) — do *Kulturkampf* de Calles, no México, às insurreições militar-populares na Argentina, no Brasil, no Peru, no Chile, na Bolívia — demonstram precisamente a exatidão destas observações.

Outros tipos de formação da categoria dos intelectuais e de suas relações com as forças nacionais podem ser encontrados na Índia, na China, no Japão. No Japão, temos uma formação do tipo inglês e alemão, isto é, uma civilização industrial que se desenvolve dentro de um invólucro feudal-burocrático, com inconfundíveis características próprias.

Na China, há o fenômeno da escrita, expressão da completa separação entre os intelectuais e o povo. Na Índia e na China, a enorme distância entre os intelectuais e o povo manifesta-se, ademais, no campo religioso. O problema das diversas crenças e do diverso modo de conceber e praticar a mesma religião entre os diversos estratos da sociedade, mas sobretudo entre clero e intelectuais e povo, deveria ser estudado em geral, já que se manifesta em certa medida por toda parte, embora nos países da Ásia Oriental tenha suas manifestações mais extremas. Nos países protestantes, a diferença é relativamente pequena (a multiplicação das seitas é ligada à exigência de uma sutura completa entre intelectuais e povo, o que reproduz na esfera da organização superior todas as formas escabrosas da concepção real das massas populares). Nos países católicos, a referida diferença é muito grande, mas com diversos graus: menor na Alemanha católica e na França, maior na Itália, sobretudo no Sul e nas ilhas; imensa na Península Ibérica e nos países da América Latina. O fenômeno cresce de importância nos países ortodoxos, onde é preciso falar de três graus da mesma religião: o do alto clero e dos monges, o do clero secular e o do povo. Torna-se absurda na Ásia Oriental, onde a religião do povo frequentemente nada tem em comum com a dos livros, embora as duas tenham o mesmo nome.

Aspectos diversos da questão dos intelectuais, além daqueles acima mencionados. É preciso elaborar sobre isso um projeto orgânico, sistemático e argumentado. Registro das atividades de caráter predominantemente intelectual. Instituições ligadas à atividade cultural. Método e problemas de método do trabalho intelectual e cultural, seja criativo ou divulgativo. Escola, academia, círculos de diferentes tipos, tais como instituições de elaboração colegiada da vida cultural. Revistas e jornais como meios para organizar e difundir determinados tipos de cultura.

Pode-se observar, em geral, que na civilização moderna todas as atividades práticas se tornaram tão complexas, e as ciências se mesclaram de tal modo à vida, que cada atividade prática tende a criar uma escola para os próprios dirigentes e especialistas e, consequentemente, tende a criar um grupo de intelectuais especialistas de nível mais elevado, que ensinem nestas escolas. Assim, ao lado do tipo de escola que poderíamos chamar de "humanista" (e que é o tipo tradicional mais antigo), destinado a desenvolver em cada indivíduo humano a cultura geral ainda indiferenciada, o poder fundamental de pensar e de saber orientar-se na vida, foi-se criando paulatinamente todo um sistema de escolas particulares de diferentes níveis, para inteiros ramos profissionais ou para profissões já especializadas e indicadas mediante uma precisa especificação. Pode-se dizer, aliás, que a crise escolar que hoje se difunde liga-se precisamente ao fato de que este processo de diferenciação e particularização ocorre de modo caótico, sem princípios claros e precisos, sem um plano bem estudado e conscientemente estabelecido: a crise do programa e da organização escolar, isto é, da orientação geral de uma política de formação dos modernos quadros intelectuais, é em grande parte um aspecto e uma complexificação da crise orgânica mais ampla e geral. A divisão fundamental da escola em clássica e profissional era um esquema racional: a escola profissional destinava-se às classes instrumentais, enquanto a clássica destinava-se às classes dominantes e aos intelectuais. O desenvolvimento da base industrial, tanto na cidade como no campo, gerava a crescente necessidade do novo tipo de intelectual urbano: desenvolveu-se, ao lado da escola clássica, a escola técnica (profissional mas não manual), o que pôs em discussão o próprio princípio da orientação concreta de cultura geral, da orientação humanista da cultura geral fundada na tradição greco-romana. Esta orientação, uma vez posta em discussão, foi afastada, pode-se dizer, já que sua capacidade formativa era em grande parte baseada no prestígio geral e tradicionalmente indiscutido de uma determinada forma de civilização.

A tendência atual é a de abolir qualquer tipo de escola "desinteressada" (não imediatamente interessada) e "formativa", ou de conservar apenas um seu reduzido exemplar, destinado a uma pequena elite de senhores e de mulheres que não devem pensar em preparar-se para um futuro profissional, bem como a de difundir cada vez mais as escolas profissionais especializadas, nas quais o destino do aluno e sua futura atividade são predeterminados. A crise terá uma solução que, racionalmente, deveria seguir esta linha: escola única inicial de cultura geral, humanista, formativa, que equilibre de modo justo o desenvolvimento da capacidade de trabalhar manualmente (tecnicamente, industrialmente) e o desenvolvimento das capacidades de trabalho intelectual. Deste tipo de escola única, através de repetidas experiências de orientação profissional, passar-se-á a uma das escolas especializadas ou ao trabalho produtivo.

Deve-se ter presente a tendência em desenvolvimento, segundo a qual cada atividade prática tende a criar para si uma escola especializada própria, do mesmo modo como cada atividade intelectual tende a criar círculos próprios de cultura, que assumem a função de instituições pós-escolares especializadas em organizar as condições nas quais seja possível manter-se informado dos progressos que ocorrem no ramo científico próprio. Pode-se observar, também, que os órgãos deliberativos tendem cada vez mais a diferenciar sua atividade em dois aspectos "orgânicos": o deliberativo, que lhes é essencial, e o técnico-cultural, onde as questões sobre as quais é preciso tomar decisões são inicialmente examinadas por especialistas e analisadas cientificamente. Esta atividade já criou todo um corpo burocrático de nova estrutura, pois — além dos escritórios especializados de pessoas competentes, que preparam o material técnico para os corpos deliberativos — cria-se um segundo corpo de funcionários, mais ou menos "voluntários" e desinteressados, escolhidos, em cada oportunidade, na indústria, nos bancos, nas finanças. Este é um dos mecanismos através dos quais a burocracia de carreira terminou por controlar os regimes democráticos e os parlamentos; atualmente, o mecanismo vai se ampliando organicamente e absorve em seu círculo os grandes especialistas da atividade prática privada, que controla assim os regimes e a burocracia. Já que se trata de um desenvolvimento orgânico necessário, que tende a integrar o pessoal especializado na técnica política com o pessoal especializado nas questões concretas de administração das atividades práticas essenciais das grandes e complexas sociedades nacionais modernas, toda tentativa de exorcizar a partir de fora estas tendências não produz como resultado mais do que pregações moralistas e gemidos retóricos. Põe-se a questão de modificar a preparação do pessoal técnico político, complementando sua cultura de acordo com as novas necessidades, e de elaborar novos tipos de funcionários especializados, que integrem de forma colegiada a atividade deliberativa. O tipo tradicional do "dirigente" político, preparado apenas para as atividades jurídico-formais, torna-se anacrônico e representa um perigo para a vida estatal: o dirigente deve ter aquele mínimo de cultura geral que lhe permita, se não "criar" autonomamente a solução justa, pelo menos saber julgar entre as soluções projetadas pelos especialistas e, consequentemente, escolher a que seja justa do ponto de vista "sintético" da técnica política. Um tipo de colegiado deliberativo, que busca incorporar a competência técnica necessária para operar de um modo realista, foi descrito em outro local [6], onde se fala do que ocorre em certas redações de revistas, que funcionam ao mesmo tempo como redação e como círculos de cultura. O círculo critica de modo colegiado e contribui assim para elaborar os trabalhos dos redatores individuais, cuja operosidade é organizada segundo um plano e uma divisão do trabalho racionalmente preestabelecidos. Através da discussão e da crítica colegiada (feita através de sugestões, conselhos, indicações metodológicas, crítica construtiva e voltada para a educação recíproca), mediante as quais cada um funciona como especialista em sua matéria a fim de complementar a qualificação coletiva, consegue-se efetivamente elevar o nível médio dos redatores individuais, alcançar o nível ou a capacidade do mais preparado, assegurando à revista uma colaboração cada vez mais selecionada e orgânica; e não apenas isso, mas criam-se também as condições para o surgimento de um grupo homogêneo de intelectuais, preparados para a produção de uma atividade "editorial" regular e metódica (não apenas de publicações de ocasião e de ensaios parciais, mas de trabalhos orgânicos de conjunto). Indubitavelmente, nesta espécie de atividade coletiva, cada trabalho produz novas capacidades e possibilidades de trabalho, já que cria condições de trabalho cada vez mais orgânicas: fichários, elencos bibliográficos, coletânea de obras fundamentais especializadas, etc. Exige-se uma luta rigorosa contra os hábitos do diletantismo, da improvisação, das soluções "oratórias" e declamatórias. O trabalho deve ser feito sobretudo por escrito, assim como por escrito devem ser as críticas, em notas resumidas e sucintas, o que pode ser obtido mediante a distribuição a tempo do material, etc.; escrever as notas e as críticas é princípio didático que se tornou necessário graças à obrigação de combater os hábitos da prolixidade, da declamação e do paralogismo criados pela oratória. Este tipo de trabalho intelectual é necessário a fim de fazer com que os autodidatas adquiram a disciplina dos estudos proporcionada por uma carreira escolar regular, a fim de taylorizar o trabalho intelectual. Assim, é útil o princípio dos "anciães de Santa Zita", dos quais fala De Sanctis em suas recordações sobre a escola napolitana de Basilio Puoti [7], ou seja, é útil uma certa "estratificação" das capacidades e hábitos, bem como a formação de grupos de trabalho sob a direção dos mais aptos e evoluídos, que acelerem a preparação dos mais atrasados e toscos.

Um ponto importante, no estudo da organização prática da escola unitária, é o que diz respeito ao currículo escolar em seus vários níveis, de acordo com a idade e com o desenvolvimento intelectual-moral dos alunos e com os fins que a própria escola pretende alcançar. A escola unitária ou de formação humanista (entendido este termo, "humanismo", em sentido amplo e não apenas em sentido tradicional), ou de cultura geral, deveria assumir a tarefa de inserir os jovens na atividade social, depois de tê-los elevado a um certo grau de maturidade e capacidade para a criação intelectual e prática e a uma certa autonomia na orientação e na iniciativa. A fixação da idade escolar obrigatória depende das condições econômicas gerais, já que estas podem obrigar os jovens a uma certa prestação produtiva imediata. A escola unitária requer que o Estado possa assumir as despesas que hoje estão a cargo da família no que toca à manutenção dos escolares, isto é, requer que seja completamente transformado o orçamento do ministério da educação nacional, ampliando-o enormemente e tornando-o mais complexo: a inteira função de educação e formação das novas gerações deixa de ser privada e torna-se pública, pois somente assim ela pode abarcar todas as gerações, sem divisões de grupos ou castas. Mas esta transformação da atividade escolar requer uma enorme ampliação da organização prática da escola, isto é, dos prédios, do material científico, do corpo docente, etc. O corpo docente, em particular, deveria ser ampliado, pois a eficiência da escola é muito maior e intensa quando a relação entre professor e aluno é menor, o que coloca outros problemas de solução difícil e demorada. Também a questão dos prédios não é simples, pois este tipo de escola deveria ser uma escola em tempo integral, com dormitórios, refeitórios, bibliotecas especializadas, salas adequadas para o trabalho de seminário, etc. Por isso, inicialmente, o novo tipo de escola deverá ser — e não poderá deixar de sê-lo — própria de grupos restritos, de jovens escolhidos por concurso ou indicados sob a responsabilidade de instituições idôneas. A escola unitária deveria corresponder ao período representado hoje pelas escolas primárias e médias, reorganizadas não somente no que diz respeito ao método de ensino, mas também no que toca à disposição dos vários graus da carreira escolar. O nível inicial da escola elementar não deveria ultrapassar três-quatro anos e, ao lado do ensino das primeiras noções "instrumentais" da instrução (ler, escrever, fazer contas, geografia, história), deveria desenvolver sobretudo a parte relativa aos "direitos e deveres" atualmente negligenciada, isto é, as primeiras noções do Estado e da sociedade, enquanto elementos primordiais de uma nova concepção do mundo que entra em luta contra as concepções determinadas pelos diversos ambientes sociais tradicionais, ou seja, contra as concepções que poderíamos chamar de folclóricas. O problema didático a resolver é o de abrandar e fecundar a orientação dogmática que não pode deixar de existir nestes primeiros anos. O resto do curso não deveria durar mais de seis anos, de modo que, aos quinze ou dezesseis anos, já deveriam estar concluídos todos os graus da escola unitária. Pode-se objetar que um tal curso é muito cansativo por causa de sua rapidez, se se pretende efetivamente atingir os resultados propostos pela atual organização da escola clássica, mas que não são atingidos. Pode-se dizer, porém, que o conjunto da nova organização deverá conter os elementos gerais que fazem com que, hoje, pelo menos para uma parte dos alunos, o curso seja muito lento. Quais são estes elementos? Numa série de famílias, particularmente das camadas intelectuais, os jovens encontram na vida familiar uma preparação, um prolongamento e uma complementação da vida escolar, absorvendo no "ar", como se diz, uma grande quantidade de noções e de aptidões que facilitam a carreira escolar propriamente dita: eles já conhecem, e desenvolvem ainda mais, o domínio da língua literária, isto é, do meio de expressão e de conhecimento, tecnicamente superior aos meios de que dispõe a média da população escolar dos seis aos doze anos. Assim, os alunos urbanos, pelo simples fato de viverem na cidade, já absorveram — antes dos seis anos — muitas noções e aptidões que tornam mais fácil, mais proveitosa e mais rápida a carreira escolar. Na organização interna da escola unitária, devem ser criadas, pelo menos, as mais importantes destas condições, além do fato, que se deve dar por suposto, de que se desenvolverá — paralelamente à escola unitária — uma rede de creches e outras instituições nas quais, mesmo antes da idade escolar, as crianças se habituem a uma certa disciplina coletiva e adquiram noções e aptidões pré-escolares. De fato, a escola unitária deveria ser organizada como escola em tempo integral, com vida coletiva diurna e noturna, liberta das atuais formas de disciplina hipócrita e mecânica, e o estudo deveria ser feito coletivamente, com a assistência dos professores e dos melhores alunos, mesmo nas horas do estudo dito individual, etc.

O problema fundamental se põe para a fase da atual carreira escolar hoje representada pelo liceu [8], que em nada se diferencia, atualmente, como tipo de ensino, das fases escolares anteriores, a não ser pela abstrata suposição de uma maior maturidade intelectual e moral do aluno, devida à maior idade e à experiência anteriormente acumulada. De fato, entre liceu e universidade, isto é, entre a escola propriamente dita e a vida, existe um salto, uma verdadeira solução de continuidade, não uma passagem racional da quantidade (idade) à qualidade (maturidade intelectual e moral). Do ensino quase puramente dogmático, no qual a memória desempenha um grande papel, passa-se à fase criadora ou de trabalho autônomo e independente; da escola com disciplina de estudo imposta e controlada autoritariamente, passa-se a uma fase de estudo ou de trabalho profissional na qual a autodisciplina intelectual e a autonomia moral são teoricamente ilimitadas. E isto ocorre imediatamente após a crise da puberdade, quando o ímpeto das paixões instintivas e elementares não terminou ainda de lutar contra os freios do caráter e da consciência moral em formação. Na Itália, de resto, onde não é difundido nas universidades o princípio do trabalho de "seminário", a passagem é ainda mais brusca e mecânica.

Por isso, na escola unitária, a última fase deve ser concebida e organizada como a fase decisiva, na qual se tende a criar os valores fundamentais do "humanismo", a autodisciplina intelectual e a autonomia moral necessárias a uma posterior especialização, seja ela de caráter científico (estudos universitários), seja de caráter imediatamente prático-produtivo (indústria, burocracia, comércio, etc.). O estudo e o aprendizado dos métodos criativos na ciência e na vida devem começar nesta última fase da escola, não devendo mais ser um monopólio da universidade ou ser deixado ao acaso da vida prática: esta fase escolar já deve contribuir para desenvolver o elemento da responsabilidade autônoma nos indivíduos, deve ser uma escola criadora. (Deve-se distinguir entre escola criadora e escola ativa, mesmo na forma dada pelo método Dalton [9]. Toda a escola unitária é escola ativa, embora seja necessário limitar as ideologias libertárias neste campo e reivindicar com certa energia o dever das gerações adultas, isto é, do Estado, de "conformar" as novas gerações. Ainda se está na fase romântica da escola ativa, na qual os elementos da luta contra a escola mecânica e jesuítica se dilataram morbidamente por razões de contraste e de polêmica: é necessário entrar na fase "clássica", racional, encontrando nos fins a atingir a fonte natural para elaborar os métodos e as formas. A escola criadora é o coroamento da escola ativa: na primeira fase, tende-se a disciplinar e, portanto, também a nivelar, a obter uma certa espécie de "conformismo" que pode ser chamado de "dinâmico"; na fase criadora, sobre a base já atingida de "coletivização" do tipo social, tende-se a expandir a personalidade, tornada autônoma e responsável, mas com uma consciência moral e social sólida e homogênea. Assim, escola criadora não significa escola de "inventores e descobridores"; indica-se uma fase e um método de investigação e de conhecimento, e não um "programa" predeterminado que obrigue à inovação e à originalidade a todo custo. Indica que a aprendizagem ocorre sobretudo graças a um esforço espontâneo e autônomo do discente, e no qual o professor exerce apenas uma função de guia amigável, como ocorre ou deveria ocorrer na universidade. Descobrir por si mesmo uma verdade, sem sugestões e ajudas exteriores, é criação, mesmo que a verdade seja velha, e demonstra a posse do método; indica que, de qualquer modo, entrou-se na fase da maturidade intelectual, na qual se podem descobrir verdades novas. Por isso, nesta fase, a atividade escolar fundamental se desenvolverá nos seminários, nas bibliotecas, nos laboratórios experimentais; é nela que serão recolhidas as indicações orgânicas para a orientação profissional.)

O advento da escola unitária significa o início de novas relações entre trabalho intelectual e trabalho industrial não apenas na escola, mas em toda a vida social. O princípio unitário, por isso, irá se refletir em todos os organismos de cultura, transformando-os e emprestando-lhes um novo conteúdo. Problemas da nova função que poderão assumir as universidades e as academias. Estas duas instituições são, atualmente, independentes uma da outra; as academias são o símbolo, ridicularizado frequentemente com razão, da separação existente entre a alta cultura e a vida, entre os intelectuais e o povo (por isso, é explicável certa influência obtida pelos futuristas em seu primeiro período de *Sturm und Drang* antiacadêmico, antitradicionalista, etc. [10]). Num novo contexto de relações entre vida e cultura, entre trabalho intelectual e trabalho industrial, as academias deveriam se tornar a organização cultural (de sistematização, expansão e criação intelectual) daqueles elementos que, após a escola unitária, passarão para o trabalho profissional, bem como um terreno de encontro entre estes e os universitários. Os elementos sociais empregados no trabalho profissional não devem cair na passividade intelectual, mas devem ter à sua disposição (por iniciativa coletiva e não de indivíduos, como função social orgânica reconhecida como de utilidade e necessidade públicas) institutos especializados em todos os ramos de pesquisa e de trabalho científico, para os quais poderão colaborar e nos quais encontrarão todos os subsídios necessários para qualquer forma de atividade cultural que pretendam empreender. A organização acadêmica deverá ser reorganizada e vivificada de alto a baixo. Territorialmente, terá uma centralização de competências e de especializações: centros nacionais que agregarão a si as grandes instituições existentes, seções regionais e provinciais e círculos locais urbanos e rurais. Serão divididos por especializações científico-culturais, representadas em sua totalidade nos centros superiores, mas só parcialmente nos círculos locais. Unificar os vários tipos de organização cultural existentes:

academias, institutos de cultura, círculos filológicos, etc., integrando o trabalho acadêmico tradicional — que se expressa sobretudo na sistematização do saber passado ou na busca da fixação de uma média do pensamento nacional como guia da atividade intelectual — com atividades ligadas à vida coletiva, ao mundo da produção e do trabalho. Serão controladas as conferências industriais, a atividade da organização científica do trabalho, os laboratórios experimentais das fábricas, etc. Será construído um mecanismo para selecionar e desenvolver as capacidades individuais da massa popular, que são hoje sacrificadas e definham em erros e tentativas sem perspectiva. Cada círculo local deveria possuir necessariamente a seção de ciências morais e políticas, que organizará paulatinamente as outras seções especiais para discutir os aspectos técnicos dos problemas industriais, agrários, de organização e de racionalização do trabalho industrial, agrícola, burocrático, etc. Congressos periódicos de diversos níveis fariam com que os mais capazes fossem conhecidos.

Seria útil possuir o elenco completo das academias e das outras organizações culturais hoje existentes, bem como dos assuntos tratados em seus trabalhos e publicados em suas atas: em grande parte, trata-se de cemitérios da cultura, embora desempenhem uma função na psicologia da classe dominante.

A colaboração entre estes organismos e as universidades deveria ser estreita, bem como com todas as escolas superiores especializadas de qualquer tipo (militares, navais, etc.). A finalidade é obter uma centralização e um impulso da cultura nacional que fossem superiores aos da Igreja Católica.

(Este esquema de organização do trabalho cultural segundo os princípios gerais da escola unitária deveria ser desenvolvido, cuidadosamente, em todas as suas partes e servir de guia na constituição mesmo do mais elementar e primitivo centro de cultura, que deveria ser concebido como um embrião e uma molécula de toda a estrutura mais maciça. Mesmo as iniciativas que se sabem transitórias e experimentais deveriam ser concebidas como capazes de ser absorvidas no esquema geral e, ao mesmo tempo, como elementos vitais que tendem a criar todo o esquema. Estudar atentamente a organização e o desenvolvimento do Rotary Club.)

§ 2. *Observações sobre a escola: para a investigação do princípio educativo.* A fratura determinada pela reforma Gentile entre a escola primária e média, por um lado, e a escola superior, por outro. [11] Antes da reforma, uma fratura desse tipo existia, de modo marcado, somente entre a escola profissional, por um lado, e as escolas médias e superiores, por outro: a escola primária era colocada numa espécie de limbo, por algumas de suas características particulares.

Nas escolas primárias, dois elementos se prestavam à educação e à formação das crianças: as primeiras noções de ciências naturais e as noções dos direitos e deveres do cidadão. As noções científicas deviam servir para introduzir a criança na *societas rerum*; os direitos e deveres, na vida estatal e na sociedade civil. As noções científicas entravam em luta com a concepção mágica do mundo e da natureza, que a criança absorve do ambiente impregnado de folclore, enquanto as noções de direitos e deveres entram em luta com as tendências à barbárie individualista e localista, que é também um aspecto do folclore. Com seu ensino, a escola luta contra o folclore, contra todas as sedimentações tradicionais de concepções do mundo, a fim de difundir uma concepção mais moderna, cujos elementos primitivos e fundamentais são dados pela aprendizagem da existência de leis naturais como algo objetivo e rebelde, às quais é preciso adaptar-se para dominá-las, e de leis civis e estatais, produto de uma atividade humana, que são estabelecidas pelo homem e podem ser por ele modificadas tendo em vista seu desenvolvimento coletivo; a lei civil e estatal organiza os homens do modo historicamente mais adequado a dominar as leis da natureza, isto é, a tornar mais fácil o seu trabalho, que é a forma própria através da qual o homem participa ativamente na vida da natureza, visando a transformá-la e socializá-la cada vez mais profunda e extensamente. Pode-se dizer, por isso, que o princípio educativo no qual se baseavam as escolas primárias era o conceito de trabalho, que não pode se realizar em todo seu poder de expansão e de produtividade sem um conhecimento exato e realista das leis naturais e sem uma ordem legal que regule organicamente a vida dos homens entre si, ordem que deve ser respeitada por convicção espontânea e não apenas por imposição externa, por necessidade reconhecida e proposta a si mesmos como liberdade e não por simples coerção. O conceito e o fato do trabalho (da atividade teórico-prática) são o princípio educativo imanente à escola primária, já que a ordem social e estatal (direitos e deveres) é introduzida e identificada na ordem natural pelo trabalho. O conceito do equilíbrio entre ordem social e ordem natural com base no trabalho, na atividade teórico-prática do homem, cria os primeiros elementos de uma intuição do mundo liberta de toda magia ou bruxaria, e fornece o ponto de partida para o posterior desenvolvimento de uma concepção histórica, dialética, do mundo, para a compreensão do movimento e do devir, para a avaliação da soma de esforços e de sacrifícios que o presente custou ao passado e que o futuro custa ao presente, para a concepção da atualidade como síntese do passado, de todas as gerações passadas, que se projeta no futuro. É este o fundamento da escola primária; que ele tenha dado todos os seus frutos, que no corpo de professores tenha existido a consciência de seu dever e do conteúdo filosófico deste dever, é um outro problema, ligado à crítica do grau de consciência civil de toda a nação, da qual o corpo docente era apenas uma expressão, ainda que amesquinhada, e não certamente uma vanguarda.

Não é completamente exato que a instrução não seja também educação: a insistência exagerada nesta distinção foi um grave erro da pedagogia idealista, cujos efeitos já se veem na escola reorganizada por esta pedagogia. Para que a instrução não fosse igualmente educação, seria preciso que o discente fosse uma mera passividade, um "recipiente mecânico" de noções abstratas, o que é absurdo, além de ser "abstratamente" negado pelos defensores da pura educatividade precisamente contra a mera instrução mecanicista. O "certo" se torna "verdadeiro" na consciência da criança. Mas a consciência da criança não é algo "individual" (e muito menos individualizado): é o reflexo da fração de sociedade civil da qual a criança participa, das relações sociais tais como se aninham na família, na vizinhança, na aldeia, etc. A consciência individual da esmagadora maioria das crianças reflete relações civis e culturais diversas e antagônicas às que são refletidas pelos programas escolares: o "certo" de uma cultura evoluída torna-se "verdadeiro" nos quadros de uma cultura fossilizada e anacrônica, não existe unidade entre escola e vida e, por isso, não existe unidade entre instrução e educação. Por isso, pode-se dizer que, na escola, o nexo instrução-educação somente pode ser representado pelo trabalho vivo do professor, na medida em que o professor é consciente dos contrastes entre o tipo de sociedade e de cultura que ele representa e o tipo de sociedade e de cultura representado pelos alunos; e é também consciente de sua tarefa, que consiste em acelerar e disciplinar a formação da criança conforme o tipo superior em luta com o tipo inferior. Se o corpo docente é deficiente e o nexo instrução-educação é abandonado, visando a resolver a questão do ensino de acordo com esquemas abstratos nos quais se exalta a educatividade, a obra do professor se tornará ainda mais deficiente: ter-se-á uma escola retórica, sem seriedade, pois faltará a corposidade material do certo e o verdadeiro será verdadeiro só verbalmente, ou seja, de modo retórico. Esta degenerescência pode ser ainda melhor vista na escola média, nos cursos de literatura e filosofia. Antes, pelo menos, os alunos formavam uma certa "bagagem" ou "provisão" (de acordo com os gostos) de noções concretas; agora, quando o professor deve ser sobretudo um filósofo e um esteta, o aluno negligencia as noções concretas e "enche a cabeça" com fórmulas e palavras que não têm para ele, na maioria dos casos, nenhum sentido, e que são logo esquecidas. A luta contra a velha escola era justa, mas a reforma não era uma coisa tão simples como parecia; não se tratava de esquemas programáticos, mas de homens, e não imediatamente dos homens que são professores, mas de todo o complexo social do qual os homens são expressão. Na realidade, um professor medíocre pode conseguir que os alunos se tornem mais *instruídos*, mas não conseguirá que sejam mais cultos; ele desenvolverá, com escrúpulo e consciência burocrática, a parte mecânica da escola, e o aluno, se for um cérebro ativo, organizará por sua conta, e com a ajuda de seu ambiente social, a "bagagem" acumulada. Com novos programas, que coincidem com uma queda geral do nível do corpo docente, simplesmente não existirá mais nenhuma "bagagem" a organizar. Os novos programas deveriam ter abolido completamente os exames; prestar um exame, hoje, deve ser muito mais um "jogo de azar" do que antigamente. Uma data é sempre uma data, qualquer que seja o professor examinador, e uma "definição" é sempre uma definição; mas e um julgamento, uma análise estética ou filosófica?

A eficácia educativa da velha escola média italiana, como a antiga lei Casati a havia organizado, não devia ser buscada (ou negada) na vontade expressa de ser ou não escola educativa, mas no fato de que sua organização e seus programas eram a expressão de um modo tradicional de vida intelectual e moral, de um clima cultural difundido em toda a sociedade italiana por uma antiquíssima tradição. O fato de que um tal clima e um tal modo de vida tenham entrado em agonia e que a escola se tenha separado da vida determinou a crise da escola. Criticar os programas e a organização disciplinar da escola significa menos do que nada, se não se levam em conta estas condições. Assim, retorna-se à participação realmente ativa do aluno na escola, que só pode existir se a escola for ligada à vida. Os novos programas, quanto mais afirmam e teorizam sobre a atividade do discente e sobre sua operosa colaboração com o trabalho do docente, tanto mais são elaborados como se o discente fosse uma mera passividade. Na velha escola, o estudo gramatical das línguas latina e grega, unido ao estudo das literaturas e histórias políticas respectivas, era um princípio educativo na medida em que o ideal humanista, que se personifica em Atenas e Roma, era difundido em toda a sociedade, era um elemento essencial da vida e da cultura nacionais. Até mesmo a mecanicidade do estudo gramatical era encaminhada a partir dessa perspectiva cultural. As noções singulares não eram aprendidas com vistas a uma imediata finalidade prático-profissional: tratava-se de algo desinteressado, pois o que contava era o desenvolvimento interior da personalidade, a formação do caráter através da absorção e da assimilação de todo o passado cultural da civilização europeia moderna. Não se aprendia o latim e o grego para falá-los, para trabalhar como garçom, intérprete ou correspondente comercial. Aprendia-se para conhecer diretamente a civilização dos dois povos, pressuposto necessário da civilização moderna, isto é, para ser e conhecer conscientemente a si mesmo. As línguas latina e grega eram aprendidas segundo a gramática, mecanicamente; mas existe muita injustiça e impropriedade na acusação de mecanicidade e de aridez. Lida-se com adolescentes, aos quais é preciso fazer com que adquiram certos hábitos de diligência, de exatidão, de compostura até mesmo física, de concentração psíquica em determinados assuntos, que só se podem adquirir mediante uma repetição mecânica de atos disciplinados e metódicos. Um estudioso de quarenta anos seria capaz de passar dezesseis horas seguidas numa mesa de trabalho se, desde menino, não tivesse assimilado, por meio da coação mecânica, os hábitos psicofísicos apropriados? Se se quer selecionar grandes cientistas, ainda é preciso partir deste ponto e deve-se pressionar toda a área escolar para conseguir fazer com que surjam os milhares ou centenas, ou mesmo apenas dezenas, de estudiosos de grande valor, necessários a toda civilização (não obstante, podem-se obter grandes melhorias neste terreno com a ajuda dos subsídios científicos adequados, sem retornar aos métodos pedagógicos dos jesuítas).

Aprende-se o latim (ou melhor, estuda-se o latim), esta língua é analisada mesmo em suas partículas mais elementares, é analisada como uma coisa morta, é verdade, mas toda análise feita por uma criança só pode sê-lo sobre coisas mortas: ademais, é preciso não esquecer que, no lugar onde este estudo é feito sob tais formas, a vida dos romanos é um mito que, numa certa medida, já interessou à criança e ainda lhe interessa, de modo que está sempre presente no morto um grande vivo. E, além disso, a língua é morta, é analisada como uma coisa inerte, como um cadáver na mesa anatômica, mas revive continuamente nos exemplos, nas narrações. Seria possível estudar do mesmo modo o italiano? Impossível: nenhuma língua viva poderia ser estudada como o latim: seria e *pareceria* absurdo. Nenhuma das crianças conhece o latim quando inicia seu estudo com aquele método analítico. Uma língua viva poderia ser conhecida, e bastaria que uma só criança a conhecesse para que o encanto se quebrasse: todos iriam imediatamente à escola Berlitz. O latim (bem como o grego) apresenta-se à fantasia como um mito, inclusive para o professor. O latim não é estudado para aprender o latim; o latim, há muito tempo, graças a uma tradição cultural-escolar da qual se poderia pesquisar a origem e o desenvolvimento, é estudado como elemento de um programa escolar ideal, elemento que resume e satisfaz toda uma série de exigências pedagógicas e psicológicas; é estudado para que as crianças se habituem a estudar de determinada maneira, a analisar um corpo histórico que pode ser tratado como um cadáver que continuamente volta à vida, para habituá-las a raciocinar, a abstrair esquematicamente (mesmo que sejam capazes de voltar da abstração à vida real imediata), a ver em cada fato ou dado o que há nele de geral e de particular, o conceito e o indivíduo. E, do ponto de vista educativo, o que não significará a constante comparação entre o latim e a língua que se fala? A distinção e a identificação das palavras e dos conceitos, toda a lógica formal, com a contradição dos opostos e a análise dos distintos, com o movimento histórico do conjunto linguístico, que se modifica no tempo, que tem um devir e não é somente estaticidade. Nos oito anos de ginásio-liceu, estuda-se toda a língua historicamente real, após tê-la visto fotografada num instante abstrato, sob a forma de gramática: estuda-se desde Ênio (ou, melhor, desde as palavras dos fragmentos das doze tábuas) até Fedro e os cristãos-latinos: um processo histórico é analisado desde seu surgimento até sua morte no tempo, morte aparente, já que se sabe que o italiano, com o qual o latim é continuamente comparado, é latim moderno. Estuda-se a gramática de uma certa época, uma abstração, o vocabulário de um período determinado, mas se estuda (por comparação) a gramática e o vocabulário de cada autor determinado, bem como o significado de cada termo em cada "período" (estilístico) determinado; descobre-se, assim, que a gramática e o vocabulário de Fedro não são os de Cícero, nem os de Plauto, ou de Latâncio e Tertuliano, que uma mesma conexão de sons não tem o mesmo significado em épocas diversas, em escritores diversos. Compara-se continuamente o latim e o italiano; mas cada palavra é um conceito, uma imagem, que assume matizes diversos nas diferentes épocas, nas pessoas, em cada uma das duas línguas comparadas. Estuda-se a história literária, dos livros escritos naquela língua, a história política, a gesta dos homens que falaram aquela língua. A educação do jovem é determinada por todo este complexo orgânico, pelo fato de que, ainda que só materialmente, ele percorreu todo aquele itinerário, com suas etapas, etc. Ele mergulhou na história, adquiriu uma intuição historicista do mundo e da vida, que se torna uma segunda natureza, quase uma espontaneidade, já que não pedantemente inculcada pela "vontade" exteriormente educativa. Este estudo educava sem que tivesse a vontade expressamente declarada de fazê-lo, com uma mínima intervenção "educativa" do professor: educava porque instruía. Experiências lógicas, artísticas, psicológicas eram feitas sem que "se refletisse sobre", sem olhar-se continuamente no espelho, e era feita principalmente uma grande experiência "sintética", filosófica, de desenvolvimento histórico-real.

Isto não significa (e seria uma tolice pensá-lo) que o latim e o grego, enquanto tais, tenham qualidades intrinsecamente taumatúrgicas no campo educativo. É toda a tradição cultural, que vive também e sobretudo fora da escola, que produz — num ambiente determinado — estas consequências. Vê-se, de resto, como, modificada a tradicional intuição da cultura, tenha a escola entrado em crise e tenha o estudo do latim e do grego entrado igualmente em crise.

Será necessário substituir o latim e o grego como fulcro da escola formativa e esta substituição será feita; mas não será fácil dispor a nova matéria ou a nova série de matérias numa ordem didática que dê resultados equivalentes no que toca à educação e à formação geral da personalidade, partindo da criança até chegar aos umbrais da escolha profissional. De fato, nesse período, o estudo ou a maior parte dele deve ser (ou assim aparecer aos discentes) desinteressado, ou seja, não deve ter finalidades práticas imediatas ou muito imediatas, deve ser formativo ainda que "instrutivo", isto é, rico de noções concretas.

Na escola atual, em função da crise profunda da tradição cultural e da concepção da vida e do homem, verifica-se um processo de progressiva degenerescência: as escolas de tipo profissional, isto é, preocupadas em satisfazer interesses práticos imediatos, predominam sobre a escola formativa, imediatamente desinteressada. O aspecto mais paradoxal reside em que este novo tipo de escola aparece e é louvado como democrático, quando, na realidade, não só é destinado a perpetuar as diferenças sociais, como ainda a cristalizá-las em formas chinesas.

A escola tradicional era oligárquica, já que destinada à nova geração dos grupos dirigentes, destinada por sua vez a tornar-se dirigente: mas não era oligárquica pelo seu modo de ensino. Não é a aquisição de capacidades de direção, não é a tendência a formar homens superiores que dá a marca social de um tipo de escola. A marca social é dada pelo fato de que cada grupo social tem um tipo de escola próprio, destinado a perpetuar nestes estratos uma determinada função tradicional, dirigente ou instrumental. Se se quer destruir esta trama, portanto, deve-se não multiplicar e hierarquizar os tipos de escola profissional, mas criar um tipo único de escola preparatória (primária-média) que conduza o jovem até os umbrais da escolha profissional, formando-o, durante este meio tempo, como pessoa capaz de pensar, de estudar, de dirigir ou de controlar quem dirige.

A multiplicação de tipos de escola profissional, portanto, tende a eternizar as diferenças tradicionais; mas, dado que tende, nestas diferenças, a criar estratificações internas, faz nascer a impressão de ter uma tendência democrática. Por exemplo: operário manual e qualificado, camponês e agrimensor ou pequeno agrônomo, etc. Mas a tendência democrática, intrinsecamente, não pode significar apenas que um operário manual se torne qualificado, mas que cada "cidadão" possa tornar-se "governante" e que a sociedade o ponha, ainda que "abstratamente", nas condições gerais de poder fazê-lo: a democracia política tende a fazer coincidir governantes e governados (no sentido de governo com o consentimento dos governados), assegurando a cada governado o aprendizado gratuito das capacidades e da preparação técnica geral necessárias a essa finalidade. Mas o tipo de escola que se desenvolve como escola para o povo não tende mais nem sequer a conservar a ilusão, já que ela cada vez mais se organiza de modo a restringir a base da camada governante tecnicamente preparada, num ambiente social político que restringe ainda mais a "iniciativa privada", no sentido de dar esta capacidade e preparação técnico-política, de modo que, na realidade, retorna-se às divisões em "ordens" juridicamente fixadas e cristalizadas em vez de se superar as divisões em grupos: a multiplicação das escolas profissionais, cada vez mais especializadas desde o início do currículo escolar, é uma das mais evidentes manifestações desta tendência.

Sobre o dogmatismo e o criticismo-historicismo nas escolas primária e média, deve-se observar que a nova pedagogia quis destruir o dogmatismo precisamente no campo da instrução, do aprendizado de noções concretas, isto é, precisamente no campo em que um certo dogmatismo é praticamente imprescindível, podendo ser reabsorvido e dissolvido somente no inteiro ciclo do currículo escolar (é impossível ensinar a gramática histórica na escola primária e no ginásio); mas ela é depois obrigada a ver introduzido o dogmatismo por excelência no campo do pensamento religioso e, implicitamente, a ver descrita toda a história da filosofia como uma sucessão de loucuras e de delírios.

No ensino da filosofia, o novo currículo pedagógico (pelo menos para aqueles alunos, a esmagadora maioria, que não recebem ajuda intelectual fora da escola, na família ou no ambiente familiar, e devem formar-se apenas com as indicações que recebem nas aulas) empobrece o ensino, rebaixando-lhe praticamente o nível, ainda que racionalmente pareça belíssimo, de um belíssimo utopismo. A filosofia descritiva tradicional, reforçada por um curso de história da filosofia e pela leitura de um certo número de filósofos, parece ser praticamente a melhor coisa. A filosofia descritiva e definidora pode ser uma abstração dogmática, como a gramática e a matemática, mas é uma necessidade pedagógica e didática. 1 = 1 é uma abstração, mas ninguém é levado por isso a pensar que 1 mosca é igual a 1 elefante. Também as regras da lógica formal são abstrações do mesmo gênero, são como a gramática do pensar normal; e, não obstante, é necessário estudá-las, pois não são algo inato, devendo ser adquiridas mediante o trabalho e a reflexão. O novo currículo pressupõe que a lógica formal seja algo que já se possui quando se pensa, mas não explica como ela deva ser adquirida; praticamente, portanto, ela é suposta como sendo inata. A lógica formal é como a gramática: é assimilada de um modo "vivo", mesmo que o aprendizado tenha sido necessariamente esquemático e abstrato, já que o discente não é um disco de vitrola, não é um recipiente passivamente mecânico, ainda que a convencionalidade litúrgica dos exames assim o faça parecer por vezes. A relação de tais esquemas educativos com o espírito infantil é sempre ativa e criadora, como ativa e criadora é a relação entre o operário e seus utensílios de trabalho; também um sistema de medição é um conjunto de abstrações, mas é impossível produzir objetos reais sem a medição, objetos reais que são relações sociais e que contêm ideias implícitas. A criança que quebra a cabeça com os *barbara* e *baralipton* [12] certamente se cansa, e deve-se procurar fazer com que ela só se canse o indispensável e não mais; mas é igualmente certo que será sempre necessário que ela se canse a fim de aprender a se autoimpor privações e limitações de movimento físico, isto é, a se submeter a um tirocínio psicofísico. Deve-se convencer muita gente de que o estudo é também um trabalho, e muito cansativo, com um tirocínio particular próprio, não só intelectual, mas também muscular-nervoso: é um processo de adaptação, é um hábito adquirido com esforço, aborrecimento e até mesmo sofrimento. A participação de massas mais amplas na escola média traz consigo a tendência a afrouxar a disciplina do estudo, a provocar "facilidades". Muitos pensam mesmo que as dificuldades são artificiais, já que estão habituados a só considerar como trabalho e fadiga o trabalho manual. A questão é complexa. Decerto, a criança de uma família tradicional de intelectuais supera mais facilmente o processo de adaptação psicofísico; quando entra na sala de aula pela primeira vez, já tem vários pontos de vantagem sobre seus colegas, possui uma orientação já adquirida por hábitos familiares: concentra a atenção com mais facilidade, pois tem o hábito da contenção física, etc. Do mesmo modo, o filho de um operário urbano sofre menos quando entra na fábrica do que um filho de camponeses ou do que um jovem camponês já desenvolvido para a vida rural. Também o regime alimentar tem importância, etc., etc. Eis por que muitas pessoas do povo pensam que, nas dificuldades do estudo, exista um "truque" contra elas (quando não pensam que são estúpidas por natureza): veem o senhor (e para muitos, especialmente no campo, senhor quer dizer intelectual) realizar com desenvoltura e aparente facilidade o trabalho que custa aos seus filhos lágrimas e sangue, e pensam que exista algum "truque". Numa nova situação, estas questões podem tornar-se muito ásperas e será preciso resistir à tendência a facilitar o que não pode sê-lo sob pena de ser desnaturado. Se se quiser criar uma nova camada de intelectuais, chegando às mais altas especializações, a partir de um grupo social que tradicionalmente não desenvolveu as aptidões adequadas, será preciso superar enormes dificuldades.

§ 3. Quando se distingue entre intelectuais e não intelectuais, faz-se referência, na realidade, somente à imediata função social da categoria profissional dos intelectuais, isto é, leva-se em conta a direção sobre a qual incide o peso maior da atividade profissional específica, se na elaboração intelectual ou se no esforço muscular-nervoso. Isto significa que, se se pode falar de intelectuais, é impossível falar de não intelectuais, porque não existem não intelectuais. Mas a própria relação entre o esforço de elaboração intelectual-cerebral e o esforço muscular-nervoso não é sempre igual; por isso, existem graus diversos de atividade especificamente intelectual. Não há atividade humana da qual se possa excluir toda intervenção intelectual, não se pode separar o *homo faber* do *homo sapiens*. Em suma, todo homem, fora de sua profissão, desenvolve uma atividade intelectual qualquer, ou seja, é um "filósofo", um artista, um homem de gosto, participa de uma concepção do mundo, possui uma linha consciente de conduta moral, contribui assim para manter ou para modificar uma concepção do mundo, isto é, para suscitar novas maneiras de pensar. O problema da criação de uma nova camada intelectual, portanto, consiste em elaborar criticamente a atividade intelectual que cada um possui em determinado grau de desenvolvimento, modificando sua relação com o esforço muscular-nervoso no sentido de um novo equilíbrio e fazendo com que o próprio esforço muscular-nervoso, enquanto elemento de uma atividade prática geral, que inova perpetuamente o mundo físico e social, torne-se o fundamento de uma nova e integral concepção do mundo. O tipo tradicional e vulgarizado do intelectual é dado pelo literato, pelo filósofo, pelo artista. Por isso, os jornalistas — que acreditam ser literatos, filósofos, artistas — crêem também ser os "verdadeiros" intelectuais. No mundo moderno, a educação técnica, estreitamente ligada ao trabalho industrial, mesmo ao mais primitivo e desqualificado, deve constituir a base do novo tipo de intelectual. Neste sentido trabalhou o semanário *L'Ordine Nuovo*, visando a desenvolver certas formas de novo intelectualismo e a determinar seus novos conceitos; e essa não foi uma das razões menores de seu êxito, pois uma tal colocação correspondia a aspirações latentes e era adequada ao desenvolvimento das formas reais de vida. [13] O modo de ser do novo intelectual não pode mais consistir na eloquência, motor exterior e momentâneo dos afetos e das paixões, mas numa inserção ativa na vida prática, como construtor, organizador, "persuasor permanentemente", já que não apenas orador puro — mas superior ao espírito matemático abstrato; da técnica-trabalho, chega à técnica-ciência e à concepção humanista histórica, sem a qual permanece "especialista" e não se torna "dirigente" (especialista + político).

2. Dos cadernos miscelâneos

§ 14. *Fortunato Rizzi ou do italiano mesquinho.* Louis Reynaud, que deve ser um discípulo de Maurras, escreveu um livro, *Le Romantisme* (*Les origines anglo-germaniques. Influences étrangères et traditions nationales. Le réveil du génie français*), Paris, Colin, a fim de expor amplamente e de demonstrar uma tese própria do nacionalismo integral: a de que o romantismo é contrário ao gênio francês e é uma importação estrangeira, germânica e anglo-alemã. Nesta proposição, para Maurras e sem dúvida também para Reynaud, a Itália é e deve estar com a França; ou, melhor, as nações católicas em geral, o catolicismo, são solidárias contra as nações protestantes, o latinismo contra o germanismo. O romantismo é uma infecção de origem germânica, infecção para a latinidade, para a França, que foi sua grande vítima: em seus países de origem, Inglaterra e Alemanha, o romantismo foi e será algo sem consequências, mas na França ele se tornou o espírito das sucessivas revoluções de 1789 em diante, destruiu ou devastou a tradição, etc., etc.

Ora, eis como o professor Fortunato Rizzi, autor de um livro ao que parece mediocríssimo (o que não é de espantar, a julgar pelo modo como ele trata das correntes de pensamento e de sentimentos) sobre o século XVI, vê o livro de Reynaud, num artigo ("Il romanticismo francese e l'Italia") publicado nos *Libri del giorno* de junho de 1929. Rizzi ignora os "antecedentes", ignora que o livro de Reynaud é mais político do que literário, ignora as proposições do nacionalismo integral de Maurras no campo da cultura e vai buscar, com sua lanterninha de italiano mesquinho, os traços da Itália no livro. Caramba! A Itália não existe, a Itália é descurada, portanto, é desconhecida! "É verdadeiramente singular o silêncio quase absoluto no que se refere à Itália. Dir-se-ia que, para ele (Reynaud), a Itália não existe nem jamais existiu: não obstante, ele deve tê-la encontrado diante dos olhos a cada momento." Reynaud recorda que o século XVII, na civilização europeia, é francês. E Rizzi: "Seria preciso um esforço heroico para notar, pelo menos de passagem, o quanto a França do século XVII deve à Itália do século XVI? Mas a Itália não existe para os nossos bons irmãos transalpinos." Que tristeza!

Reynaud escreve: "Os ingleses, depois os alemães, comunicam-nos sua 'superstição' dos antigos." [1] E Rizzi: "Oh! Vejam de onde a França recolhe a *adoração* pelos antigos! Da Inglaterra e da Alemanha! E o Renascimento italiano, com seu maravilhoso poder de difusão na Europa e — sim, precisamente aí — também na França? Cancelado da história..." Outros exemplos são igualmente divertidos: "Ostentada ou inconsciente indiferença, ou ignorância, com relação à Itália" a qual, segundo Rizzi, não acrescenta valor à obra, "mas, ao contrário, sob certos aspectos, muito o atenua e diminui". Conclusão: "Mas nós, que somos os filhos primogênitos (ou melhor, segundo o pensamento de Balbo, filhos únicos) de Roma, nós somos senhores de raça e não praticamos pequenas vinganças, etc., etc.", reconhecendo, portanto, que a obra de Reynaud é ordenada, aguda, erudita, muito lúcida, etc., etc.

Rir ou chorar. Recordo este episódio: falando de um Fulano, um articulista recordava que um antepassado do herói fora lembrado por Dante na *Divina Comédia*, "este livro de ouro da nobreza italiana". De fato, era lembrado, mas num abismo profundo do Inferno: isto não importa para o italiano mesquinho, que não percebe, por causa de sua mania de grandeza típica do nobre decadente, que Reynaud — não falando da Itália em seu livro — pretendeu lhe prestar a maior homenagem, de seu ponto de vista. Mas a Rizzi importa o fato de que Manzoni só tenha sido lembrado numa notinha de pé de página! [2]

§ 15. *Sobre as universidades italianas.* Por que não exercem em nosso país aquela influência de reguladoras da vida cultural que exercem em outros países?

Um dos motivos deve ser buscado no fato de que, nas universidades, o contato entre professores e estudantes não é organizado. O professor ensina, de sua cátedra, à massa dos ouvintes, isto é, dá a sua lição e vai embora. Somente na época da apresentação da tese de conclusão do curso é que o estudante se aproxima do professor, pede-lhe um tema e conselhos específicos sobre o método da pesquisa científica. Para a massa dos estudantes, os cursos não são mais do que uma série de conferências, ouvidas com maior ou menor atenção, todas ou apenas uma parte: o estudante confia nas apostilas, na obra que o próprio professor escreveu sobre a matéria ou na bibliografia que indicou. Existe um maior contato entre os professores individuais e estudantes individuais que pretendem especializar-se numa determinada disciplina: este contato se estabelece, no mais das vezes, casualmente, e possui uma imensa importância para a continuidade acadêmica e para o destino das várias disciplinas. Estabelece-se, por exemplo, graças a causas religiosas, políticas, de amizade familiar. Um estudante torna-se assíduo de um professor, que o encontra na biblioteca, convida-o para casa, aconselha-lhe livros para ler e pesquisas a tentar. Cada professor tende a formar uma "escola" própria, tem seus pontos de vista determinados (chamados de "teorias") sobre determinadas partes de sua ciência, que gostaria de ver defendidos por "seus seguidores ou discípulos". Cada professor pretende que, de sua universidade, em concorrência com as outras, saiam jovens "destacados" que deem sérias "contribuições" à sua ciência. Por isso, na própria faculdade, existe concorrência entre professores de matérias afins na disputa de alguns jovens que já se tenham distinguido por causa de uma resenha, de um artiguinho ou em discussões escolares (onde elas são realizadas). Neste caso, o professor realmente guia o seu aluno; indica-lhe um tema, aconselha-o no desenvolvimento, facilita-lhe as pesquisas, mediante conversas assíduas acelera-lhe a formação científica, permite-lhe publicar os primeiros ensaios nas revistas especializadas, coloca-o em contato com outros especialistas e se apodera dele definitivamente.

Este costume, salvo casos esporádicos de igrejinhas, é benéfico, já que complementa a função das universidades. Deveria deixar de ser fato pessoal, iniciativa pessoal, para tornar-se função orgânica: não sei até que ponto, mas parece-me que os seminários de tipo alemão cumprem esta função ou buscam desenvolvê-la. Em torno de certos professores, há uma disputa entre ávidos que esperam atingir mais facilmente uma cátedra universitária. Muitos jovens, ao contrário, particularmente os que vêm dos liceus provincianos, são marginalizados tanto no ambiente social universitário quanto no ambiente de estudo. Os primeiros seis meses do curso servem para uma orientação sobre o caráter específico dos estudos universitários e a timidez nas relações pessoais nunca deixa de existir entre professor e aluno. Nos seminários, tal coisa não se verificaria, ou, pelo menos, não na mesma medida.

De qualquer modo, esta estrutura geral da vida universitária não cria, já na universidade, nenhuma hierarquia intelectual permanente entre professores e massa de estudantes; após a universidade, mesmo aquelas escassas ligações se relaxam e, no país, inexiste qualquer estrutura cultural que se apoie sobre a universidade. Foi este um dos elementos que determinaram a sorte da dupla Croce-Gentile, antes da guerra, na constituição de um grande centro de vida intelectual nacional; entre outras coisas, eles lutavam também contra a insuficiência da vida universitária e contra a mediocridade científica e pedagógica (e mesmo moral, por vezes) dos professores oficiais.

§ 45. *Intelectuais sicilianos.* Rivalidade entre Palermo e Catânia na disputa do primado intelectual da ilha. — Catânia é chamada de Atenas siciliana, aliás de "*sicula Atene*". — Celebridade de Catânia: Domenico Tempio, poeta licencioso, cuja atividade tem lugar após o terremoto de 1693, que destruiu Catânia (Antonio Prestinenza relaciona o tom licencioso do poeta à ocorrência do terremoto: morte — vida — destruição — fecundidade). — Vincenzo Bellini, contraposto a Tempio por sua melancolia romântica.

Mario Rapisardi é a glória moderna de Catânia. Garibaldi lhe escreve: "Na vanguarda do progresso, nós o seguiremos"; e Victor

Hugo: "*Vous êtes un précurseur*". — Rapisardi-Garibaldi-Victor Hugo. — Polêmica Carducci-Rapisardi — Rapisardi-De Felice (em 1º de maio, De Felice conduzia a passeata até os portões de Rapisardi). — Populismo socialista misturado com o culto supersticioso de Santa Ágata: quando Rapisardi estava na hora da morte, pretendeu-se que retornasse à Igreja: "Assim viveu Argante, e morreu como viveu", disse Rapisardi. — Ao lado de Rapisardi: Verga, Capuana, De Roberto, que porém não são considerados "sicilianíssimos", até porque eram ligados às correntes continentais e eram amigos de Carducci. — Catânia e Abruzzo na literatura italiana do século XIX [3].

§ 75. *Intelectuais sicilianos.* É interessante o grupo do *Ciclope* de Palermo. Mignosi, Pignato, Sciortino, etc. Relações desse grupo com Piero Gobetti [4].

§ 90. *La Voce e Prezzolini.* O artigo no qual Prezzolini defende *La Voce* e "reivindica de pleno direito um lugar para ela na preparação da Itália contemporânea" é citado na *Fiera Letteraria* de 24 de fevereiro de 1929 e, portanto, deve ter sido publicado em *Lavoro Fascista* (nos dez dias entre 14 e 24 de fevereiro). O artigo foi provocado por uma série de artiguetes da *Tribuna* contra Papini, no qual, por causa do estudo "Su questa letteratura" (publicado no primeiro número do *Pegaso*), descobriam-se traços do velho "protestantismo" de *La Voce*. O escritor da *Tribuna*, ex-nacionalista da primeira *Idea Nazionale*, não conseguia ainda esquecer os velhos rancores contra *La Voce*, enquanto Prezzolini não teve a coragem de afirmar a sua posição da época. Sobre esse assunto, Prezzolini publicou também uma carta no *Davide*, que saía irregularmente em Turim em 1925-26, dirigido por Gorgerino. De resto, é preciso recordar seu livro sobre a *Cultura italiana*, de 1923, e seu volume sobre o "Fascismo" (em francês). Se Prezzolini tivesse coragem cívica, poderia recordar que a sua *La Voce* influiu muito sobre alguns socialistas e foi um elemento de revisionismo. Sua colaboração e de Papini, bem como de muitos "vocianos", no primeiro *Popolo d'Italia* [5].

§ 123. Investigar a origem histórica exata de alguns princípios da pedagogia moderna: a escola ativa, ou seja, a colaboração amigável entre professor e aluno; a escola ao ar livre: a necessidade de deixar livre, sob a vigilância mas não sob controle evidente do professor, o desenvolvimento das faculdades espontâneas do estudante. A Suíça deu uma grande contribuição à pedagogia moderna (Pestalozzi, etc.), graças à tradição genebrina de Rousseau; na realidade, esta pedagogia é uma forma confusa de filosofia ligada a uma série de regras empíricas. Não se levou em conta que as ideias de Rousseau são uma violenta reação contra a escola e os métodos pedagógicos dos jesuítas e, enquanto tal, representam um progresso: mas, posteriormente, formou-se uma espécie de igreja, que paralisou os estudos pedagógicos e deu lugar a curiosas involuções (nas doutrinas de Gentile e de Lombardo-Radice). A "espontaneidade" é uma destas involuções: quase se chega a imaginar que o cérebro do menino é um novelo que o professor ajuda a desenovelar. Na realidade, toda geração educa a nova geração, isto é, forma-a; e a educação é uma luta contra os instintos ligados às funções biológicas elementares, uma luta contra a natureza, a fim de dominá-la e de criar o homem "atual" à sua época. Não se leva em conta que o menino, desde quando começa a "ver e a tocar", talvez poucos dias depois do nascimento, acumula sensações e imagens, que se multiplicam e se tornam complexas com o aprendizado da linguagem. A "espontaneidade" se analisada, torna-se cada vez mais problemática. De resto, a "escola" (isto é, a atividade educativa direta) é somente uma fração da vida do aluno, o qual entra em contato tanto com a sociedade humana quanto com a *societas rerum*, formando-se critérios a partir destas fontes "extra-escolares" muito mais importantes do que habitualmente se crê. A escola única, intelectual e manual, tem ainda esta vantagem: a de colocar o menino em contato, ao mesmo tempo, com a história humana e com a história das "coisas", sob o controle do professor.

§ 124. *Os futuristas.* Um bando de escolares que fugiu de um colégio de jesuítas, fez uma pequena algazarra num parque próximo e foi levado de volta sob a férula do guarda-florestal [6].

§ 127. *A questão dos jovens*. Existem muitas "questões" dos jovens. Duas me parecem particularmente importantes: 1) A geração "antiga" realiza *sempre* a educação dos "jovens"; haverá conflito, discórdia, etc., mas se trata de fenômenos superficiais, inerentes a toda obra educativa e de refreamento, a menos que estejam em jogo interferências de classe, isto é, os "jovens" (ou uma substancial parcela deles) da classe dirigente (entendida no mais amplo sentido, não só econômico, mas também político-moral) se rebelam e passam para a classe progressista, que se tornou historicamente capaz de tomar o poder: mas, neste caso, trata-se de "jovens" que deixam de ser dirigidos pelos "velhos" de uma classe para serem dirigidos pelos "velhos" de uma outra classe; de qualquer modo, permanece a subordinação real dos "jovens" aos "velhos" como geração, mesmo com as diferenças de temperamento e vivacidade acima recordadas. 2) Quando o fenômeno assume um caráter dito "nacional", isto é, quando não se revela abertamente a interferência de classe, então a questão se complica e torna-se caótica. Os "jovens" estão em estado de rebelião permanente, já que persistem suas causas profundas, sem que eles possam analisá-las, criticá-las e superá-las (não de modo conceitual e abstrato, mas histórico e real); os "velhos" dominam de fato, mas... *après moi le déluge*, não conseguem educar os jovens e prepará-los para a sucessão. Por quê? Isto significa que existem todas as condições para que os "velhos" de uma outra classe *devam* dirigir estes jovens, sem que possam fazê-lo por razões extrínsecas de pressão político-militar. A luta, da qual as expressões normais exteriores são sufocadas, liga-se como uma gangrena dissolutora à estrutura da velha classe, debilitando-a e apodrecendo-a: assume formas mórbidas, de misticismo, de sensualismo, de indiferença moral, de degenerescências patológicas psíquicas e físicas, etc. A velha estrutura não contém e não consegue satisfazer as novas exigências: o desemprego permanente e semipermanente dos chamados intelectuais é um dos fenômenos típicos desta insuficiência, que assume caráter agudo nos mais jovens, na medida em que não lhes deixa "horizontes abertos". Ademais, esta situação leva aos "quadros fechados" de caráter feudal-militar, isto é, aguça ela mesma os problemas que não pode resolver. [7]

§ 154. *Clero e intelectuais.* Existe algum estudo orgânico sobre a história do clero como "*classe-casta*"? Ele seria indispensável, parece-me, como preparação e condição para todo o restante estudo sobre a função da religião no desenvolvimento histórico e intelectual da humanidade. A precisa situação jurídica e de fato da Igreja e do clero nos vários períodos e países, suas condições e funções econômicas, suas relações exatas com as classes dirigentes e com o Estado, etc., etc.

CADERNO 2 (1929-1933)

§ 49. *Alessandro Mariani.* Deste belíssimo tipo, a *Nuova Antologia* de 1º de outubro de 1927 publicou uma seleção de impressões e de pensamentos ("Interpretazioni"), extraídos de uma coletânea que deveria ter sido publicada em seguida. São parágrafos muito pretensiosos e confusos, de escasso valor teórico e artístico, mas por vezes curiosos por causa da decidida aversão ao lugar-comum e ao preconceito banal (substituídos por outros lugares-comuns e outras trivialidades). Na seção "Arte política" a *Nuova Antologia* traz três parágrafos sobre as "Três potências": 1º, A Igreja de Roma; 2º, A Internacional vermelha; 3º, A Internacional judaica.

A Igreja Católica é "a mais poderosa força conservadora que governa sob o ponto de vista do divino, salvação última onde a decadência dos valores humanos põe em perigo a estrutura social". A internacional vermelha é "desvio da ideologia cristã", "é ativa por toda parte, mas sobretudo onde uma sociedade econômica desenvolveu-se segundo o padrão do Ocidente. Subversora de valores, é força revolucionária e expansiva. Nega a ordem, a autoridade e a hierarquia constituídas, mas obedece à sua própria ordem, mais férrea e imperiosa do que a antiga por necessidade de conquista. Nega o divino, desconhece o Espírito, mas a ele obedece inconsciente e inelutavelmente, afirmando uma inesgotável sede de justiça, ainda que sob a falaciosa miragem da

Utopia. Quer reconhecer apenas os valores materiais e os interesses, mas obedece inconscientemente aos mais profundos impulsos espirituais e aos instintos que têm suas raízes mais profundas na alma humana. É mística. É absoluta. É impiedosa. É religião, é dogma. É tão flexível na abordagem das questões quanto intransigente na ideologia. Relação entre meio e fim. É política". "Como a Igreja, é subsidiada pelos crentes e alimentada por um serviço de informações mundial. A inteligência de todas as nações está a seu serviço; todos os recursos dos inumeráveis insatisfeitos que apuram o talento em vista da possibilidade de um amanhã melhor. Como toda sociedade humana, tem suas aristocracias." "Como a Igreja, diz a todos os povos a mesma palavra, traduzida em todos os idiomas. Seu poder subversivo é subterrâneo. Mina a construção social a partir dos seus fundamentos. Sua política carece de tradição, mas não de inteligência, de habilidade, de flexibilidade, sustentadas por uma firme determinação. Negociar com ela ou combatê-la pode ser sagacidade ou erro, a depender das contigências da política. Não levá-la em conta ou recusar-se a levá-la em conta é tolice".

§ 85. Daniele Varé, "Pagine di un diario in Estremo Oriente", in *Nuova Antologia* de 16 de setembro, 1º e 16 de outubro de 1928. Varé é um diplomata italiano, ministro na China, não sei de que grau: assinou o acordo entre o governo italiano e o de Chang Kai-shek em 1928 ou 1929. Essas páginas de diário são desastrosas, seja literariamente ou de qualquer outro ponto de vista. Aos diplomatas, deveria ser proibida qualquer publicação (e não só no que se refere à política) sem o *placet* de um departamento especial de revisão constituído por pessoas inteligentes, já que suas tolices extradiplomáticas prejudicam o governo tanto quanto as diplomáticas e ferem o prestígio do Estado que lhes deu encargos de representação.

§ 88. *Ettore Fabietti*. "Il primo venticinquennio delle Biblioteche popolari milanesi", *Nuova Antologia*, 1º de outubro de 1928. Artigo muito útil pelas informações que presta sobre a origem e o desenvolvimento desta instituição, que foi a mais brilhante iniciativa em favor da cultura popular dos tempos modernos. O artigo é bastante sério, embora Fabietti tenha demonstrado não ser ele mesmo muito sério; todavia, é necessário reconhecer-lhe muitas benemerências e uma indiscutível capacidade organizativa no campo da cultura operária no sentido democrático. Fabietti mostra como os operários eram os melhores "clientes" das bibliotecas populares: cuidavam dos livros, não os destruíam (ao contrário das outras categorias de leitores: estudantes, empregados, profissionais, donas-de-casa, ricos [?], etc.). As leituras de "beletrística" representavam um percentual relativamente baixo, inferior ao de outros países. Havia operários que se propunham pagar a metade dos livros caros a fim de poder lê-los; outros operários davam contribuições de até cem liras às bibliotecas populares; houve um operário tintureiro que se tornou "escritor" e tradutor do francês graças às leituras e aos estudos feitos nas bibliotecas populares, mas que continua a ser operário.

A literatura sobre as bibliotecas populares milanesas deverá ser estudada a fim de obter temas "reais" sobre a cultura popular: os livros mais lidos, por categoria e por autores, etc.; publicações das bibliotecas populares, suas características, tendências etc. Por que somente em Milão tal iniciativa foi feita em grande estilo? Por que não em Turim, ou em outras grandes cidades? Características e história do "reformismo" milanês; universidades populares, filantrópica, etc. Tema muito interessante e essencial.

§ 90. *A nova evolução do Islã.* 1) Michelangelo Guidi, 2) Sirdar Ikbal Ali Shah, *Nuova Antologia*, 1º de outubro de 1928. Trata-se de um artigo medíocre do diplomata afegão anglófilo, Ikbal Ali Shah, e de uma breve nota introdutória do professor Michelangelo Guidi. A nota de Guidi coloca, sem o resolver, o seguinte problema: se o Islã é, como religião, conciliável com o progresso moderno e se é suscetível de evolução. Refere-se a um pequeno livro recente do professor R. Hartmann, "profundo e diligente estudioso alemão de línguas e Civilizações orientais", *Die Krisis des Islams*, publicado após uma estada em Ankara e que responde afirmativamente à questão; e remete ao julgamento formulado pelo professor Kampffmeyer, numa resenha publicada sobre o livro de Hartmann em *Oriente Moderno* (de agosto de 1928), segundo o qual uma breve estada em Anatólia não pode ser suficiente para julgar questões tão vivas, etc., e que muitíssimas das fontes de Hartmann são de origem literária e as aparências enganam, mais no Oriente do que em qualquer outro lugar, etc. Guidi (pelo menos nessa nota) não conclui, recordando apenas que pode nos ajudar a opinião dos próprios orientais (mas não são eles "aparência" que engana, se tomados um por um, etc.?), embora tenha inicialmente escrito que seria utópico supor que o Islã possa se manter em seu esplêndido isolamento e que, durante a espera, amadureçam nele novos agentes religiosos formidáveis e que a força implícita na concepção oriental da vida triunfe sobre o materialismo ocidental e reconquiste o mundo. Parece-me que o problema é muito mais simples do que se quer fazer crer, pelo fato de se considerar implicitamente o "cristianismo" como inerente à civilização moderna, ou, pelo menos, não se tem a coragem de colocar a questão das relações entre cristianismo e civilização moderna. Por que o Islã não poderia fazer o que fez o cristianismo? Parece-me, aliás, que a ausência de uma maciça organização eclesiástica do tipo cristão católico deveria tornar a adaptação mais fácil. Se se admite que a civilização moderna, em sua manifestação industrial-econômica-política, terminará por triunfar no Oriente (e tudo prova que isto ocorre, e até que estas discussões sobre o Islã ocorrem porque existe uma crise determinada precisamente por esta difusão de elementos modernos), por que não se deve concluir que o Islã evoluirá necessariamente? Poderá permanecer tal e qual? Não: já não é mais o mesmo de antes da guerra. Poderá desaparecer subitamente? Absurdo. Poderá ser substituído por uma religião cristã? Absurdo supô-lo para as grandes massas. O próprio Vaticano percebe como é contraditório pretender introduzir o cristianismo nos países orientais nos quais penetra o capitalismo: os orientais veem o antagonismo entre eles, que não é visto em nossos países porque o cristianismo se adaptou molecularmente e se converteu em jesuitismo, isto é, numa grande hipocrisia social. Daí decorrem as dificuldades do trabalho das missões, bem como o escasso valor das conversões, de resto muito limitadas.

Na realidade, a dificuldade mais trágica para o Islã é dada pelo fato de que uma sociedade embrutecida por séculos de isolamento e por um regime feudal apodrecido (naturalmente, os senhores feudais não são materialistas!!) é colocada muito bruscamente em contato com uma civilização frenética, que já está em sua fase de dissolução. O cristianismo empregou nove séculos para evoluir e adaptar-se, realizou isto em pequenas etapas, etc.; o Islã é obrigado a correr vertiginosamente. Mas, na realidade, reage precisamente como o cristianismo: a grande heresia, sobre a qual se fundarão as heresias propriamente ditas, é o "sentimento nacional" contra o cosmopolitismo teocrático. Revela-se, além disso, tal como no cristianismo, o motivo do retorno às "origens", à pureza dos primeiros textos religiosos contraposta à corrupção da hierarquia oficial: os wahabitas representam precisamente esta orientação, e Sirdar Ikbal Ali Shah explica mediante este princípio as reformas de Kemal Paxá na Turquia; não se trata de "novidade", mas de um retorno ao antigo, ao puro, etc., etc. Este Sirdar Ikbal Ali Shah demonstra, ao que me parece, precisamente como existe, entre os muçulmanos, um jesuitismo e uma casuística tão desenvolvidos como no catolicismo.

§ 109. *Os intelectuais franceses e sua atual função cosmopolita.* A função cosmopolita dos intelectuais franceses a partir do século XVIII é de caráter absolutamente diverso daquela exercida pelos italianos anteriormente. Os intelectuais franceses expressam e representam explicitamente um compacto bloco nacional, do qual são os "embaixadores" culturais, etc.

Sobre a situação atual da hegemonia cultural francesa, verificar o livro do editor Bernard Grasset, *La chose littéraire*, Gallimard, Paris, 1929, em que se fala em especial da organização da produção cultural francesa no pós-guerra no setor livreiro, com os novos fenômenos típicos da época presente.

§ 116. *A função cosmopolita dos intelectuais italianos*. De um artigo de Nello Tarchiani, no *Marzocco* de 3 de abril de 1927, "Un dimenticato interprete di Michelangelo" (Emilio Ollivier): "Para ele (Michelangelo), existia apenas a arte. Papas, príncipes, repúblicas, eram a mesma coisa, *contanto que lhe dessem meios de trabalhar*; para fazê-lo, ter-se-ia entregue ao Grande Turco, como ameaçou certa feita; e nisto Cellini se aproximava dele." E não apenas Cellini. E Leonardo? Mas por que isto ocorreu? E por que tais personalidades existiram quase somente na Itália? Este é o problema. Observar, na vida desses artistas, como se destaca sua anacionalidade. E, em Maquiavel, o nacionalismo era suficientemente forte para superar o "amor à arte pela arte"? Uma investigação desta natureza seria muito interessante: o problema do Estado italiano interessava Maquiavel mais como "elemento nacional" ou como problema político interessante em si e para si, sobretudo sendo dada a sua dificuldade e a grande história passada da Itália?

§ 117. *A função cosmopolita dos intelectuais italianos*. "Em 1563, durante a guerra civil contra os huguenotes, no assédio de Orléans, empreendido pelo duque de Guise, o engenheiro militar Bartolomeo Campi de Pesaro, que tinha no exército atacante o cargo que ora chamaríamos de 'comandante da engenharia', mandou fabricar uma grande quantidade de pequenos sacos que, cheios de terra, foram conduzidos nas costas dos soldados até formarem em pouco tempo uma barricada e, enquanto esperavam o momento de atacar, os assaltantes permaneceram protegidos das ofensivas dos que se defendiam" (Enrico Rochi, "Un notevole aspetto delle campagne di Cesare nelle Gallie", *Nuova Antologia*, 1º de janeiro de 1929).

§ 146. *Passado e presente. Emigração*. No Congo belga, há 1.600 imigrantes italianos: só em Katanga, a zona mais rica do Congo, existem 942. A maior parte destes imigrantes italianos está a serviço de companhias privadas na condição de engenheiros, contadores, mestres de obras, supervisores. Dos 200 médicos que exercem a profissão no Congo por conta do Estado e das companhias, dois terços são italianos (*Corriere della Sera*, 15 de outubro de 1931).

CADERNO 3 (1930)

§ 1. *Os intelectuais franceses.* Nas *Nouvelles Littéraires* de 12 de outubro de 1929, num artigo intitulado "Deux époques littéraires et d'angoisse: 1815-1830 et 1918-1930", Pierre Mille cita um artigo de André Berge na *Révue des Deux Mondes*, "Vesprit de la littérature moderne", no qual se assinala a inquietação das jovens gerações literárias francesas: desilusão, mal-estar e até desespero; não mais se sabe por que se vive, por que se está no mundo. Segundo Mille, este estado de espírito se assemelha àquele de onde nasceu o romantismo, com a seguinte diferença: os românticos se libertavam dele, graças à efusão literária, graças ao lirismo, às "palavras" (mas isto é verdade?, fatos se seguiram também ao romantismo: 1830, 1831, 1848; existiu a efusão literária, mas não apenas ela). Hoje, ao contrário, as jovens gerações não creem mais na literatura, no lirismo, na efusão verbal, aos quais têm horror: predomina o tédio, o desgosto.

Para Mille, trata-se do seguinte: não foi tanto a guerra que mudou o mundo; trata-se de uma revolução social: formou-se um "supercapitalismo" que, aliado tacitamente à classe operária e aos camponeses, esmaga a velha burguesia. Mille quer dizer que, na França, existiu um ulterior desenvolvimento industrial e bancário e que a pequena e média burguesias, que antes pareciam dominar, estão em crise: portanto, crise dos intelectuais. A guerra e a revolução russa aceleraram o movimento que já existia antes de agosto de 1914. Crise econômica das classes médias que "*n'arrivent même pas à concevoir que vingt cinq francs ne valent plus que cent sous*" e "*voudraient que ce soit comme avant*"; os operários que pensam: lá, no leste, existe um país onde o proletário é ditador; classes que eram dirigentes no passado e agora não mais dirigem, e que sonham com a Itália fascista. Mille escreve que é muito "oportuno" o apelo de Emmanuel Berl, na *Mort de la pensée bourgeoise*, ao propor que os escritores, 90% dos quais são burgueses, tenham simpatia pelos que pretendem desapropriá-los! [8] Alguns traços do quadro me parecem exatos e interessantes. A velha França pequeno-burguesa atravessa uma crise muito profunda, que porém ainda é mais moral do que imediatamente política.

§ 2. *Julien Benda.* Um artigo de Julien Benda nas *Nouvelles Littéraires* de 2 de novembro de 1929, intitulado "Comment un écrivain sert-il l'universel?" é um corolário do livro *A traição dos intelectuais.* [9] Refere-se a uma obra recente, *Esprit und Geist,* de Weschseler, na qual se busca demonstrar a nacionalidade do pensamento e explicar que o *Geist* alemão é muito diferente do *esprit* francês; convida os alemães a não esquecerem este particularismo de seus cérebros e, todavia, acredita trabalhar para a união dos povos em virtude de um pensamento de André Gide, segundo o qual se serve melhor ao interesse geral quanto mais se for particular. Benda recorda o manifesto dos 54 escritores franceses publicado no *Figaro* de 19 de julho de 1919, "Manifeste du parti de l'Intelligence", no qual se afirmava: "Somente se nacionalizando é que uma literatura assume um significado mais universal, um interesse mais humanamente geral." [10] Segundo Benda, é justo que se serve melhor ao universal na medida em que se é mais particular. Mas uma coisa é *ser* particular, outra é *pregar* o particularismo. Aqui reside o equívoco do nacionalismo, que, na base deste equívoco, pretende frequentemente ser o verdadeiro universalista, o verdadeiro pacifista. Ou seja, nacional é diferente de nacionalista. Goethe era "nacional" alemão, Stendhal "nacional" francês, mas nenhum dos dois era nacionalista. Uma ideia não é eficaz se não for expressa de alguma maneira, artisticamente, isto é, particularmente. Mas um espírito é particular na medida em que é nacional? A nacionalidade é uma particularidade primária; mas o grande escritor se particulariza ainda entre seus conterrâneos e esta segunda "particularidade" não é o prolongamento da primeira. Renan, enquanto Renan, não é absolutamente uma consequência *necessária* do espírito francês; ele é, em relação a este espírito, um evento original, arbitrário, *imprevisível* (como diz Bergson). Mas, não obstante, Renan permanece francês, assim como o homem, mesmo sendo homem, continua um mamífero; mas seu valor, como o do homem, reside precisamente na sua diferença para com o grupo onde nasceu.

É precisamente isto o que os nacionalistas não aceitam; para eles, o valor dos grandes intelectuais, dos mestres, consiste em sua semelhança com o espírito de seu grupo, em sua fidelidade, em sua precisa capacidade de expressar este espírito (o qual, ademais, é definido como o espírito dos grandes intelectuais, dos mestres, pelo que se termina sempre por ter razão).

Por que tantos escritores modernos atêm-se tão intensamente à "alma nacional" que afirmam representar? É útil, para quem não tem personalidade, decretar que o essencial é ser nacional. Max Nordau escreve sobre alguém que exclamou: "Vocês dizem que nada sou. Mas, vejam, eu sou alguma coisa: sou um contemporâneo!" Assim, são muitos os que afirmam ser escritores francesíssimos, etc. (Deste modo, constitui-se uma hierarquia e uma organização de fato e isto é o essencial de toda a questão: Benda, como Croce, examina a questão dos intelectuais abstraindo a situação de classe dos próprios intelectuais e a sua função, que se foi tornando mais precisa com a enorme difusão do livro e da imprensa periódica.) Mas, se esta posição é explicável nos medíocres, como explicá-la nas grandes personalidades? (Talvez a explicação seja coordenada: as grandes personalidades dirigem os medíocres e assimilam deles, necessariamente, determinados preconceitos práticos que não causam dano às suas obras.) Wagner (cf. o *Ecce homo*, de Nietzsche) sabia o que fazia quando afirmava que sua arte era expressão do gênio alemão, convidando assim toda uma raça a se aplaudir a si mesma em suas obras. Mas, em muitos, Benda vê como razão de tal fato a crença de que o espírito é bom na medida em que adota uma certa maneira *coletiva* de pensar, e é mau quando busca se individualizar. Quando Barrès escrevia que "o papel dos mestres é justificar os hábitos e preconceitos próprios da França, de modo a preparar do melhor modo possível nossos filhos a assumir seu posto no cortejo nacional" [11], entendia precisamente que seu dever, assim como o dos pensadores franceses dignos deste nome, consistia em entrar também nesse cortejo.

Esta tendência teve efeitos desastrosos na literatura (insinceridade). Na política, tal tendência à distinção nacional fez com que a guerra, em vez de ser simplesmente política, tenha se tornado uma guerra de almas nacionais, com suas características de profundidade passional e de ferocidade.

Benda conclui observando que todo esse empenho para manter a nacionalização do espírito significa que o espírito europeu está nascendo e que é no sentido do espírito europeu que o artista deverá individualizar-se, se quiser servir ao universal. (A guerra demonstrou, precisamente, que estas atitudes nacionalistas não eram casuais ou devidas a causas intelectuais, erros lógicos, etc.; elas eram e são ligadas a um determinado período histórico, no qual somente a união de todos os elementos nacionais pode ser uma condição de vitória. A luta intelectual, se travada fora de uma luta real que tenda a subverter esta situação, é estéril. É verdade que o espírito europeu está nascendo, e não somente europeu, mas precisamente isto aguça o caráter nacional dos intelectuais, particularmente do estrato mais elevado.)

§ 3. *Intelectuais alemães.* 1) Hans Frank, *O direito é a injustiça.* Nove contos que são nove exemplos visando a demonstrar que *summum jus, summa injuria.* Frank não é um jovem que queira armar paradoxos: tem cinquenta anos e foi publicada uma antologia de seus contos de história alemã para as escolas. Homem de fortes convicções. Combate o direito romano, a *dura lex*, e não apenas esta ou aquela lei inumana e antiquada, mas a própria noção de norma jurídica, de uma justiça abstrata que generaliza e codifica, define o direito e pronuncia a sanção.

O caso de Hans Frank não é um caso individual: é o sintoma de um estado de espírito. Um defensor do Ocidente poderia ver nisso a revolta da "desordem alemã" contra a ordem latina, da anarquia sentimental contra a regra da inteligência. Mas os autores alemães a entendem, ao contrário, como a restauração de uma ordem *natural* sobre as ruínas de uma ordem *artificial.* O exame pessoal, novamente, opõe-se ao princípio da autoridade, que é combatido em todas as suas formas: dogma religioso, poder monárquico, ensino oficial, estado militar, vínculo conjugal, prestígio paterno e, sobretudo, a justiça que protege estas instituições caducas, que não passa de coerção, pressão, deformação arbitrária da vida pública e da natureza humana. O homem é infeliz e mau enquanto é encadeado pela lei, pelo costume, pelas ideias adquiridas. É preciso libertá-lo para salvá-lo. A virtude criadora da destruição tornou-se um artigo de fé.

Stefan Zweig, H. Mann, Remarque, Glaeser, Leonhard Frank...

2) Leonhard Frank, *A razão*: o herói assassina o seu ex-professor, porque este tinha desfigurado sua alma: o autor defende a inocência do assassino.

3) Franz Werfel: sustenta, num romance, que o assassino não é culpado, mas sim a vítima: nada existe nele de Quincey: trata-se de um ato moral. Um pai, general imperioso e brutal, destrói a vida do filho ao fazer dele um soldado sem vocação; não comete um delito de lesa-humanidade? Deve ser imolado como sendo duas vezes usurpador: como chefe e como pai.

Nasce assim o motivo do *parricidio* e sua apologia, a absolvição de Orestes, não em nome da piedade pela culpa trágica, mas em razão de um imperativo categórico, de um monstruoso postulado moral.

A teoria de Freud, o complexo de Édipo, o ódio pelo pai — patrão, modelo, rival, expressão primeira do princípio de autoridade — colocado na ordem das coisas naturais. A influência de Freud sobre a literatura alemã é incalculável: ela está na base de uma nova ética revolucionária (!). Freud deu um novo aspecto ao eterno conflito entre pais e filhos. A emancipação dos filhos da tutela paterna é a tese em voga entre os atuais romancistas. Os pais abdicam de seu "patriarcado" e fazem autocrítica honrosa diante dos filhos, cujo senso moral ingênuo é o unico capaz de quebrar o contrato social tirânico e perverso, de abolir as coerções de um dever mentiroso. (Cf. Hauptmann, *Michael Kramer*, e a novela de Jakob Wassermann, *Um pai*.)

4) Wassermann, *Der Fall Mauritius*, típico contra a justiça [12].

§ 4. *Emmanuel Berl.* Escreveu um livro, *Mort de la pensée bourgeoise*, que parece ter tido um certo impacto. Em 1929, em Médan, na casa de Zola, pronunciou um discurso por ocasião (creio) da peregrinação anual dos "amigos de Zola" (democratas, *Jeunesses laïques et républicaines*, etc.). "Depois da morte de Zola e de Jaurès, ninguém mais sabe falar ao povo do povo e nossa 'literatura de estetas' morre pelo seu egocentrismo." Zola, na literatura, e Jaurès, na política, foram os últimos representantes do povo. Pierre Hamp fala do povo, mas seus livros são lidos pelos literatos. V. Margueritte é lido pelo Povo, mas não fala do povo. O único livro francês que continua Zola é o *Fogo* de Barbusse, porque a guerra fez renascer na França uma certa fraternidade. Hoje, o romance popular (o que ele entende por "romance popular"?) se separa cada vez mais da literatura propriamente dita, que se tornou literatura de estetas. A literatura, separada do povo, decai — o proletariado, excluído da vida espiritual (!), perde sua dignidade (*n'est plus fondé en dignité*). (É verdade que a literatura se afasta do povo e se torna fenômeno de casta; mas isso leva a uma maior dignidade do povo; a tradicional fraternidade não foi mais do que a expressão da *bohème* literária francesa, um certo momento da cultura francesa por volta de 1848 e até 1870; houve uma certa retomada com Zola.) "E, em torno de nós, sentimos crescer esta fome do povo que nos interroga sem que possamos responder-lhe, que nos pressiona sem que possamos satisfazê-la, que demanda uma justificação de sua dor sem que possamos dá-la. Dir-se-ia que as fábricas gigantes determinam uma zona de silêncio da qual o operário não pode mais sair e onde o intelectual já não pode entrar. Estão tão separados que o intelectual, surgido do meio operário, já não encontra de modo algum o caminho para lá chegar." "A fidelidade difícil, escreve Jean Guéhenno. Talvez a fidelidade impossível. O aluno das escolas públicas não estabelece de modo algum, como seria de esperar, uma ponte entre o proletariado e a burguesia. Apenas um burguês a mais, tudo bem. Mas seus irmãos deixam de reconhecê-lo. Não mais veem nele um dos seus. Como o povo em nada participa do modo de expressão dos intelectuais, torna-se necessário ou que o povo se oponha aos intelectuais, constituindo uma espécie de nacionalidade com sua linguagem própria, ou que ele deixe absolutamente de ter linguagem e que mergulhe numa espécie de barbárie." [13] A culpa é dos intelectuais, que se tornaram conformistas enquanto Zola era revolucionário (!), refinados e preciosos no estilo, escritores de diários íntimos, enquanto Zola era épico. Mas também o mundo mudou. Zola conhecia um povo que hoje não existe mais, ou, pelo menos, não tem a mesma importância. Alto capitalismo — operário taylorizado — substitui o velho povo, que ainda não se distinguia bem da pequena burguesia e que aparece em Zola, como em Proudhon, em V. Hugo, em Sand, em E. Sue. Zola descreve a indústria nascente. Porém, se é mais difícil a tarefa do escritor, ela não deve por isso ser subestimada. Portanto, retorno a Zola, retorno ao povo. "Portanto, ou com Zola ou com nada, a fraternidade ou a morte. Esta é nossa divisa. Este é nosso drama. Esta é nossa lei." [14]

§ 9. *A academia dos Dez.* Ver o artigo de C. Malaparte, "Una specie di Accademia", na *Fiera Letteraria* de 3 de junho de 1928: o *Lavoro d'Italia* teria pago 150 mil liras pelo romance *Lo Zar non è morto*, escrito em cooperativa pelos Dez. "Para o 'Romance dos Dez', os membros da confederação, operários em sua grandíssima maioria, tiveram de desembolsar cerca de 150 mil liras. Por quê? Pela surpreendente razão de que os autores são dez e que, entre os Dez, figuram, entre os nomes do presidente e do secretário-geral do 'Raduno', os do secretário nacional e dois membros da diretoria do Sindicato de Autores e Escritores! ... Que Eldorado é o sindicalismo intelectual de Giacomo di Giacomo!" [15]. Malaparte escreve ainda: "*Se aqueles dirigentes*, aos quais se refere nosso discurso, *fossem fascistas*, não importa se de velha ou de nova data, teríamos seguido *outro caminho* para denunciar os desperdícios e as máfias: ou seja, teríamos nos dirigido ao Secretário do Partido Nacional Fascista. Mas, tratando-se de pessoas sem filiação partidária, politicamente pouco limpas e algumas até mal comprometidas, outras metidas nos sindicatos por puro oportunismo, preferimos resolver as coisas *sem escândalo* (!), com essas poucas palavras ditas em público." Essa passagem é impagável. No artigo, além disso, há um vivo ataque contra Bodrero, então subsecretário do Ministério da Instrução Pública, e contra Fedele, ministro. Na *Fiera Letteraria,* de 17 de junho, Malaparte publica um segundo artigo, "Coda di un'Accademia", na qual aumenta dissimuladamente a dose contra Bodrero e Fedele. (Fedele enviara uma carta sobre a questão Salgari, que foi o "astro" do "Sindicato de Escritores" e que fez rir meio mundo. [16])

§ 27. *O príncipe Karl Roban.* Fundou, em 1924, a Federação das Uniões Intelectuais e dirige uma revista (*Europäische Gespräche?*). Os italianos participam desta federação: o Congresso da mesma, realizado em 1925, teve lugar em Milão. A União Italiana é presidida por S. Exa., o senador Vittorio Scialoja. Em 1927, Rohan publicou um livro sobre a Rússia (*Moskau. Ein Skizzenbuch aus Sowietrussland*, Verlag G. Braun, Karlsruhe), onde fora em viagem. O livro deve ser interessante por causa da personalidade social do autor. Ele conclui que a Rússia "encontrou seu caminho" [17].

§ 49. *Temas de cultura. Material ideológico.* Um estudo de como se organiza de fato a estrutura ideológica de uma classe dominante: isto é, a organização material voltada para manter, defender e desenvolver a "frente" teórica ou ideológica. A parte mais considerável e mais dinâmica dessa frente é o setor editorial em geral: editoras (que têm um programa implícito e explícito e se apoiam numa determinada corrente), jornais políticos, revistas de todo tipo, científicas, literárias, filológicas, de divulgação, etc., periódicos diversos até os boletins paroquiais. Seria mastodôntico um tal estudo, se feito em escala nacional: por isto, poderia ser feita, para uma cidade ou série de cidades, uma série de estudos. Um editor-chefe de um cotidiano deveria ter este estudo como índice geral para seu trabalho; ou, melhor, deveria refazê-lo por conta própria: quantos belíssimos artigos se poderiam escrever sobre a questão!

A imprensa é a parte mais dinâmica desta estrutura ideológica, mas não a única: tudo o que influi ou pode influir sobre a opinião pública, direta ou indiretamente, faz parte dessa estrutura. Dela fazem parte:

as bibliotecas, as escolas, os círculos e os clubes de variado tipo, até a arquitetura, a disposição e o nome das ruas. Não se explicaria a posição conservada pela Igreja na sociedade moderna se não se conhecessem os esforços diuturnos e pacientes que ela faz para desenvolver continuamente sua seção particular desta estrutura material da ideologia. Um tal estudo, feito com seriedade, teria uma certa importância: além de dar um modelo histórico vivo de uma tal estrutura, formaria o hábito de um cálculo mais cuidadoso e exato das forças ativas na sociedade. O que se pode contrapor, por parte de uma classe inovadora, a este complexo formidável de trincheiras e fortificações da classe dominante? O espírito de cisão, isto é, a conquista progressiva da consciência da própria personalidade histórica, espírito de cisão que deve tender a se ampliar da classe protagonista às classes aliadas potenciais: tudo isto requer um complexo trabalho ideológico, cuja primeira condição é o exato conhecimento do campo a ser esvaziado de seu elemento de massa humana [18].

§ 59. *Passado e presente. A influência intelectual da França.* Estamos verdadeiramente libertados ou trabalhamos efetivamente para nos libertar da influência francesa? Parece-me que, em certo sentido, a influência francesa aumentou nesses últimos anos e que aumentará cada vez mais. Na época anterior, a influência francesa chegava à Itália de um modo não orgânico, como um fermento que punha em ebulição uma matéria ainda amorfa e primitiva: as consequências eram, num certo sentido, originais. Embora o impulso ao movimento viesse de fora, a direção do movimento era original, já que resultava de um componente das forças internas despertadas. Agora, ao contrário, busca-se limitar ou mesmo anular essa influência "não orgânica", que se exercia espontânea e casualmente, mas a influência francesa foi transportada para o próprio sistema, para o centro das forças motrizes que gostariam, precisamente, de limitá-la e anulá-la. A França tornou-se um modelo negativo; mas, dado que esse modelo negativo é uma mera aparência, um fantoche da argumentação polêmica, a França real é o modelo positivo. A própria "romanidade", na medida em que tem algo de eficiente, torna-se um modelo francês, já que, como corretamente observa Sorel (cartas a Michels publicadas nos *Nuovi Studi de Politica Economia Diritto*), a tradição estatal de Roma conservou-se particularmente no centralismo monárquico francês. É possível encontrar curiosas provas linguísticas dessa imitação: os "marechais" depois da guerra, o título de "diretor" do Banco da Itália alterado para "governador", etc. Há na implícita luta França-Itália uma grande admiração pela França e por sua estrutura real; e, dessa luta, nasce uma influência real enormemente maior do que aquela do período anterior. (Nacionalismo italiano copiado do nacionalismo francês, etc.: era a marca, bem mais importante do que o mimetismo democrático, de que essa influência real já nascera no período anterior.)

§ 76. *A questão da língua e as classes intelectuais italianas.* Para o desenvolvimento do conceito de que a Itália realiza o paradoxo de um país mocíssimo e velhíssimo ao mesmo tempo (como Lao-Tse, que nasceu com oitenta anos).

As relações entre os intelectuais e o povo-nação, estudadas sob o aspecto da língua escrita pelos intelectuais e usada em suas relações, bem como sob o aspecto da função desempenhada pelos intelectuais italianos na Cosmópole medieval pelo fato de que o papado era sediado na Itália (o uso do latim como língua douta é ligado ao cosmopolitismo católico).

Latim literário e latim vulgar. Do latim vulgar, desenvolvem-se os dialetos neolatinos, não só na Itália, mas em toda a área europeia romanizada; o latim literário se cristaliza no latim dos doutos, dos intelectuais, o chamado "latim médio" (cf. o artigo de Filippo Ermini na *Nuova Antologia* de 16 de maio de 1928), que não pode ser comparado absolutamente com uma língua falada, nacional, historicamente viva, ainda que não possa tampouco ser confundido com um jargão ou com uma língua artificial como o esperanto. De qualquer modo, existe uma fratura entre o povo e os intelectuais, entre o povo e a cultura. Também os livros religiosos são escritos em latim médio, de modo que mesmo as discussões religiosas escapam ao povo, embora a religião seja o elemento cultural predominante: da religião, o povo *vê* os *ritos* e *ouve* as prédicas exortativas, mas não pode acompanhar as discussões e os desenvolvimentos ideológicos, que são monopólio de uma casta.

As línguas vulgares são escritas quando o povo retoma importância: o juramento de Estrasburgo (após a batalha de Fontaneto entre os sucessores de Carlos Magno) se manteve porque os soldados não podiam jurar numa língua desconhecida, sem com isso retirar a validade do juramento. Também na Itália, as primeiras marcas de vulgar são juramentos e prestações de testemunhos do povo para estabelecer a propriedade das terras de convento (Montecassino). De qualquer modo, pode-se dizer que na Itália — de 600 d.C., quando se pode presumir que o povo não mais compreenda o latim dos doutos, até 1250, quando começa o florescimento do vulgar, isto é, durante mais de 600 anos — o povo não compreendia os livros e não podia participar no mundo da cultura. O florescimento das Comunas faz com que as línguas vulgares se desenvolvam, e a hegemonia de Florença empresta unidade ao vulgar, isto é, cria um vulgar ilustre. Mas o que é esse vulgar ilustre? É o florentino elaborado pelos intelectuais da velha tradição: é florentino no *vocabulário* e também na *fonética*, mas é um latim na *sintaxe*. De resto, a vitória do vulgar sobre o latim não era fácil: os doutos italianos, com exceção dos poetas e dos artistas em geral, escreviam para a Europa cristã e não para a Itália, eram uma concentração de intelectuais cosmopolitas e não nacionais. A queda das Comunas e o advento do principado, a criação de uma casta de governo separada do povo, cristalizam esse vulgar, do mesmo modo que se havia cristalizado o latim literário. O italiano é novamente uma língua escrita e não falada, dos eruditos e não da nação. Existem na Itália duas línguas eruditas, o latim e o italiano, e este último termina por preponderar e por triunfar completamente no século XIX, com a separação entre os intelectuais laicos e os eclesiásticos (os eclesiásticos continuam ainda hoje a escrever livros em latim, mas hoje até o Vaticano usa cada vez mais o italiano quando trata de coisas italianas; e assim terminará por fazer em relação aos outros países, em concordância com a sua atual política das nacionalidades). De qualquer modo, parece-me que se deva estabelecer o seguinte ponto: que a cristalização do vulgar ilustre não pode ser separada da tradição do latim médio e representa um fenômeno análogo. Após um breve parênteses (liberdades comunais), no qual ocorreu um florescimento de intelectuais saídos das classes populares (burguesas), houve uma reabsorção da função intelectual na casta tradicional, onde os elementos singulares são de origem popular, mas onde o caráter de casta prevalece neles sobre suas origens. Em suma: não se trata de um estrato da população que, chegando ao poder, cria seus intelectuais (o que ocorreu no século XIV), mas de um organismo tradicionalmente selecionado, que assimila aos seus quadros indivíduos singulares (o típico exemplo disto é dado pela organização eclesiástica).

Numa análise completa, deve-se levar em conta outros elementos; acredito que, no que toca a muitas questões, a retórica nacional do século passado e os preconceitos por ela encarnados não permitiram que se fizessem nem mesmo as investigações preliminares. Por exemplo: qual foi a área exata da difusão do toscano? Em Veneza, por exemplo, a meu ver, já foi introduzido o italiano elaborado pelos eruditos de acordo com o esquema latino, jamais tendo penetrado o florentino originário, no sentido de que os mercadores florentinos não fizeram ouvir a viva voz florentina, como em Roma e em Nápoles, por exemplo; a língua de governo continuou a ser o veneziano. O mesmo ocorreu com outros centros (Gênova, acredito). Uma história da língua italiana ainda não existe, neste sentido: aliás, a gramática histórica ainda não é isso. Para a língua francesa, existem histórias desse tipo (a de Brunot — e de Littré — parece-me ser do tipo a que me refiro, mas não me lembro). Parece-me que, entendida a língua como elemento da cultura e, consequentemente, da história geral, e como manifestação precípua da "nacionalidade" e "popularidade" dos intelectuais, este estudo não é ocioso e puramente erudito.

Em seu artigo — interessante como informação da importância que assumiu o estudo do "latim médio" (esta expressão, que deveria significar "latim medieval", creio, parece-me bastante imprópria e possível causa de erros entre os não especialistas), artigo ao qual poderei remeter-me para uma primeira bibliografia, além de a outros escritos de Ermini, que é um especialista em latim médio —, Ermini afirma que, com base nas pesquisas, "a teoria dos dois mundos separados, do latim, que é dominado somente pelos eruditos e entra em decadência, e do neolatino, que surge e se faz vivo, deve ser substituída pela teoria da unidade latina e da continuidade perene da tradição clássica". Isto pode significar somente que a nova cultura neolatina sentia fortemente as influências da cultura anterior, mas não que tenha havido uma unidade "popular-nacional" de cultura.

Para Ermini, entretanto, talvez "latim médio" tenha precisamente o significado literal, isto é, do latim que está no meio entre o clássico e o humanista, o qual assinala indubitavelmente um retorno ao clássico, enquanto o "latim médio" tem características próprias, inconfundíveis: Ermini data o nascimento do "latim médio" na metade do século IV, quando se verifica a aliança entre a cultura (!) clássica e a religião cristã, quando uma "nobre plêiade de escritores, saindo das escolas de retórica e de poética, sente o vivo desejo de juntar a nova fé à beleza (!) antiga e, deste modo, dar vida à primeira poesia cristã". (Parece-me justo remontar o latim médio ao primeiro florescimento de literatura cristã latina, mas o modo de expor sua gênese parece-me vago e arbitrário. Cf., sobre isso, a *Storia della letteratura latina*, de Marchesi. O "latim médio", portanto, ocuparia cerca de um milênio, entre a metade do século IV e o fim do século XIV, entre o início da inspiração cristã e a difusão do Humanismo. Estes mil anos, para Ermini, dividem-se do seguinte modo: *um primeiro período das origens*, que vai da morte de Constantino à queda do Império Romano do Ocidente (337-476); *um segundo período*, da literatura bárbara, que vai de 476 a 799, isto é, até a restauração do Império por Carlos Magno, verdadeira época de transição na contínua e progressiva latinização dos bárbaros (exagerado:

da formação de um estrato de intelectuais germânicos que escreviam em latim); *um terceiro período*, do renascimento carolíngio, que vai de 799 a 888, à morte de Carlos o Gordo; *um quarto*, da *literatura feudal*, que vai de 888 a 1000, até o pontificado de Silvestre II, quando o feudalismo, lenta transformação de ordenamentos preexistentes, abre uma nova era; *um quinto*, da literatura escolástica, que se prolonga até o fim do século XII, quando o saber se recolhe nas grandes escolas e o pensamento e método filosóficos fecundam todas as ciências; e *um sexto*, da *literatura erudita*, que vai do princípio do século XIII ao fim do XIV e que já anuncia a decadência.

§ 79. *A questão da língua*. Ettore Veo, num artigo da *Nuova Antologia* de 16 de junho de 1928, "Roma nei suoi fogli dialettali", observa como o romanesco foi obrigado por muito tempo a permanecer no âmbito do vulgo, esmagado pelo latim. "Mas, já em movimentos revolucionários, o vulgo, como sempre acontece, busca passar ao — ou se faz passar por — primeiro plano." O saque de Roma encontra escritores em dialeto, mas sobretudo a Revolução Francesa. (Daqui começa efetivamente a fortuna "escrita" do romanesco e o florescimento dialetal que culmina no período liberal de Pio IX até a queda da República Romana. [19]) Em 1847-1849, o dialeto é arma dos liberais; depois de 1870, dos clericais.

§ 80. *O particular chauvinismo italiano* tem uma de suas manifestações na literatura que reivindica as invenções, as descobertas científicas. Falo do "espírito" com o qual estas reivindicações são feitas, não do fenômeno em si: não se trata, em suma, de contribuições... à história da técnica e da ciência, mas de "peças" jornalísticas de cor chauvinista. Penso que muitas reivindicações são... ociosas, no sentido de que não é suficiente ter dado o impulso inicial, mas é necessário tirar dele todas as consequências e aplicações práticas. De outro modo, chegar-se-ia à conclusão de que nunca se inventou nada, pois... os chineses já conheciam tudo. No que toca a muitas reivindicações, estes especialistas (como é o caso de Savorgnan di Brazzà) em glórias nacionais não percebem que estão emprestando à Itália a função da China [20].

Sobre isso, pode-se reunir toda a literatura sobre a pátria de Cristóvão Colombo. Ao que me parece, trata-se de uma literatura completamente inútil e ociosa. A questão deveria ser posta assim: por que nenhum Estado italiano ajudou Cristóvão Colombo, ou por que Colombo não se dirigiu a nenhum Estado italiano? Em que consiste, portanto, o elemento "nacional" da descoberta da América? O nascimento de Cristóvão Colombo neste e não naquele ponto da Europa tem um valor episódico e casual, pois ele próprio não se sentia ligado a um Estado italiano. A questão, a meu ver, deveria ser definida historicamente, estabelecendo-se que a Itália desempenhou, durante muitos séculos, uma função internacional-europeia. Os intelectuais e os especialistas italianos eram cosmopolitas e não italianos, não nacionais. Homens de Estado, capitães, almirantes, cientistas, navegadores italianos não tinham um caráter nacional, mas sim cosmopolita. Não vejo por que isso deva diminuir sua grandeza ou menoscabar a história italiana, que foi aquilo que foi e não a fantasia dos poetas ou a retórica dos declamadores: ter uma função europeia, eis a característica do "gênio italiano" desde o século XV até a Revolução Francesa.

§ 87. *Para a formação das classes intelectuais italianas na Alta Idade Média*, é preciso levar em conta não só a língua (questão do latim médio), como também e particularmente o direito. Queda do direito romano após as invasões bárbaras e sua redução a direito pessoal e consuetudinário, em comparação com o direito longobardo; emersão do direito canônico que, de direito particular, de grupo, eleva-se a direito estatal; renascimento do direito romano e sua expansão através das universidades. Estes fenômenos não ocorrem súbita e simultaneamente, mas estão ligados ao desenvolvimento histórico geral (fusão dos bárbaros com as populações locais, etc.). O desenvolvimento do direito canônico e a importância que ele assume na economia jurídica das novas formações estatais, a formação da mentalidade imperial-cosmopolita medieval, o desenvolvimento do direito romano adaptado e interpretado pelas novas formas de vida — tudo isso dá lugar ao nascimento e à estratificação dos intelectuais italianos cosmopolitas.

Contudo, houve um período, o da hegemonia do direito germânico, no qual a ligação entre o velho e o novo era quase unicamente a língua, o latim médio. O problema desta interrupção interessou à ciência e, o que é importante, interessou também a intelectuais como Manzoni (cf. seus escritos sobre as relações entre romanos e longobardos a respeito do *Adelchi*); isto é, interessou — no princípio do século XIX — àqueles que se preocupavam com a continuidade da tradição italiana, desde a antiga Roma, visando a constituir a nova consciência nacional [21].

Sobre o problema geral do obscurecimento do direito romano e de seu renascimento, bem como do florescimento do direito canônico, cf. "I 'due diritti' e il loro odierno insegnamento in Italia", de Francesco Brandileone (*Nuova Antologia* de 16 de julho de 1928), a fim de ter algumas ideias gerais; mas ver, naturalmente, as grandes histórias do direito.

Esquema extraído do ensaio de Brandileone:

Nas escolas do Império Romano em Roma, em Constantinopla, em Beirute, ensinava-se somente o direito romano, nas duas *positiones* de *jus publicum* e de *jus privatum*; no *jus publicum*, estava compreendido o *jus sacrum* pagão, enquanto o paganismo foi religião tanto dos súditos quanto do Estado. Com o aparecimento do cristianismo e com seu ordenamento, durante séculos ora de perseguições, ora de tolerâncias, como sociedade em si, diversa da sociedade política, surgiu um novo *jus sacrum*. Depois que o cristianismo foi primeiro reconhecido e depois elevado pelo Estado a fé única do Império, o novo *jus sacrum* teve certamente apoio e reconhecimento por parte do legislador laico, mas não foi tão considerado quanto o antigo. Dado que o cristianismo se separara da vida social política, destacara-se também do *jus publicum* e as escolas não se preocupavam com seu ordenamento; o novo *jus sacrum* tornou-se a ocupação especial das escolas inteiramente próprias da *sociedade religiosa*. (Este fato é muito importante na história do Estado romano, e é pleno de graves consequências, pois inicia um dualismo de autoridade que se desenvolverá na Idade Média: mas Brandileone não o explica: coloca-o como consequência lógica da separação originária entre cristianismo e sociedade política. Muito bem; mas por que, quando o cristianismo se tornou religião do Estado como o fora o paganismo, não se reconstituiu a unidade formal político-religiosa? Este é o problema.)

Durante os séculos da Alta Idade Média, o novo *jus sacrum* — chamado também *jus canonicum* ou *jus ecclesiasticum* — e o *jus romanum* foram ensinados em escolas diversas e em escolas de diversa importância numérica, de difusão, de atividade. Escolas especiais romanistas, tanto as que continuavam as antigas escolas quanto as que tinham surgido naquela época, só existiam, no Ocidente, na Itália; se existiram, mesmo fora da Itália, as *scholae liberalium artium* e se nelas (tal como nas correspondentes italianas) se ensinavam noções elementares de direito laico, particularmente romano, a atividade desenvolvida foi muito pobre, como é atestado pela escassa, fragmentária, intermitente e frequentemente equivocada produção que delas provinha e que chegou até nós. Ao contrário, as escolas eclesiásticas, dedicadas ao ensino e ao estudo dos dogmas de fé, e ao mesmo tempo do direito canônico, foram inúmeras, não só na Itália como em todos os países que se tornaram cristãos e católicos. Todo monastério e toda catedral de alguma importância tiveram sua própria escola: é testemunho desta atividade a riqueza de coleções canônicas, sem interrupção do século VI ao XI, na Itália, África, Espanha, França, Alemanha, Inglaterra, Irlanda. A explicação desta pujança do direito canônico em contraste com o romano liga-se ao fato de que o direito romano, na medida em que continuara a ser aplicado no Ocidente e na Itália, degradara-se a direito pessoal, o que não ocorrera com o canônico.

Para o direito romano, o fato de ter se tornado direito pessoal significa ter sido colocado numa posição inferior à que cabia às leis populares ou *Volksrechte*, vigentes no território do Império do Ocidente, cuja conservação e modificação eram tarefas não já do poder soberano, régio ou imperial, ou pelo menos não somente dele, mas também e principalmente das assembleias dos povos aos quais pertenciam. Ao contrário, os súditos romanos dos reinos germânicos e, posteriormente, do Império não foram considerados como uma unidade em si, mas como indivíduos singulares e, portanto, não tiveram uma assembleia particular, autorizada a manifestar sua vontade coletiva acerca da conservação e da modificação do próprio direito nacional. Deste modo, o direito romano foi reduzido a um mero direito consuetudinário.

Na Itália longobarda, princípios e institutos romanos foram aceitos pelos vencedores, mas a posição do direito romano não se modificou.

A renovação do Império realizada por Carlos Magno não retirou o direito romano de sua posição de inferioridade: ela foi melhorada, mas somente mais tarde e graças a outras causas; no conjunto, continuou a ser direito pessoal, na Itália, até o século XI. As novas leis promulgadas pelos novos imperadores não foram acrescentadas, até todo o século XI, ao *Corpus* justiniano, mas ao edito longobardo; consequentemente, não foram vistas como direito geral obrigatório para todos, mas como direito pessoal próprio dos que viviam sob a lei longobarda.

Com o direito canônico, ao contrário, não ocorre a redução a direito pessoal, sendo ele o direito de uma sociedade diversa e distinta da sociedade política, na qual a inclusão não era baseada na nacionalidade: ele possuía nos concílios e nos papas seu próprio poder legislativo. Possuía, porém, uma esfera de obrigatoriedade restrita. Torna-se obrigatório porque é aceito espontaneamente, ou porque é acolhido entre as leis do Estado.

A posição do direito romano modifica-se radicalmente na Itália à medida que, após o advento dos Ótons, o império passou a ser concebido, de modo mais claro e explícito, como a continuação do antigo. Foi a escola de Pavia que se fez intérprete deste fato e que proclamou a lei romana *omnium generalis*, preparando o ambiente no qual pôde surgir e florescer a escola de Bolonha; e os imperadores suábios encararam o *Corpus* justiniano como o seu código, ao qual fizeram acréscimos. Esta reafirmação do direito romano não se deve a fatores pessoais: liga-se ao reflorescimento, após o século XI, da vida econômica, da indústria, do comércio, do tráfego marítimo. O direito germânico não se prestava a regular juridicamente a nova matéria e as novas relações.

Também o direito canônico sofre, após o século XI, uma modificação. Com os carolíngios aliados ao papado, é concebida a monarquia universal abrangendo toda a humanidade, dirigida de comum acordo pelo imperador no plano temporal e pelo papa no espiritual. Mas esta concepção não podia delimitar *a priori* o campo submetido a cada autoridade, deixando ao imperador uma larga margem de intervenção nas questões eclesiásticas. Quando as finalidades do Império, já sob os próprios carolíngios e cada vez mais em seguida, revelaram-se em discordância com as da Igreja e o Estado revelou tender à absorção da hierarquia eclesiástica no Estado, começou a luta que se concluiu no princípio do século XII com a vitória do papado. Foi proclamada a primazia do espiritual (sol-lua) e a Igreja readquiriu a liberdade para sua ação legislativa, etc., etc. Esta concepção teocrática foi combatida teórica e praticamente, mas se manteve dominante, em sua forma genuína ou atenuada, durante séculos e séculos. Deste modo, havia dois tribunais, o sacramental e o não sacramental; deste modo, os dois direitos foram acoplados, *utrumque jus*, etc.

§ 88. *A investigação da formação histórica dos intelectuais italianos*, assim, leva a remontar até a época do Império Romano, quando a Itália, por ter Roma em seu território, torna-se o cadinho das classes cultas de todos os territórios imperiais. Os quadros dirigentes tornam-se cada vez mais imperiais e cada vez menos latinos, tornam-se cosmopolitas: mesmo os imperadores não são latinos, etc.

Há, portanto, uma linha unitária no desenvolvimento das classes intelectuais italianas (que operam no território italiano), mas esta linha de desenvolvimento não é de modo algum nacional: o fato leva a um desequilíbrio interno na composição da população que vive na Itália, etc.

O problema do que são os intelectuais pode ser mostrado em toda sua complexidade através desta investigação.

§ 106. *O professor H. de Vries de Heekelingen* ensina (ensinava?) paleografia e diplomática na Universidade Católica de Nimega (Holanda). Fundou em Lausanne, em 1927, o *Centro Internacional de Estudos sobre o Fascismo*. Colaborou na *Critica Fascista*. (Sobre a organização desse *Centro*, cf. as notícias publicadas na *Nuova Antologia* de 16 de janeiro de 1928.) O *Centro* presta um serviço de informação para qualquer pessoa sobre qualquer assunto que possa ter relação com o fascismo.

§ 115. *Função internacional das classes cultas italianas.* Talvez se possa fazer coincidir o desaparecimento da função cosmopolita dos intelectuais italianos com o florescimento dos aventureiros do século XVIII: a Itália, num certo momento, não mais fornece técnicos à Europa, ou por já terem as outras nações elaborado uma classe culta própria, ou pelo fato de a Itália não mais produzir capacidades à medida que nos afastamos do século XVI; e os caminhos tradicionais de "ter êxito" no exterior são percorridos agora por charlatães que exploram a tradição. Deve-se examinar e colocar em termos exatos.

§ 116. *Função internacional das classes cultas italianas.* Na guerra de Flandres, travada pelos espanhóis no fim do século XVI, uma grande parte do elemento técnico-militar e do corpo de engenheiros era constituída por italianos. Capitães de grande fama, como Alessandro Farnese, duque de Parma, Ranuccio Farnese, Ambrogio Spinola, Paciotto, da Urbino, Giorgio Basta, Giambattista del Monte, Pompeo Giustiniano, Cristoforo Mondragone e muitos outros menores. A cidade de Namur foi fortificada por dois engenheiros italianos: Gabrio Serbelloni e Scipione Campi, etc. Cf. "Un generale di cavalleria italo-albanese: Giorgio Basta", de Eugenio Barbarich, na *Nuova Antologia* de 16 de agosto de 1928.

Nesta pesquisa sobre a função cosmopolita das classes cultas italianas, deve-se levar particularmente em conta a contribuição de técnicos militares, por causa do valor mais estritamente "nacional" que sempre teve o serviço militar. A questão se liga a outras pesquisas: como se tinham formado estas capacidades militares? A burguesia das

Comunas teve também uma origem militar, no sentido de que sua organização de classe foi originariamente também militar, e que foi através de sua função militar que conseguiu tomar o poder. Esta tradição militar se quebrou depois da chegada ao poder, depois que a Comuna aristocrática se tornou Comuna burguesa. Como, por quê? Como se formaram as companhias mercenárias e mediante que origem necessária? De que condição social, em sua maioria, eram os chefes militares [*condottieri*]? Ao que me parece, eram pequenos nobres; mas de que nobreza? Da feudal ou da mercantil? Como se haviam formado estes chefes militares do fim do século XVI e dos séculos posteriores, etc.?

Naturalmente, o fato de que os italianos tenham participado tão valorosamente nas guerras da Contra-Reforma tem um significado particular; mas participaram também na defesa dos protestantes? Não se deve confundir esta contribuição de técnicos militares com a função desempenhada pelos suíços, por exemplo, como mercenários internacionais, ou pelos cavaleiros alemães na França (*reîtres*) ou pelos arqueiros escoceses na própria França; e isto precisamente porque os italianos não forneceram apenas técnicos militares, mas técnicos da engenharia, da política, da diplomacia, etc.

Barbarich (creio que agora ele seja general) conclui seu artigo sobre Basta com este período: "A longa prática de quarenta anos de campanhas nas ásperas guerras de Flandres, da França e da Transilvânia proporcionou a Giorgio Basta uma extraordinária confirmação prática de sua lúcida e clara teoria, que foi retomada por Montecuccoli. Recordar hoje uma e outra é obra de reivindicação histórica devida, de boa e salutar propaganda de nossas tradições, as quais afirmam a indiscutida e luminosa prioridade da arte militar italiana nos grandes exércitos modernos." Mas se pode falar, neste caso, de arte militar italiana? Do ponto de vista da história da cultura, pode ser interessante saber que Farnese era italiano, Napoleão corso ou Rothschild judeu; historicamente, contudo, suas atividades individuais foram incorporadas ao Estado ao qual serviram ou à sociedade na qual atuaram.

O exemplo dos judeus pode fornecer um elemento de orientação para julgar a atividade destes italianos, mas só até um certo ponto: na realidade, os judeus tiveram um caráter nacional maior do que estes italianos, no sentido de que existia na ação dos primeiros uma preocupação de caráter nacional que não existia nestes italianos. Pode-se falar de tradição nacional quando a genialidade individual é incorporada ativamente, isto é, política e socialmente, à nação da qual saiu o indivíduo (os estudos sobre o judaísmo e sua função internacional podem fornecer muitos elementos de caráter teórico para esta investigação), quando ela transforma o próprio povo e lhe imprime um movimento que forma precisamente a tradição. Onde existe uma continuidade nessa matéria entre Farnese e hoje? As transformações, as atualizações, as inovações trazidas por estes técnicos militares à sua arte incorporaram-se à tradição francesa, espanhola ou austríaca: na Itália, tornaram-se números de fichas bibliográficas.

§ 117. *A emigração italiana e a função cosmopolita das classes cultas italianas.* Antes da Revolução Francesa, isto é, antes que se constituísse organicamente uma classe dirigente nacional, havia uma emigração de elementos italianos que representavam a técnica e a capacidade diretiva, elementos que enriqueceram os Estados europeus com sua contribuição. Após a formação de uma burguesia nacional e do advento do capitalismo, iniciou-se a emigração do povo trabalhador, que aumentava a mais-valia dos capitalismos estrangeiros: a debilidade nacional da classe dirigente, assim, atuou sempre negativamente. Ela não emprestou disciplina nacional ao povo, não o fez sair do municipalismo para uma unidade superior, não criou uma situação econômica que reabsorvesse as forças de trabalho emigradas, de modo que estes elementos se perderam, em grande parte, incorporando-se às nações estrangeiras em funções subalternas.

§ 118. *História nacional e história da cultura (europeia ou mundial).* A atividade dos elementos dirigentes que operaram no exterior, bem como a atividade da emigração moderna, não podem ser incorporadas à história nacional, como o deve ser, ao contrário, por exemplo, a atividade de elementos similares em outras condições. Uma classe de um país pode servir num outro país, mantendo suas ligações nacionais e estatais originárias, isto é, como expressão da influência política do país de origem. Durante um certo tempo, os missionários ou o clero nos países do Oriente expressavam a influência francesa, ainda que este clero apenas parcialmente fosse constituído por cidadãos franceses, influência devida às ligações entre a França e o Vaticano. Um estado-maior organiza as forças armadas de um outro país, encarregando do trabalho técnicos militares de seu grupo, que não perdem, muito pelo contrário, sua nacionalidade. Os intelectuais de um país influenciam a cultura de um outro país e a dirigem, etc. Uma emigração de trabalhadores coloniza um país sob a direção direta ou indireta de sua própria classe econômica e política dirigente. A força expansiva, a influência histórica de uma nação não pode ser medida pela intervenção individual de pessoas singulares, mas pelo fato de que estas pessoas singulares expressem consciente e organicamente um bloco social nacional. Se não for assim, deve-se falar apenas de fenômenos de uma certa importância cultural pertencentes a fenômenos históricos mais complexos, como o que ocorre na Itália, durante muitos séculos: o de ser ela a origem "territorial" de elementos dirigentes cosmopolitas e de continuar parcialmente a sê-lo pelo fato de que a alta hierarquia católica é em grande parte italiana. Historicamente, esta função internacional foi a causa da debilidade nacional e estatal: o desenvolvimento das capacidades não ocorreu em função das necessidades nacionais, mas das internacionais; por isso, o processo de especialização técnica dos intelectuais seguiu caminhos anormais do ponto de vista nacional, já que serviu para criar o equilíbrio de atividades e de ramos de atividades não de uma comunidade nacional, mas de uma comunidade mais ampla que queria "integrar" seus quadros nacionais, etc. (Este ponto deve ser bem desenvolvido, com precisão e exatidão.)

§ 123. *O italiano mesquinho.* "O latim é estudado obrigatoriamente em todas as escolas superiores da América do Norte. A história romana é ensinada em todos os institutos; e este ensino *rivaliza com, se não supera*, o que é ministrado nos ginásios e liceus italianos, já que nas escolas americanas a história clássica de Roma antiga é *traduzida fielmente* de Tácito e de César, de Salústio e de Tito Lívio, enquanto na Itália *recorre-se, com muita frequência e muito servilmente*, às deformadas (*sic*) *traduções* de Leipzig." Filippo Virgili. "L'espansione della cultura italiana", *Nuova Antologia*, 10 de dezembro de 1928 (o trecho citado está na p. 346). (É impossível ser erro tipográfico, dado o sentido de toda a frase! E Virgili é professor universitário e cursou as escolas clássicas!)

§ 126. *A formação das classes cultas italianas e sua função cosmopolita*. Estudar a origem, a formação, o desenvolvimento, a razão de ser, etc., da chamada "língua franca" no Oriente mediterrâneo.

§ 130. *Cultura italiana*. Ver a atividade cultural das "Edições Doxa" de Roma: ao que me parece, são de tendências protestantes. É o caso da atividade de *Bilychnis*. Do mesmo modo, será preciso ter uma noção exata da atividade intelectual dos judeus italianos, enquanto organizada e centralizada: periódicos como o *Vessillo Israelitico* e *Israel*, publicações de editoras especializadas, etc.: centros de cultura mais importantes. Em que o novo movimento sionista, nascido depois da declaração Balfour, influiu sobre os judeus italianos?

§ 137. *A formação da classe intelectual italiana*. Eficácia do movimento operário socialista na criação de importantes setores da classe dominante. A diferença entre o fenômeno italiano e o de outros países consiste, objetivamente, no seguinte: que, enquanto nos outros países o movimento operário e socialista elaborou personalidades políticas singulares que passaram para a outra classe, na Itália, ao contrário, elaborou grupos intelectuais inteiros, que realizaram esta passagem como grupos. A causa do fenômeno italiano, ao que me parece, deve ser buscada na escassa aderência das classes altas ao povo: na luta das gerações, os jovens se aproximam do povo; nas crises de mudança, tais jovens retornam à sua classe (foi o que ocorreu com os sindicalistas-nacionalistas e com os fascistas). No fundo, trata-se do mesmo fenômeno geral do transformismo, em condições diversas. O transformismo "clássico" foi o fenômeno pelo qual se unificaram os partidos do *Risorgimento*; este transformismo traz à luz o contraste entre civilização, ideologia, etc., e a força de classe. A burguesia não consegue educar os seus jovens (luta de geração): os jovens deixam-se atrair culturalmente pelos operários, e chegam mesmo a se tornar — ou buscam fazê-lo — seus líderes (desejo "inconsciente" de realizarem a hegemonia de sua própria classe sobre o povo), mas, nas crises históricas, retornam às origens. Este fenômeno de "grupos" não terá ocorrido, por certo, apenas na Itália: também nos países onde a situação é análoga, ocorreram fenômenos análogos: os socialismos nacionais dos países eslavos (ou social-revolucionários, ou *narodniki*, etc.).

§ 141. *A função internacional dos intelectuais italianos.* Na *Italia che scrive,* de outubro de 1929, Dino Provenzal, na rubrica "Libri da fare", propõe *Uma história dos intelectuais italianos fora da Itália*, e escreve: "Invocava-o Cesare Balbo há muitos anos, como recorda Croce em sua recente *Storia della etá barocca in Italia.* Quem recolhesse notícias amplas, seguras, documentadas, a respeito da obra de nossos conterrâneos exilados, ou simplesmente emigrados, revelaria um lado ainda desconhecido da aptidão que os italianos sempre possuíram de divulgar ideias e de construir obras em todas as partes do mundo. Croce, ao recordar o projeto de Balbo, diz que esta não seria história da Itália. Depende de como se compreenda o problema: seria uma história do pensamento e do trabalho italianos."

Nem Croce nem Provenzal entendem o que poderia ser esta pesquisa. Ver e estudar esta parte de Croce, que vê o fenômeno, ao que parece, como estreitamente ligado (ou exclusivamente ligado) à Contrarreforma e às condições da Itália no século XVII. Ora, o certo, ao contrário, é que precisamente a Contrarreforma devia acentuar automaticamente o caráter cosmopolita dos intelectuais italianos e sua separação da vida nacional. Botero, Campanella, etc., são políticos "europeus", etc. [22]

§ 144. *Renascimento.* Como se explica que o Renascimento italiano tenha encontrado estudiosos e divulgadores bastante numerosos no exterior e que não exista um livro de conjunto escrito por um italiano? Ao que me parece, o Renascimento é a fase culminante moderna da "função internacional dos intelectuais italianos"; e, por isso, ele não teve ressonância na consciência nacional, que foi e continua a ser dominada pela Contrarreforma. O Renascimento é vivo nas consciências onde criou novas correntes de cultura e de vida, onde operou em profundidade, não onde foi sufocado sem que restasse outro resíduo além do retórico e verbal e, portanto, onde se tornou objeto de "mera erudição", isto é, de curiosidade exterior.

§ 145. *Cultura italiana e francesa e academias.* Uma comparação das culturas italiana e francesa pode ser feita estabelecendo-se um paralelo entre a Academia da Crusca e a Academia Francesa [23]. O estudo da língua está na base de ambas; mas o ponto de vista da Academia da Crusca é o do "gramático estreito", do homem que policia continuamente sua língua. O ponto de vista francês é o da "língua" como concepção do mundo, como base elementar — popular-nacional — da unidade da civilização francesa. Por isso, a Academia Francesa tem uma função nacional de organização da alta cultura, ao passo que a Crusca... (qual é a atual posição da Crusca? Ela certamente mudou de característica: publica textos críticos, etc.; mas o *Vocabolario*, em que posição se encontra ele em seus trabalhos?).

§ 147. *Intelectuais italianos. Carducci.* A senhora Foscarina Trabaudi Foscarini De Ferrari compilou dois volumes sobre *Il pensiero di Carducci* (Zanichelli, Bolonha), extraídos de toda a matéria contida nos vinte volumes das obras de Carducci, na forma de um índice analítico-sistemático dos nomes e conceitos tratados. É indispensável para uma pesquisa sobre as opiniões gerais de Carducci e sobre sua concepção da vida. (Cf. o artigo de Guido Mazzoni, "Il pensiero di Carducci attraverso gli indici delle sue opere", no *Marzocco* de 3 de novembro de 1929.)

§ 165. *Italo Toscani.* Em 1928, saiu uma *Vita di S. Luigi Gonzaga*, de Italo Toscani, Roma, Libreria Fr. Ferrari, in 16º, 254 p., 5,50 liras, elogiada pela *Civiltà Cattolica* de 21 de julho de 1928. Toscani, já em 1926, escrevia no *Corriere d'Italia*. Recordar suas aventuras durante a guerra. Seu comportamento na frente (foram publicados pelo comando militar cartões-postais ilustrados com versos seus de ocasião). Seus artigos em 1919, especialmente contra os carabineiros: homem repulsivo de qualquer ponto de vista. Condenado a 6 ou 7 anos em 1917 pelo Tribunal de Roma por antimilitarismo, teve a pena suspensa em razão das poesias escritas na frente; provocava lesões em si mesmo: "tratava" dos olhos de modo tão acintoso que surpreende como não o punissem no regimento. "Estranhezas" da vida militar durante a guerra. Por que a Toscani, tão conhecido, se davam tantas licenças para dormir fora do quartel? (Tinha um quarto mobiliado em Canelli; episódio tragicômico do falso Calabresi.) [24]

CADERNO 4 (1930-1932)

§ 74. *G.B. Angioletti. A Italia Letteraria* de 18 de maio de 1930 reproduz uma série de documentos sobre uma briga entre Angioletti e Guglielmo Danzi, que, no jornal *La Quarta Roma* de 30 de abril de 1930, havia atacado Angioletti, ao que parece, em razão de seu passado político. Angioletti entregou a Nosari e a Ungaretti, seus padrinhos, uma nota com os dados essenciais de sua situação no serviço militar, na política e no jornalismo. Angioletti teria participado dos fatos de Milão em 15 de abril de 1919 e teria sido em 1923 codiretor da *Scure* em Piacenza, com Barbiellini [25].

§ 91. *Caráter cosmopolita dos intelectuais italianos.* De um artigo de Arturo Pompeati ("Tre secoli d'italianismo in Europa", *Marzocco*, 6 de março de 1932) sobre o livro de Antero Meozzi, *Azione* e *diffusione della letteratura italiana in Europa* (sec. XV-XVII, Pisa, Vallerini, 1932, *in 8º* XXXII-304 p.). É o primeiro volume de uma série. O livro é composto de três longos capítulos: *Os italianos no exterior*, *Estran-*

geiros na Itália, Os caminhos de difusão do italianismo. Capítulo por capítulo, as subdivisões são metódicas: país por país, as correntes, os grupos, os escritores e não escritores emigrados da Itália ou imigrados para a Itália; e, no último capítulo, os tradutores, os divulgadores, os imitadores de nossa literatura, gênero por gênero, autor por autor. O livro tem o andamento de um repertório de nomes, aos quais corresponde, nas notas, a bibliografia relativa. São fornecidos, assim, os materiais da "hegemonia" literária italiana, que durou precisamente três séculos, do XV ao XVII, quando começou a reação anti-italiana; depois, não mais se pode falar de influências italianas na Europa. (A expressão "hegemonia" é aqui errada, pois os intelectuais italianos não exerceram influência como grupo nacional, mas cada indivíduo diretamente e por emigração de massa.) Pompeati elogia o livro de Meozzi, seja pela coleta dos materiais, seja pelos critérios de pesquisa e pela ideologia moderada. É evidente que, sob muitos aspectos, Meozzi põe problemas inexistentes ou retóricos.

Muito severo, pelo contrário, é Croce na *Critica* de maio de 1932. Para Croce, o livro de Meozzi é uma futilidade inútil; uma árida coletânea de nomes e de informações nem novas nem originais: "O autor compilou de livros e artigos conhecidíssimos e, não tendo realizado pesquisas originais em nenhum dos vários campos que aborda, não sendo especialista neles, compilou sem discernimento." "Até a exatidão material das informações e das citações deixa muito a desejar." Croce indica uma série de erros de fato e de método bastante graves. Todavia, o livro de Meozzi poderia ser útil para esta rubrica como material para uma primeira aproximação.

§ 93. *Intelectuais. Breves notas sobre cultura inglesa.* Guido Ferrando, num artigo do *Marzocco* (17 de abril de 1932; "Libri nuovi e nuove tendenze nella cultura inglese"), analisa as modificações orgânicas que se estão verificando na cultura inglesa moderna, e que têm suas manifestações mais evidentes no campo editorial e na organização global das instituições universitárias do Reino Unido. "... Na Inglaterra, cada vez mais se acentua uma orientação no sentido de uma forma de cultura técnica e científica, em prejuízo da cultura humanista."

"Na Inglaterra, até todo o século passado, poder-se-ia quase dizer até a guerra mundial, a finalidade educativa mais alta que as melhores escolas se propunham era a de formar o *gentleman*. A palavra *gentleman*, como todos sabem, não corresponde ao *gentiluomo* italiano, e não pode ser traduzida com precisão em nossa língua; indica uma pessoa que tem não só boas maneiras, mas que possui um sentido de equilíbrio, um domínio seguro de si mesmo, uma disciplina moral que lhe permita subordinar voluntariamente seu próprio interesse egoísta aos interesses mais vastos da sociedade em que vive."

"O *gentleman*, portanto, é a pessoa culta, no significado mais nobre do termo, se por *cultura* entendermos não simplesmente riqueza de conhecimentos intelectuais, mas capacidade de realizar o próprio dever e de compreender seus semelhantes, respeitando todo princípio, toda opinião, toda fé que seja sinceramente professada. Portanto, é evidente que a educação inglesa visava não tanto a cultivar a mente, a enriquecê-la com vastos conhecimentos, quanto a desenvolver o caráter, a preparar uma classe aristocrática, cuja superioridade moral era instintivamente reconhecida e aceita pelas classes mais humildes. A educação superior ou universitária, até porque muito cara, era reservada a poucos, aos filhos de famílias grandes pela nobreza ou pelos rendimentos, sem por isso ser vetada aos mais pobres, desde que obtivessem, graças ao talento, uma bolsa de estudos. Os outros, a grande maioria, deviam se contentar com uma instrução, boa sem dúvida, mas fundamentalmente técnica e profissional, que os preparava para os ofícios não diretivos, que mais tarde seriam chamados a desempenhar nas indústrias, no comércio, nas administrações públicas."

Até há algumas décadas, existiam na Inglaterra apenas três grandes universidades completas — Oxford, Cambridge e Londres — e uma menor em Durham. Para entrar em Oxford e em Cambridge, é preciso provir das chamadas *public schools*, que são tudo, menos públicas. A mais célebre destas escolas, a de Eton, fundada em 1440 por Henrique VI para receber "setenta alunos pobres e indigentes", tornou-se atualmente a mais aristocrática escola da Inglaterra, com mais de mil alunos; existem ainda os setenta lugares para internos, que dão direito à instrução e à manutenção gratuitas e são concedidos, mediante concurso, aos rapazes mais estudiosos: os outros são externos e pagam somas enormes. "Os setenta internos... são os que, posteriormente, na universidade, irão se especializar e se tornar os futuros professores e cientistas; os outros mil, que em geral estudam menos, recebem uma educação principalmente moral e se tornarão, através da aprovação universitária, a classe dirigente, destinada a ocupar os mais altos postos no exército, na marinha, na vida política, na administração pública."

"Esta concepção da educação, até agora dominante na Inglaterra, é de base humanista." Na maioria das *public schools* e nas universidades de Oxford e Cambridge, que mantiveram a tradição da Idade Média e do Renascimento, "o conhecimento dos grandes autores gregos e latinos é considerado não somente útil, mas indispensável para a formação do *gentleman*, do homem político; serve para fornecer-lhe aquele sentido de equilíbrio, de harmonia, aquele refinamento de gosto que são elementos integrantes da verdadeira cultura". A educação científica começa a predominar. "A cultura vai se democratizando e se nivelando fatalmente." Nos últimos trinta ou quarenta anos, surgiram novas universidades nos grandes centros industriais: Manchester, Liverpool, Birmingham, Sheffield, Leeds, Bristol; o País de Gales quis sua universidade e a fundou em Bangor, com ramificações em Cardiff, Swansea e Aberystwith. Após a guerra, e nestes últimos anos, as universidades multiplicaram-se ainda mais; em Huli, em Newcastle, em Southampton, em Exeter, em Reading, e se anunciam mais duas, em Nothingam e em Leicester. Em todos estes centros, a tendência é a de emprestar à cultura um caráter fundamentalmente técnico, a fim de satisfazer as necessidades de estudo do grande público. As matérias que mais interessam são, além das ciências aplicadas, física, química, etc., as profissionais, medicina, engenharia, economia política, sociologia, etc. "Mesmo Oxford e Cambridge tiveram de fazer concessões, desenvolvendo cada vez mais a parte científica; além disso, instituíram os *Extension Courses*."

O movimento para a nova cultura é geral: surgem escolas e instituições privadas, noturnas, para adultos, com um ensino híbrido, mas essencialmente técnico e prático. Surge, ao mesmo tempo, toda uma literatura científica popular. Finalmente, a admiração pela ciência é tão grande que mesmo os jovens das classes cultas e aristocráticas consideram os estudos clássicos como uma inútil perda de tempo. O fenômeno é mundial. Mas a Inglaterra resistira mais tempo do que outros países e agora se encaminha para uma forma de cultura fundamentalmente técnica. "O tipo do *gentleman* (perfeito) não tem mais razão de ser; representava o ideal da educação inglesa quando a Grã-Bretanha, dominadora dos mares e dona dos grandes mercados do mundo, podia permitir-se o luxo de uma política de esplêndido isolamento e de uma cultura que tinha em si, indubitavelmente, um tom aristocrático. Hoje, as coisas mudaram." Perdida a supremacia naval e comercial, a Inglaterra é ameaçada pela América até mesmo na cultura. O livro americano foi comercializado com a cultura, tornando-se um competidor cada vez mais ameaçador do livro inglês. Os editores britânicos, particularmente os que têm sucursais na América, tiveram que adotar os métodos de propaganda e de divulgação americanos. "Na Inglaterra, o livro — precisamente porque mais lido e mais divulgado do que entre nós — exerce uma eficácia formativa e educativa notável, refletindo mais fielmente do que entre nós a vida intelectual da nação." Nesta vida intelectual está ocorrendo uma modificação.

Dos volumes publicados no primeiro trimestre de 1932 (que cresceram numericamente em comparação com o primeiro trimestre de 1931), o romance conserva o primeiro lugar; o segundo não é mais ocupado pelos livros para crianças, mas por livros pedagógicos e educativos em geral, existindo ademais um sensível aumento das obras históricas e biográficas e dos volumes de caráter técnico e científico, sobretudo populares.

Pelos volumes enviados à Feira Internacional do Livro, em Florença, "podemos ver que os recentes livros de caráter cultural são mais técnicos do que educativos, tendem a discutir problemas científicos e aspectos da vida social ou a fornecer conhecimentos, mais do que a formar o caráter".

CADERNO 5 (1930-1932)

§ 6. *Passado e presente.* Artigos de 1926 do conde Carlo Lovera di Castiglione no *Corriere* de Turim; respostas fulminantes do *Corriere d'Italia* de Roma [26]. Cabe observar que os artigos de Lovera di Castiglione, mesmo sendo muito ousados, não se podiam comparar ao conteúdo do livro *Storia di un'idea*; por que os católicos não reagiram tão energicamente contra o livro e foram ferozes com Lovera? Ver a produção literária de Lovera: colaborador das revistas de Gobetti e do *Davide* de Gorgerino: artigos no *Corriere* de Turim. É um velho aristocrata, acredito, descendente de Solaro della Margarita. É interessante notar que é amigo dos redatores da *Civiltà Cattolica* e que pôs à disposição deles o arquivo de Solaro.

§ 23. *Breves notas sobre cultura chinesa.* 1) A posição dos grupos intelectuais na China é "determinada" pelas formas práticas que a organização material da cultura assumiu historicamente nesse país. O primeiro elemento desta espécie é o sistema de escrita, a escrita *ideográfica.* O sistema de escrita é ainda mais difícil do que comumente se supõe, pois a dificuldade não é dada somente pela enorme quantidade de sinais materiais, mas esta quantidade complica-se ainda mais por causa das "funções" dos sinais singulares segundo o lugar que ocupam. Ademais, o ideograma não é organicamente ligado a uma determinada língua, mas serve a todas as línguas faladas pelos chineses cultos, isto é, o ideograma tem um valor "esperantista": é um sistema de escrita "universal" (no interior de um certo mundo cultural), levando-se em conta que as línguas chinesas têm uma origem comum. Este fenômeno deve ser cuidadosamente estudado, pois pode servir contra os exageros "esperantistas"; ou seja, serve para demonstrar como as chamadas línguas universais convencionais, na medida em que não são a expressão histórica de condições adequadas e necessárias, tornam-se elemento de estratificação social e de fossilização de alguns estratos. Nestas condições, não pode existir na China uma cultura popular de ampla difusão: a oratória, a conversação continuam a ser a forma mais popular de difusão da cultura. Será necessário, num certo momento, introduzir o alfabeto silábico; este fato dá lugar a uma série de dificuldades: primeiro, a escolha do próprio alfabeto: o russo ou o inglês (entendo por "alfabeto inglês" não somente a pura notação dos signos fundamentais, que é a mesma no inglês e nas outras línguas de alfabeto latino, mas o nexo diacrítico de consoantes e vogais que dão a notação dos sons efetivos, como *sh* por *ch*, *j* pelo *g* italiano, etc.); é certo que o alfabeto inglês triunfará, caso haja escolha, e isto se relacionará com consequências de caráter internacional, ou seja, triunfará certa cultura.

2) A introdução do alfabeto silábico terá consequências de grande importância na estrutura cultural chinesa: desaparecida a escrita "universal", aflorarão as línguas populares e, por conseguinte, com base nisso, novos grupos de intelectuais. Isto é, seria rompida a unidade atual de tipo "cosmopolita" e ocorreria um pulular de forças "nacionais" em sentido estrito. Por alguns aspectos, a situação chinesa pode ser comparada com a da Europa Ocidental e Central na Idade Média, com o "cosmopolitismo católico", isto é, com a época na qual o "latim médio" era a língua das classes dominantes e de seus intelectuais: na China, a função do "latim médio" é desempenhada pelo "sistema de escrita", próprio das classes dominantes e de seus intelectuais. A diferença fundamental reside no seguinte: o perigo que mantinha unida a Europa medieval, perigo muçulmano em geral (árabes no sul, tártaros e depois turcos no Oriente e no Sudeste), não pode ser nem de longe comparado com os perigos que atualmente ameaçam a autonomia chinesa. Árabes, tártaros, turcos eram relativamente "menos" organizados e desenvolvidos do que a Europa de então, e o perigo era

"meramente", ou quase, de natureza técnico-militar. Ao contrário, a Inglaterra, a América, o Japão são superiores à China não só "militarmente", mas também econômica e culturalmente; em suma, em todos os aspectos da área social. Somente a unidade "cosmopolita" atual, de centenas de milhões de homens, com seu particular nacionalismo de "raça" — xenofobia —, permite ao governo central chinês ter a disponibilidade financeira e militar mínima para resistir à pressão das relações internacionais e para manter desunidos os seus adversários.

A política dos sucessores de direita de Sun Yat-Sen deve ser examinada a partir deste ponto de vista. O traço característico desta política é representado pela "não vontade" de preparar, organizar e convocar uma *Convenção panchinesa* por meio do sufrágio popular (de acordo com os princípios de Sun), mas em querer conservar a estrutura burocrático-militar do Estado: isto é, no temor de abandonar as formas tradicionais de unidade chinesa e de liberar as massas populares. Não se deve esquecer que o movimento histórico chinês está localizado ao longo das costas do Pacífico e dos grandes rios que nele desembocam: a grande massa popular do *hinterland* é mais ou menos passiva. A convocação de uma *Convenção panchinesa* forneceria o terreno para um grande movimento também destas massas e para o florescimento, através dos deputados eleitos, das configurações nacionais em sentido estrito existentes nas cosmópoles chinesas, tornando difícil a hegemonia dos atuais grupos dirigentes se eles não efetivarem um programa de reformas populares e obrigando a buscar a unidade numa união federal e não no aparelho burocrático-militar. Mas esta é a linha de desenvolvimento. A incessante guerra dos generais é uma forma primitiva de manifestação do nacionalismo contra o cosmopolitismo: ela não será superada, isto é, o caos militar-burocrático não terá fim, sem a intervenção organizada do povo na forma histórica de uma convenção panchinesa.

(Sobre a questão dos intelectuais chineses, deve-se coletar e organizar muito material a fim de elaborar um parágrafo sistemático da rubrica sobre os *intelectuais*; o processo de formação e o modo de funcionamento social dos intelectuais chineses têm características próprias e originais, dignas de muita atenção.)

Relações da cultura chinesa com a Europa. As primeiras notícias sobre a cultura chinesa foram dadas pelos missionários, notadamente jesuítas, nos séculos XVII-XVIII. Intorcetta, Herdrich, Rougemont, Couplet revelam ao Ocidente o universalismo confuciano; du Halde (1736) escreve a *Description de l'Empire de la Chine*; Fourmont (1742), da Glemona, Prémare.

Em 1815, com a formação no Collège de France da primeira cátedra de língua e literatura chinesas, a cultura chinesa passa a ser estudada pelos laicos (com finalidades e métodos científicos, e não de apostolado católico, como era o caso dos jesuítas); esta cátedra é ocupada por Abel Rémusat, considerado hoje o fundador da sinologia europeia. Discípulo de Rémusat foi Stanislas Julien, que é considerado o primeiro sinólogo de seu tempo; traduziu uma enorme quantidade de textos chineses, romances, comédias, livros de viagem e obras de filosofia e, no final, resumiu sua experiência filológica na *Syntaxe nouvelle de la langue chinoise.* A importância científica de Julien é dada pelo fato de ter ele conseguido penetrar no caráter da língua chinesa e nas razões de sua dificuldade para os europeus, habituados com as línguas flexionadas. Mesmo para um chinês, o estudo de sua língua é mais difícil do que, para um europeu, o estudo da sua; é necessário um duplo esforço, de memória e de inteligência, de memória para recordar os múltiplos significados de um ideograma, de inteligência para relacionar tais significados a fim de encontrar em cada um deles a parte por assim dizer conectiva, que permite extrair da conexão das frases um sentido lógico e aceitável. Quanto mais o texto for denso e elevado (no sentido da abstração), tanto mais difícil será traduzi-lo; mesmo o mais erudito literato chinês deve sempre fazer preceder, à interpretação do texto que lê, um trabalho de análise mais ou menos rápido. A experiência, no chinês, tem um valor muito maior do que em outras línguas, onde a base primeira para a inteligibilidade é a morfologia, que inexiste no chinês. (Parece-me difícil aceitar que não exista absolutamente a morfologia no chinês; nas descrições da língua chinesa feitas por europeus, é preciso levar em conta o fato de que o "sistema de escrita" ganha necessariamente o primeiro lugar em importância: mas o "sistema de escrita" coincide perfeitamente com a língua falada, que é a "língua real"? É possível que, no chinês, a função morfológica seja mais ligada à fonética e à sintaxe, isto é, ao tom dos sons singulares e ao ritmo musical do período, o que só poderia se manifestar na escrita sob a forma de notação musical; mas, mesmo neste caso, parece-me difícil excluir uma certa função morfológica autônoma: seria necessário consultar o livrinho de Finck sobre os principais tipos de língua. [27] Recordar, ainda, que a função morfológica, mesmo nas línguas flexionadas, tem como origem palavras independentes que se tornaram sufixos, etc.: esta característica pode, talvez, servir para identificar a morfologia do chinês, que representa uma fase linguística talvez mais antiga do que as mais antigas línguas das quais se conservou uma documentação histórica. As informações que resumo aqui são tomadas de um artigo de Alberto Castellani, "Prima sinologia", no *Marzocco* de 24 de fevereiro de 1929.)

No chinês, "quem mais lê mais sabe": de fato, desde que tudo se reduz à sintaxe, somente uma longa prática com os modos e as cláusulas da língua pode servir como orientação para a inteligibilidade do texto. Entre o vago valor dos ideogramas e a compreensão integral do texto, deve ocorrer um exercício de inteligência que, no que toca à necessidade de adaptação lógica, quase não tem limites em comparação com as línguas flexionadas.

Um livro sobre a cultura chinesa. Eduard Erkes, *Chinesische Literatur*, Ferdinand Hirt, Breslau, 1926. Trata-se de um pequeno livro, de menos de cem páginas, no qual — segundo Alberto Castellani — condensa-se admiravelmente todo o ciclo cultural chinês, da mais antiga época até os dias atuais. Não se pode compreender o presente chinês sem conhecer seu passado, sem uma informação demopsicológica; isto é justo, mas é exagerada, pelo menos na forma expressa, a seguinte afirmação: "O conhecimento do passado demonstra que o povo chinês já é, há muitas dezenas de séculos, confucianamente comunista: de tal modo que certas tentativas recentes de cruzamento euro-asiático são como chover no molhado." Esta afirmação pode ser feita para todo povo atrasado em face do industrialismo moderno; e, já que se pode fazê-la com relação a muitos povos, tem um escasso valor; todavia, o conhecimento da verdadeira psicologia das massas populares, a partir deste ponto de vista ou tal como pode ser reconstruída através da literatura, tem grande importância. A literatura chinesa tem marca genuinamente religiosa-estatal. Erkes tenta uma reconstrução crítico-sintética dos diversos momentos da literatura chinesa, através das épocas mais representativas, a fim de dar a estes momentos maior relevo de necessidade histórica (isto é, não se trata de uma história da literatura no sentido erudito e descritivo, mas de uma história da cultura). Trata da figura e da obra de Chu Hsi (1130-1200), que poucos ocidentais sabem ter sido a personalidade mais significativa da China após Confúcio: este desconhecimento se deve ao silêncio calculado dos missionários, que viram neste plasmador da moderna consciência chinesa o maior obstáculo a seus esforços de propaganda.

Livro de Wieger, *La Chine à travers les âges*. Erkes chega até a fase recente da *China europeizante* e informa também sobre o desenvolvimento que se está verificando a respeito da língua e da educação.

No *Marzocco* de 23 de outubro de 1927, Alberto Castellani ("Filosofia cinese in veste europea... e giapponese") informa sobre o livro de Alfredo Forke: *Die Gedankenwelt des chinesischen Kulturkreises*, Munique-Berlim, 1927. Forke é professor de língua e civilização chinesas na Universidade de Hamburgo, e é conhecido como especialista no estudo da filosofia chinesa. O estudo do pensamento chinês é difícil para um ocidental por várias razões: 1) os filósofos chineses não escreveram tratados sistemáticos de seu pensamento: foram os discípulos que coletaram as palavras dos mestres, não os mestres que as escreveram para eventuais discípulos; 2) a filosofia propriamente dita estava ligada, e como que sufocada, às três grandes correntes religiosas, confucionismo, taoismo, budismo; assim, aos olhos do europeu não especialista, os chineses passaram frequentemente ou como privados de filosofia propriamente dita, ou como possuindo três religiões filosóficas (todavia, este fato — de que a filosofia tenha sido ligada à religião — tem um significado do ponto de vista da cultura e caracteriza a posição histórica dos intelectuais chineses). Forke buscou apresentar o pensamento chinês de acordo com as formas europeias, ou seja, libertou a filosofia propriamente dita das mesclas e das promiscuidades heterogêneas: tornou possível, portanto, um certo paralelo entre o pensamento europeu e o pensamento chinês. A Ética é a parte mais vigorosa desta reconstrução; a Lógica é menos importante, "já que os próprios chineses conceberam-na sempre mais num sentido instintivo, como intuição, do que mediante um conceito exato, científico". (Este ponto é muito importante, como momento cultural.) Só há poucos anos é que um escritor chinês, o professor Hu Shi — em sua *História da filosofia chinesa* (Xangai, 1919) — confere à Lógica um posto importante, extraindo-a dos antigos textos clássicos, dos quais, não sem certo esforço, busca revelar o ensinamento. A rápida invasão do confucionismo, do taoismo e do budismo, que não se interessam pelos problemas da Lógica, pode talvez ter obstaculizado a sua transformação em ciência. "É um fato que os chineses jamais tiveram uma obra como o *Nyàya* de Gautama e como o *Organon* de Aristóteles." Deste modo, inexiste na China uma disciplina filosófica sobre o "conhecimento" (*Erkenntnistheorie*). Forke encontra apenas tendências de uma tal disciplina.

Forke examina, ademais, as ramificações da filosofia chinesa fora da China, particularmente no Japão. O Japão tomou da China, juntamente com outras formas de cultura, também a filosofia, ainda que lhe tenha emprestado certas características próprias. O japonês, ao contrário do chinês, não possui tendências metafísicas e especulativas (é "pragmatista" e empirista). Os filósofos chineses traduzidos em japonês, contudo, adquirem uma maior clareza. (Isto significa que os japoneses tomaram do pensamento chinês o que era útil à sua cultura, mais ou menos como os romanos fizeram com os gregos.)

Castellani publicou recentemente *La dottrina del Tao ricostruita sui testi ed esposta integralmente*, Bolonha, Zanichelli, e *La regola celeste di Lao-Tse*, Florença, Sansoni, 1927. Castellani compara Lao-Tse e Confúcio (não sei em qual desses dois livros): "Confúcio é o chinês do Norte, nobre, culto, especulativo; Lao-Tse, cinquenta anos mais velho do que ele, é o chinês do Sul, popular, corajoso, fantasista. Confúcio é homem de Estado; Lao-Tse desaconselha a atividade pública: aquele só pode viver em contato com o governo, este foge do consórcio civil e não participa de suas peripécias. Confúcio contenta-se em indicar aos governantes e ao povo o exemplo dos antigos bons tempos; Lao--Tse sonha simplesmente com a era da inocência universal e com o estado virginal da natureza; aquele é o homem da corte e da etiqueta, este o homem da solidão e da *palavra brusca*. Para Confúcio, abundante de formas, de regras, de rituais, a vontade do homem participa essencialmente na produção e determinação do fato *político*; Lao-Tse, ao contrário, acredita que todos os fatos, sem exceção, se fazem por si mesmos, fora e para além da nossa vontade: que todos eles têm, em si mesmos, um ritmo inalterado e inalterável por qualquer intervenção nossa. Nada é mais ridículo, para Lao-Tse, do que o homúnculo confuciano, empreendedor e petulante, que crê na importância e quase no peso específico de cada um de seus gestos; nada é mais mesquinho do que esta almazinha míope e pretensiosa, afastada do Tao, que acredita dirigir mas que é dirigida, que crê estar no controle mas que é controlada." (Esta passagem é extraída de um artigo de A. Faggi, no *Marzocco* de 12 de junho de 1927, intitulado "Sapere cinese".) O "não fazer" é o princípio do taoismo, é precisamente o "Tao", o "caminho".

A forma estatal chinesa. A monarquia absoluta foi fundada na China no ano 221 antes de Cristo e durou até 1912, apesar das mudanças de dinastia, das invasões estrangeiras, etc. Este é o ponto interessante: cada novo dominador encontra o organismo pronto e acabado, que ele conquista ao conquistar o poder central. A continuidade, assim, é um fenômeno de morte e de passividade do povo chinês. Evidentemente, mesmo depois de 1912, a situação se manteve ainda relativamente es-

tacionária, no sentido de que o aparelho geral conservou-se quase intacto: os militares *tuchun* [28] substituíram os mandarins, e um deles, de vez em quando, tenta refazer a unidade formal, conquistando o centro. A importância do Kuomitang teria sido bem maior se tivesse colocado realmente a questão da convenção pan-chinesa. Mas, agora que o movimento foi desencadeado, parece-me difícil que se possa reconstituir, sem uma profunda revolução nacional de massa, uma ordem duradoura.

§ 24. *Passado e presente. O respeito ao patrimônio artístico nacional.* É muito interessante a este propósito o artigo de Luca Beltrami, "Difese d'arte in luoghi sacri e profani", no *Marzocco* de 15 de maio de 1927. Os episódios extraídos por Beltrami da imprensa cotidiana são muito interessantes e edificantes. Como este ponto é sempre ventilado por razões de polêmica cultural, será bom recordar estes episódios de ostentação vulgar das chamadas classes cultas [29].

§ 30. *Função internacional dos intelectuais italianos.* No *Bolletino storico lucchese* de 1929 ou dos inícios de 1930, foi publicado um estudo de Eugenio Lazzareschi sobre as relações dos mercadores de Lucca com a França, na Idade Média. Os habitantes de Lucca, frequentando ininterruptamente, a partir do século XII, os grandes mercados urbanos e as famosas feiras de Flandres e da França, haviam se tornado grandes proprietários, agentes comerciais e fornecedores das coroas da França e da Borgonha, funcionários e concessionários nas administrações civis e financeiras; tinham contraído casamentos ilustres e eram tão bem aclimatados na França que podiam dizer agora que tinham duas pátrias: Lucca e a França. Por isso, um deles, Galvano Trenta, no início de 1411, escrevia a Paolo Guinigi para que este pedisse ao novo papa, recém-eleito, que solicitasse ao rei da França que todo originário de Lucca fosse reconhecido como "burguês" de Paris.

§ 31. *Sobre a tradição nacional italiana.* Cf. o artigo de B. Barbadoro, no *Marzocco* de 26 de setembro de 1926, a respeito da segunda Liga Lombarda e de sua exaltação como "primeiro germe da independência da estirpe em face da opressão estrangeira, que prepara os faustos do Renascimento". Barbadoro punha-se em guarda contra esta interpretação e observava que "a própria fisionomia histórica de Frederico II é muito diferente da de Barba-Roxa, e outra é a política italiana do segundo suábio: dono do Sul da Itália, cuja história há séculos fora separada da história do resto da península, pareceu em certo momento que a restauração da autoridade imperial no centro e no norte conduzisse finalmente à constituição de uma forte monarquia nacional" [30].

No *Marzocco* de 16 de dezembro de 1928, Barbadoro, numa breve nota, recorda esta sua afirmação, referindo-se a um amplo estudo de Michelangelo Schipa, publicado no *Archivio storico per le province napoletane*, no qual o tema é amplamente demonstrado.

Esta corrente de estudos é muito interessante para compreender a função histórica das Comunas e da primeira burguesia italiana, que teve um papel desagregador da unidade existente, sem saber ou sem poder substituí-la por uma nova e própria unidade: o problema da unidade territorial não foi nem sequer colocado ou suspeitado e este florescimento burguês não teve continuação: foi interrompido pelas invasões estrangeiras. O problema é muito interessante do ponto de vista do materialismo histórico e, ao que me parece, pode ser relacionado com o problema da função internacional dos intelectuais italianos. Por que os núcleos burgueses formados na Itália, embora houvessem atingido a completa autonomia política, não tiveram a mesma iniciativa dos Estados absolutistas na conquista da América e na abertura de novos escoadouros? Afirma-se que um dos elementos da decadência das repúblicas italianas foi a invasão turca, que interrompeu ou, pelo menos, desorganizou o comércio com o Levante, e o deslocamento do eixo histórico mundial, que passou do Mediterrâneo para o Atlântico graças à descoberta da América e à circum-navegação da África. Mas por que Cristóvão Colombo serviu à Espanha e não a uma república italiana? Por que os grandes navegadores italianos serviram a outros países? A razão disso tudo deve ser buscada na própria Itália, e não nos turcos ou na América. A burguesia desenvolveu-se melhor, nesse período, com os Estados absolutistas, isto é, com um poder indireto, e não quando tinha todo o poder. Eis o problema, que deve ser relacionado com o dos intelectuais: os núcleos burgueses italianos, de caráter comunal, tiveram condições de elaborar uma categoria própria de intelectuais imediatos, mas não de assimilar as categorias tradicionais de intelectuais (particularmente o clero), as quais, ao contrário, mantiveram e acresceram seu caráter cosmopolita. Já os grupos burgueses não italianos, através do Estado absolutista, alcançaram esta finalidade muito facilmente, pois absorveram os próprios intelectuais italianos. Esta tradição histórica explica, talvez, o caráter monarquista da burguesia italiana moderna e pode contribuir para uma melhor compreensão do *Risorgimento.*

§ 34. *Passado e presente.* Sobre o movimento da *Voce*, de Prezzolini, que certamente tinha um marcado caráter de campanha para uma renovação moral e intelectual da vida italiana (nisto, afinal, continuava com mais maturidade *Il Leonardo* e se distinguia da *Lacerba*, de Papini, e da *Unità*, de Salvemini, porém mais da *Lacerba* que da *Unitá* [31]), cf. o livro de Giani Stuparich sobre *Scipio Slataper*, editado em 1922 pela editora *La Voce.*

§ 36. *Passado e presente.* Sobre a impressão real que causou o início das atividades da Academia da Itália [32], ver a *Italia Letteraria* de 15 de junho de 1930, "La prima seduta pubblica dell'Accademia d'Italia". Num editorial, critica-se acerbamente o modo como a Academia da Itália distribuiu em 150 premiações a soma de um milhão que estava à sua disposição para ajudar a literatura nacional: a distribuição parece ter assumido o aspecto de uma doação do tipo sopa dos pobres; outro artigo, "Cronaca per la storia", de Antonio Aniante, apresenta a sessão como se fosse a assembleia de uma câmara de vereadores de cidade do interior.

§ 37. *A função cosmopolita dos intelectuais italianos.* "Para Nietzsche, o intelectual está 'em casa' não onde nasceu (o nascimento é a 'história'), mas onde ele engendra e põe no mundo: *Ubi pater sum, ibi patria*, 'onde sou pai, onde engendro, aí está minha pátria', e não onde ele foi engendrado." [33] Stefan Zweig, "Influence du Sud sur Nietzsche", *Nouvelles Littéraires*, 19 de julho de 1930 (talvez seja o capítulo de um livro traduzido por Alzir Hella e Olivier Bournac).

§ 41. *A orientação profissional.* Cf. o estudo do padre Brucculeri, na *Civiltà Cattolica* de 6 de outubro, 3 de novembro e 17 de novembro de 1928: pode-se encontrar, em tal estudo, o primeiro material para uma formulação inicial das investigações a respeito deste assunto. O estudo da questão é complexo: 1) por que, na situação atual de divisão social das funções, alguns grupos têm limitações em sua escolha profissional (entendida em sentido lato), decorrentes de diferentes condições econômicas (a impossibilidade de esperar) e técnicas (cada novo ano escolar modifica as disposições gerais nas quais deve escolher a profissão); 2) por que deve sempre ser levado em conta o perigo de que os institutos chamados a julgar as disposições da pessoa indiquem-na como capaz de desempenhar um certo trabalho, mesmo quando ela não queira aceitá-lo (este caso deve ser levado em conta após a introdução da racionalização, etc.; a questão não é puramente técnica, mas também salarial. A indústria americana serviu-se dos altos salários para "selecionar" os operários da indústria racionalizada, pelo menos em certa medida: outras indústrias, ao contrário, levando adiante estes esquemas científicos e pseudocientíficos, podem tender a "obrigar" todas as qualificações tradicionais a se deixarem racionalizar sem ter obtido as possibilidades salariais para um sistema de vida apropriado, que permita reintegrar as maiores energias nervosas consumidas. É possível que se esteja diante de um verdadeiro perigo social; o regime salarial atual é baseado principalmente sobre a reintegração de forças musculares. A introdução da racionalização sem uma modificação do sistema de vida pode levar a um rápido esgotamento nervoso e a determinar uma crise inaudita de morbidez). O estudo da questão, de resto, deve ser feito do ponto de vista da escola única do trabalho.

§ 42. *A tradição de Roma*. Registrar as diversas reações (e o diverso caráter delas) à ideologia ligada à tradição de Roma. O futurismo foi, na Itália, uma forma desta reação, enquanto oposição à retórica tradicional e acadêmica, e esta era estreitamente ligada na Itália à tradição de Roma (*La terra dei morti*, de Giusti: "Nós já éramos grandes, eles sequer tinham nascido"; "O que de civil ao mundo assoma, / e de sublime e grandioso — vem de Roma", de Carducci, no rastro dos *Sepolcri* de Foscolo, enquanto momento "moderno" desta retórica). [34] Esta reação tem vários aspectos, além de diversas características. Tende, por exemplo, a negar que a Itália moderna seja herdeira da tradição romana (a expressão de Lessing sobre os "vermes saídos da decomposição da carniça romana") ou a contestar a própria importância desta tradição. No livro de Wells, *Breve storia del mondo* (ed. Laterza, com apêndice polêmico do tradutor Lorizio), esta reação assume diversos aspectos: 1) nega que a história mundial antiga se unifique no Império Romano, ampliando a visão histórica mundial com a história da China, da Índia e dos mongóis; 2) tende a desvalorizar em si a grandeza da história romana e de sua tradição, tanto como tendência política (Sacro Império Romano) quanto como tendência cultural (Igreja Católica). No livro de Wells, se é exato o primeiro ponto, o segundo sofre de nova intromissão de elementos ideológicos e é moralista.

Outro aspecto a observar é a valorização do elemento não romano na formação das nações modernas: elemento germânico na formação dos Estados romano-germânicos: este aspecto é cultivado pelos alemães e prossegue na polêmica sobre a importância da Reforma como premissa da modernidade. Porém, na formação dos Estados romano-germânicos, além do elemento romano e do germânico, existe um terceiro e talvez mesmo um quarto elemento; na França, além do elemento romano e do elemento franco, existe o elemento céltico, dado pela autóctone população gálica; na Espanha, existe ainda, ademais, o elemento árabe, com sua influência científica na Idade Média. Sobre o elemento gálico na formação da civilização francesa, houve sempre toda uma literatura, de caráter misto histórico e popular. Na época mais recente, deve-se examinar a *Histoire de la Gaule*, de Camille Jullian, onde (no vol. VIII, p. 311) pode-se ler que é tempo de acabar com a "obsessão da história imperial" e que "é necessário que saibamos nos desembaraçar dos modos de sentir e de pensar que são heranças do Império Romano. Os preconceitos quase insuperáveis com os quais saímos da educação clássica, o historiador deve saber vencê-los". Pelo artigo "La figura di Roma in uno storico celtista", de Pietro Baroncelli, publicado na *Nuova Antologia* de 16 de março de 1929, parece que Julien substituiu estes preconceitos por outros (a celtomania), mas, de qualquer modo, é notável o fato de que um historiador respeitado como Jullian, membro da Academia, tenha dedicado um escrito tão monumental à defesa de sua tese e tenha ganho o prêmio da Academia. Baroncelli acredita que "o *ciúme*, com o qual nosso país é hoje encarado por quase todo mundo, revela-se também no favor com que são acolhidas no exterior as publicações que, de uma ou de outra maneira, buscam diminuir o nome de Roma e da Itália. Desta natureza, precisamente, é a referida *Histoire de la Gaule*, obra afortunada pela difusão, imponente pelo tamanho, respeitável pelo nome do escritor"; e acredita ainda que, "quanto às *injúrias* que hoje se tentam lançar sobre a figura de Roma antiga, bem sabemos que a Roma senhora e mestra de povos tem, para alguns, uma grave culpa; Roma, desde seus inícios, foi sempre Itália". Aos preconceitos históricos que combate, Baroncelli substitui, também ele, seus próprios preconceitos; e, o que é mais importante, empresta-lhes uma roupagem política. O assunto deveria ser estudado despreconcebidamente: o que permanece ainda hoje, de próprio e inconfundível, da tradição romana? Muito pouco, concretamente: a atividade mais intensa, moderna, é a econômica, tanto teórica como prática, bem como a científica, e, delas, nada continua o mundo romano. Mas, mesmo no campo do direito, em que relação exata se encontra o romanismo com as contribuições do germanismo e com as anglo-saxônicas mais recentes? E qual é a área geográfica na qual o direito romano teve maior difusão? Deve-se ainda notar que, na forma com que se tornou tradicional, o direito romano foi elaborado em Constantinopla, após a queda de Roma. Quanto à tradição estatal romana, é verdade que a Itália enquanto tal (isto é, na figura que hoje assumiu) não lhe deu continuidade (observação de Sorel), etc. Acompanhar as publicações de Ezio Levi sobre o arabismo espanhol e sobre a sua importância para a civilização moderna [35].

§ 50. *Breves notas sobre a cultura japonesa.* Na *Nuova Antologia* de 1º de junho de 1929, foi publicada a introdução ("A religião nacional do Japão e a política religiosa do Estado japonês") ao volume sobre *La mitologia giapponese*, que Raffaele Pettazzoni publicou na coleção "Textos e documentos sobre a História da Religião", editada por Zanichelli de Bolonha. Por que Pettazzoni intitulou seu livro de *Mitologia*? Há uma certa diferença entre "religião" e "mitologia", e seria bom manter a diferença entre as duas palavras. A religião se tornou no Japão uma simples "mitologia", isto é, um elemento puramente "artístico" ou "folclórico", ou tem ainda o valor de uma concepção do mundo que se mantém viva e operante? Pela introdução, parece que Pettazzoni dá à religião japonesa este último valor; neste caso, o título é equívoco. Desta introdução, anoto alguns elementos que poderão ser úteis no estudo de um parágrafo "japonês" para a rubrica dos "intelectuais".

Introdução do budismo no Japão, ocorrida em 552 d.C. Até então, o Japão conhecera uma só religião, sua religião nacional. De 552 até nossos dias, a história religiosa do Japão foi determinada pelas relações e pelas interferências entre esta religião nacional e o budismo (que é um tipo de religião extranacional e supranacional, como o cristianismo e o islamismo); o cristianismo, introduzido no Japão em 1549 pelos jesuítas (Francisco Xavier), foi erradicado pela violência nos primeiros decênios do século XVII; reintroduzido pelos missionários protestantes e católicos na segunda metade do século XIX, não teve grande importância no conjunto. Após a introdução do budismo, a religião nacional foi designada pela palavra sino-japonesa *Xinto*, isto é, "caminho (em chinês: *Tao*) dos deuses (em chinês: *Xen*)", ao passo que *butsu-do* indicou o budismo (*do*, caminho; *butsu*, Buda). Em japonês, *Xinto* se diz *Kami-no-michi* (*Kami*, divindade). Kami não significa "deus" no sentido ocidental e sim, mais genericamente, seres divinos, aí incluídos também os antepassados divinizados. (Da China, foram introduzidos no Japão não só o budismo, mas o culto dos antepassados, o qual, ao que parece, incorporou-se mais intimamente à religião nacional.) O xintoísmo, porém, é fundamentalmente uma religião naturista, um culto de divindades (*Kami*) da natureza, entre as quais estão, em primeiro lugar, a deusa do sol *Amaterasu*, o deus dos furacões *Susanowo*, o casal Céu e Terra (isto é, *Izanagi* e *Izanami*), etc. É interessante o fato de que o xintoísmo representa um tipo de religião que desapareceu inteiramente no mundo moderno ocidental, mas que era frequente entre os povos civilizados da Antiguidade (religiões nacionais e politeístas dos egípcios, dos babilônios, dos indianos, dos gregos, dos romanos, etc.). *Amaterasu* é uma divindade como Osíris, Apolo ou Ártemis: é interessante que um povo civilizado moderno, como o japonês, creia e adore uma tal divindade. (As coisas, contudo, talvez não sejam tão simples como podem parecer.) Todavia, ao lado desta religião nacional, subsiste o budismo, tipo de religião supranacional, pelo que se pode afirmar que, também no Japão, ocorreu fundamentalmente o mesmo desenvolvimento religioso que no Ocidente (com o cristianismo). Aliás, cristianismo e budismo se difundem nas respectivas zonas de um modo sincrônico; além disso, o cristianismo que se difunde na Europa não é o da Palestina, mas o de Roma ou de Bizâncio (com a língua latina ou grega para a liturgia), do mesmo modo como o budismo que se difunde no Japão não é o da Índia, mas sim o chinês, com a língua chinesa para a liturgia. Mas, diferentemente do cristianismo, o budismo deixou subsistirem as religiões nacionais preexistentes. (Na Europa, as tendências nacionais se manifestaram no interior do cristianismo.)

No início, o budismo foi acolhido no Japão pelas classes cultas, juntamente com a civilização chinesa (mas a civilização chinesa levou apenas o budismo?). Sucedeu um sincretismo religioso: budismo-xintoísmo. Elementos de confucionismo. No século XVIII, ocorreu uma reação ao sincretismo em nome da religião nacional, que culminou em 1868 com o advento do Japão moderno. O xintoísmo declarado religião de Estado. Perseguição do budismo. Mas por pouco tempo. Em 1872, o budismo foi reconhecido oficialmente e igualado ao xintoísmo, tanto nas funções — entre as quais sobretudo a pedagógica, de educar o povo nos sentimentos e nos princípios do patriotismo, do civilismo e da lealdade — quanto nos direitos, com a supressão do "Departamento de Xinto" e a instituição de um Ministério das Religiões, com jurisdição tanto sobre o xintoísmo como sobre o budismo. Mas, em 1875, o governo mudou novamente de política: as duas religiões foram separadas, e o xintoísmo assumiu uma posição especial e única. Vários provimentos burocráticos se sucederam, culminando na elevação do xintoísmo a instituição patriótica e nacional, com a renúncia oficial a seu caráter religioso (torna-se uma instituição, ao que me parece, do tipo daquela romana do culto ao imperador, mas sem caráter religioso em sentido estrito, de modo que mesmo um cristão pode praticá-la). Os japoneses podem pertencer a qualquer religião, mas devem inclinar-se diante da imagem do imperador. Assim, o *Xinto* de Estado separou-se do *Xinto* das seitas religiosas. Também burocraticamente, ocorreu uma regulamentação: existe hoje um "Departamento das religiões" junto ao Ministério da Educação, dirigido para as várias igrejas do xintoísmo popular e para as várias igrejas budistas e cristãs, e um "Departamento dos santuários" junto ao Ministério do Interior, relativo ao xintoísmo de Estado. Segundo Pettazzoni, esta reforma se deveu à aplicação mecânica das Constituições ocidentais ao Japão: isto é, para afirmar o princípio da liberdade religiosa e da igualdade de todas as religiões perante o Estado e para retirar o Japão do estado de inferioridade e atraso que o xintoísmo, enquanto religião, lhe atribuía, em contraste com o tipo de religião vigente no Ocidente.

Parece-me artificial a crítica de Pettazzoni (ver também o que ocorre na China a respeito de Sun Yat-Sen e dos três princípios: está se formando um tipo de culto de Estado, a-religioso; ao que me parece, a imagem de Sun é cultuada como o é a do imperador vivo no Japão) [36]. Contudo, no povo e até mesmo nas pessoas cultas, conserva-se viva a consciência e o sentimento do *Xinto* como religião (isto é natural, mas parece-me inegável a importância da Reforma, que tende, conscientemente ou não, à formação de uma consciência laica, ainda que das maneiras mais paradoxais). (Esta discussão, ou seja, se o *Xinto* de Estado é ou não uma religião, parece-me a parte mais importante do problema cultural japonês: mas uma tal discussão não pode, certamente, estabelecer-se com relação ao cristianismo.)

§ 51. *Breves notas sobre cultura chinesa.* Trecho do artigo "Il riformatore cinese Suen Uen e le sue teorie politiche e sociali", na *Civiltà Cattolica* de 4 de maio e de 18 de maio de 1929: "O partido nacionalista promulgou decretos e mais decretos para honrar Suen Uen. O mais importante é o que prescreve a 'cerimônia da segunda-feira'. Em todas as escolas, escritórios, postos militares, em qualquer instituição pertencente de algum modo ao partido nacionalista, todos se inclinarão — às segundas-feiras — diante do retrato do 'pai da pátria' e farão, todos ao mesmo tempo, a tríplice inclinação de cabeça. Logo após se lerá seu 'testamento político', que contém a quintessência de suas doutrinas, ao que se seguirão três minutos de silêncio a fim de se meditar sobre seus grandes princípios. Esta cerimônia se realizará em todas as reuniões importantes." Em todas as escolas é obrigatório estudar o *Sen-Min-chiu-i* (tríplice demismo), mesmo nas escolas dos católicos e de qualquer outra confissão religiosa, como *conditio sine qua non* de sua existência legal. O delegado apostólico da China, monsenhor Celso Costantini, numa carta ao padre Pasquale D'Elia S. J., missionário italiano e membro do Departamento Sinológico de Zi-Ka-Wei, tomou posição sobre estas obrigações legais. A carta é publicada no princípio da obra *Le triple démisme de Sun Wen*, traduzido, anotado e comentado por Pascal H. D'Elia S. J. (Bureau Sinologique de Zi-Ka--Wei, Imprimerie de Tou-Sé-Wé, Xangai, 1929, *in 8º*, CLVIII — 530 p., 4 dólares chineses).

Costantini não crê que Sun tenha sido "divinizado": "Quanto às inclinações de cabeça diante do retrato de Sun Yat-Sen, os alunos cristãos não se devem inquietar. Por si, por sua própria natureza, a inclinação de cabeça não tem sentido supersticioso. Segundo a intenção do governo, esta cerimônia não é mais do que uma reverência meramente civil a um homem considerado como Pai da Pátria. Poderá ser excessiva, mas não é absolutamente idolátrica (o governo é ateu) e não está ligada a nenhum sacrifício. Se, em algum lugar, por abuso, se fizessem sacrifícios, isto deveria ser considerado como superstição e os cristãos não poderiam, de nenhum modo, assisti-lo. Não é nossa função criar uma consciência errônea, mas sim iluminar os alunos onde houver qualquer dúvida sobre o significado de tais cerimônias civis." Quanto ao ensino obrigatório do tríplice demismo, Costantini escreve: "Segundo minha opinião pessoal, é lícito, se não ensinar, pelo menos explicar nas escolas públicas os princípios do tríplice demismo do dr. Sun Yat-Sen. Trata-se de matéria não optativa, mas imposta pelo governo como condição *sine qua non*. Várias coisas, no tríplice demismo, são boas, ou, pelo menos, não são más, correspondendo mais ou menos, ou podendo acomodar-se, à sociologia católica (*Rerum Novarum*, *Immortale Dei*, *Codice Sociale*). Deve-se fazer com que, em nossas escolas, a explicação desta matéria seja delegada a professores católicos bem formados na doutrina e na sociologia cristãs. Algumas coisas devem ser explicadas e corrigidas..."

O artigo da *Civiltà Cattolica* resume a posição dos católicos em face das doutrinas do nacionalismo chinês, posição ativa, como se vê, já que tende a criar uma tendência "nacionalista católica", mediante uma interpretação particular das próprias doutrinas. Do ponto de vista histórico-político, seria bom ver como os jesuítas chegaram a este resultado, revendo-se todas as publicações da *Civiltá Cattolica* sobre os eventos chineses posteriores ao ano de 1925. Em seu livro, o padre D'Elia, prevendo a objeção que lhe poderia ser feita por parte de alguns de seus leitores, que teriam aconselhado o silêncio ao invés da publicidade destas ideias novas, "responde (...) com razão: 'Não falar destas questões não significa resolvê-las. Quer queiramos ou não, nossos católicos chineses as conhecerão por meio de comentários tendenciosos e hostis. Ao que parece, é menos perigoso instruí-los nós mesmos, propondo-lhes diretamente a doutrina de Suen Uen. Esforcemo-nos por ver como os chineses podem ser bons católicos, não somente continuando a ser chineses, mas também levando em conta algumas teorias de Suen Uen'".

§ 68. Mons. Francesco Larizoni, *Le Diocesi d'Italia dalle origini al principio del secolo VII (anno 604), Studio critico*, Faenza, Estab. Graf. F. Lega, 1927, "Studio e Testi", nº 35, XVI-1122 p., 125 liras. (Em apêndice, um *Excursus* sobre os santos africanos venerados na Itália.) Obra fundamental para o estudo da vida histórica local na Itália desses séculos; responde à pergunta: como se foram formando os agrupamentos cultural-religiosos durante a queda do Império Romano e o início da Idade Média? Evidentemente, este processo de agrupamento não pode ser separado da vida econômica e social e fornece indicações para a história do nascimento das Comunas. Para a origem das cidades mercantis. Uma sede episcopal importante não podia prescindir de certos serviços (abastecimento, defesa militar, etc.) que determinavam um agrupamento de elementos laicos em torno dos religiosos (esta origem "religiosa" de uma série de cidades medievais não é estudada por Pirenne, pelo menos no pequeno livro que possuo [37]; ver na bibliografia de suas obras completas): a própria escolha da sede episcopal é uma indicação de valor histórico, pois subentende uma função organizadora e centralizadora do local escolhido. A partir do livro de Lanzoni, será possível reconstruir as questões mais importantes de método na crítica desta investigação, em parte de caráter dedutivo, bem como a bibliografia.

Também são importantes os estudos de Duchesne sobre o cristianismo primitivo (para a Itália: *Les évêchés d'Italie et l'invasion lombarde*, e *Le sedi episcopali dell'antico Ducato di Roma*) e sobre as antigas dioceses da Gália, bem como os estudos de Harnack sobre as origens cristãs, em particular *Die Mission und Ausbreitung des Christentums.* Tais investigações são interessantes não só no que diz respeito à origem dos centros de civilização medievais, mas também, naturalmente, no que toca à história real do cristianismo.

§ 74. *Função cosmopolita dos intelectuais italianos.* Alta Idade Média (fase cultural do advento do latim médio). Ver a *Storia della letteratura latina cristiana*, de A. G. Amatucci (Laterza, Bári). Nas p. 343-344, Amatucci, escrevendo sobre Cassiodoro, diz: "... Sem nada descobrir, pois não era talento para fazer descobertas, mas olhando para o passado, em meio ao qual se erguia a gigantesca figura de Jerônimo", Cassiodoro "afirmou que a cultura clássica, o que para ele era sinônimo de cultura romana, devia ser o fundamento daquela sagrada, e esta deveria ser adquirida nas escolas públicas". O papa Agapito (535-536) teria realizado este programa se não tivesse sido impedido pelas guerras e pelas lutas de facção que devastavam a Itália. Cassiodoro divulgou este programa nos dois livros de *Institutiones* e o realizou no "Vivarium", convento por ele fundado em Squillace.

Um outro ponto a ser estudado é a importância tida pelos mosteiros na criação do feudalismo. Em seu volume *S. Benedetto e l'Italia del suo tempo* (Laterza, Bári, p. 170-171), Luigi Salvatorelli escreve: "Uma comunidade, e mais ainda uma comunidade religiosa, guiada pelo espírito beneditino, era um patrão muito mais humano do que o proprietário individual, com seu egoísmo pessoal, seu orgulho de casta, sua tradição de abusos seculares. E o prestígio do mosteiro, mesmo antes de se concentrar em privilégios legais, protegia os colonos, em certa medida, contra a rapacidade do fisco e as incursões dos bandos armados legais e ilegais. Longe das cidades em plena decadência, em meio aos campos depredados e devastados que ameaçavam tornar-se um deserto, o mosteiro surgia, novo núcleo social que extraía o seu ser do novo princípio cristão, fora de qualquer mistura com o mundo decrépito que insistia em ser designado pelo grande nome de Roma. Assim, São Bento, sem propô-lo diretamente, realizou uma obra de reforma social e de verdadeira criação. Ainda menos premeditada foi sua obra de cultura." Parece-me que, nessa passagem de Salvatorelli, existem todos ou quase todos os elementos fundamentais, negativos e positivos, para explicar historicamente o feudalismo.

Menos importante, para minha investigação, é a questão da importância de São Bento e de Cassiodoro na inovação cultural desse período.

Sobre esta problemática, além de Salvatorelli, deve-se consultar o pequeno volume de Filippo Ermini, *Benedetto da Norcia*, nos *Perfis* de Formiggini, no qual se encontra uma bibliografia sobre o assunto. Segundo Ermini, "... as casas beneditinas tornaram-se verdadeiramente um asilo de saber; e, mais do que o castelo, o mosteiro será o lar de toda ciência. Nele, a biblioteca conservará para os pósteros os escritos dos autores clássicos e cristãos... A intenção de Bento se realiza; o *orbis latinus*, rompido pela ferocidade dos invasores, recompõe-se em unidade e tem assim início, graças à obra do cérebro e da mão, sobretudo de seus seguidores, a admirável civilização da Idade Média".

§ 75. *Maggiorino Ferraris e a vida italiana entre 1882 e 1926.* Na *Nuova Antologia* de 1º de julho de 1929, encontra-se o elenco dos artigos publicados por Maggiorino Ferraris na própria revista, de janeiro de 1882 até 21 de abril de 1926 (Ferraris morreu em junho de 1929 e foi diretor da *Nuova Antologia* entre, mais ou menos, 1890 até 1926). Ferraris era um homem medíocre, de tendências liberais moderadas, com uma inclinação para o giolittismo e o nittismo [38]; mas, precisamente por isto, seus artigos têm um interesse geral de sintoma. Era um publicista com o cuidado de informar-se sobre os elementos técnicos dos problemas tratados, coisa não muito comum na Itália. Escreveu muito sobre os problemas agrários, inclusive meridionais, e sobre outros problemas de caráter técnico-econômico (comunicações — ferrovias, telégrafo, navegação —, taxas e tarifas alfandegárias, câmbio, etc.): algumas destas séries de artigos devem ser novamente consultadas e estudadas. Ferraris era piemontês (de Acqui).

§ 78. *Monasticismo e regime feudal.* Desenvolvimento prático da regra beneditina e do princípio "*Ora et labora*". O "*labora*" já era submetido ao "ora", ou seja, a finalidade principal era evidentemente o serviço divino. Assim, os monges-camponeses são substituídos pelos colonos, a fim de que os monges possam a qualquer momento encontrar-se no convento para praticar os ritos. Os monges no convento mudam de "trabalho": trabalho industrial (artesanal) e trabalho intelectual (que contém uma parte manual, o ofício de copista). A relação entre colonos e convento é a relação feudal, com concessões enfitêuticas, e é ligada não só à elaboração interna que ocorre no trabalho dos monges, mas também ao crescimento da propriedade fundiária do mosteiro. Outro desenvolvimento é dado pelo sacerdócio: os monges servem como sacerdotes em território circunvizinho e sua especialização aumenta: sacerdotes, intelectuais voltados para temas teóricos, copistas, operários industriais-artesãos. O convento é a "corte" de um território feudal, defendido, mais do que pelas armas, pelo respeito religioso, etc. Ele reproduz e desenvolve o regime da "vila" romana patrícia. Para o regime interno do mosteiro, foi desenvolvido e interpretado um princípio da *Regola*, onde se diz que, na eleição do abade, deve prevalecer o voto dos que se julgam mais sábios e prudentes, e que o abade deve munir-se do conselho deles quando tiver que decidir sobre assuntos graves, mas não tão graves que justifiquem uma consulta a toda a congregação. Deste modo, os monges sacerdotes, que se dedicavam aos ofícios correspondentes às finalidades da instituição, foram-se distinguindo dos outros que continuavam a cuidar dos serviços da casa.

§ 82. *Função cosmopolita dos intelectuais italianos.* Em que medida a ida em massa para toda a Europa de personalidades italianas eminentes e medíocres (mas com um certo vigor de caráter) deveu-se aos resultados das lutas internas das facções comunais, isto é, ao exílio político? Este fenômeno persistiu depois da segunda metade do século XIII: lutas comunais com dispersão das facções vencidas, lutas contra os principados, elementos de protestantismo, etc., até 1848: no século XIX, o exílio político muda de caráter, pois os exilados são nacionalistas e não se deixam absorver pelos países para os quais emigram (mas nem todos: que se recorde Antonio Panizzi, que se tornou diretor do British Museum e baronete inglês). Deve-se levar em conta este elemento, mas ele não é certamente o que prevalece no fenômeno geral. Assim, num certo período, deve-se levar em conta o fato de que os príncipes italianos casavam suas filhas com príncipes estrangeiros e que cada nova rainha de origem italiana levava consigo um certo número de literatos, artistas, cientistas italianos (para a França com as Médici, para a Espanha com as Farnese, para a Hungria, etc.), além de se tornarem um centro de atração depois da subida ao trono.

Todos estes fenômenos devem ser estudados, cabendo ainda fixar exatamente sua importância relativa, de modo a dar o valor merecido ao fato fundamental. No artigo sobre "Il Petrarca a Montpellier", na *Nuova Antologia* de 16 de julho de 1929, Carlo Segrè recorda como ser Petracco, banido de Florença e estabelecido em Carpentras com a família, pretendeu que seu filho frequentasse a Universidade de Montpellier a fim de desempenhar a atividade jurídica [39]. "A escolha, ademais, era ótima, pois na Itália e no sul da França era então muito grande a procura de juristas por parte de príncipes e de governos municipais, que os empregavam como juízes, magistrados, embaixadores ou assessores, sem falar que lhes restava franqueado o exercício privado da advocacia, menos honroso mas sempre vantajoso para quem não carecesse de desembaraço." A Universidade de Montpellier foi fundada em 1160 pelo jurisconsulto Piacentino, que se formara em Bolonha e tinha levado para a Provença os métodos de ensino de Irnerius (este Piacentino, porém, era italiano? É preciso sempre investigar, pois os nomes italianos podem ser apelidos ou italianizações). Por certo, muitos italianos foram requisitados do exterior para organizarem universidades baseadas nos modelos de Bolonha, de Pavia, etc.

§ 83. *Função cosmopolita dos intelectuais italianos.* Artigo de Ferdinando Nunziante, "Gli italiani in Russia durante il secolo XVIII", na *Nuova Antologia* de 16 de julho de 1929. Artigo medíocre e superficial, sem indicação de fontes para as informações prestadas. Podem-se extrair dele temas e indicações genéricas. Já havia declinado a importância dos intelectuais italianos e se iniciava a época dos aventureiros. Nunziante escreve sobre a Rússia do século XVIII: "Da Alemanha, vinham engenheiros e generais para o exército; da Inglaterra, almirantes para a armada; da França, bailarinos, cabeleireiros e filósofos, cozinheiros e enciclopedistas; da Itália, principalmente pintores, mestres capelães e cantores." Ele recorda que os Panini (originários de Lucca) foram o tronco da família dos condes Panin, etc. [40]

§ 85. *Desenvolvimento do espírito burguês na Itália.* Cf. o artigo "Nel centenario della morte di Albertino Mussato", de Manlio Torquato Dazzi, na *Nuova Antologia* de 16 de julho de 1929. Segundo Dazzi, Mussato destaca-se da tradição da história teológica para iniciar a história moderna ou humanista, mais do que qualquer outro de sua época (ver os tratados de história da historiografia, de B. Croce, de Lisio, de Fueter, de Balzani, etc.); em Mussato, as paixões e os motivos utilitários dos homens aparecem como motivos da história. [41] Para esta transformação da concepção do mundo, contribuíram as ferozes lutas das facções comunais e dos primeiros *signorotti.* [42] O desenvolvimento pode ser seguido até Maquiavel, Guicciardini, L. B. Alberti. [43] A Contrarreforma sufoca o desenvolvimento intelectual. Parece-me que, neste desenvolvimento, poder-se-ia distinguir duas correntes principais. Uma tem seu coroamento literário em Alberti: ela volta sua atenção para o que é "particular", para o burguês como indivíduo que se desenvolve na sociedade civil e que não concebe sociedade política para além do âmbito de seu "particular"; liga-se ao guelfismo [44], que poderia ser chamado de um sindicalismo teórico medieval. É federalista sem centro federal. Para as questões intelectuais, confia na Igreja, que é o centro federal de fato, graças à sua hegemonia intelectual e também política. Deve-se estudar a constituição real das Comunas, isto é, a atitude concreta que os representantes assumiam em face do governo comunal: o poder durava pouquíssimo (dois meses somente, no mais das vezes) e, durante este período, os membros do governo eram submetidos à clausura, sem mulheres; eram pessoas muito rústicas, estimuladas pelos interesses imediatos de sua corporação de ofício (cf., para a República florentina, o livro de Giuseppe Lensi sobre o *Palazzo della Signoria*, onde devem estar reproduzidas muitas anedotas sobre estas reuniões de governo e sobre a vida dos "senhores" durante a clausura). A outra corrente tem seu coroamento em Maquiavel e na posição do problema da Igreja como problema nacional negativo. A esta corrente pertence Dante, que é adversário da anarquia comunal e feudal, mas que busca para ela uma solução semimedieval; de qualquer modo, põe o problema da Igreja como problema internacional e destaca a necessidade de limitar-lhe o poder e a atividade. Esta corrente é gibelina em sentido lato. Dante é verdadeiramente uma transição: existe uma afirmação de laicismo, mas ainda com a linguagem medieval.

§ 90. *Breves notas sobre cultura islâmica.* Ausência de um clero regular que sirva como *trait-d'union* entre o Islã teórico e as crenças populares. Seria necessário estudar bem o tipo de organização eclesiástica do Islã e a importância cultural das universidades teológicas (como a do Cairo) e dos doutores. A separação entre intelectuais e povo deve ser muito grande, particularmente em certas zonas do mundo muçulmano: é assim que se explica o fato de que as tendências politeístas do folclore renasçam e busquem adaptar-se ao quadro geral do monoteísmo maometano. Cf. o artigo "I santi nell'Islam", de Bruno Ducati, na *Nuova Antologia* de 1º de agosto de 1929. O fenômeno dos santos é específico da África setentrional, mas tem alguma difusão também em outras zonas. Encontra sua razão de ser na necessidade (existente também no cristianismo) popular de encontrar intermediários entre si e a divindade. Maomé, como Cristo, foi proclamado — proclamou-se — o último dos profetas, isto é, o último liame vivo entre a divindade e os homens; os intelectuais (sacerdotes ou doutores) deveriam manter este liame através dos livros sagrados, mas uma tal forma de organização religiosa tende a se tornar racionalista e intelectualista (cf. o protestantismo, que teve esta linha de desenvolvimento), enquanto o povo primitivo tende a um misticismo próprio, representado pela união com a divindade através da mediação dos santos (o protestantismo não tem e não pode ter santos e milagres); a ligação entre os intelectuais do Islã e o povo torna-se somente o "fanatismo", que pode ser apenas momentâneo, limitado, mas que acumula massas psíquicas de emoções e de impulsos que se prolongam mesmo em épocas normais. (O catolicismo agoniza pela seguinte razão: porque não pode criar periodicamente, como o fez no passado, ondas de fanatismo; nos últimos anos, após a guerra, encontrou substitutos, isto é, as cerimônias eucarísticas coletivas que se desenvolvem com fabuloso esplendor e provocam relativamente um certo fanatismo: mesmo antes da guerra, provocavam algo similar, mas em pequena escala, em escala muito localizada, as chamadas missões, cuja atividade culminava na ereção de uma imensa cruz, com violentas cenas de penitência.) Este novo movimento no Islã é o *sufismo*. Os santos muçulmanos são homens privilegiados que podem, por especial favor, entrar em contato com Deus, adquirindo uma perene virtude milagrosa e a capacidade de resolver as dúvidas e problemas teológicos da razão e da consciência. O sufismo, organizado em sistema e expressando-se nas escolas sufistas e nas confrarias religiosas, desenvolveu uma verdadeira teoria da santidade e fixou uma verdadeira hierarquia de santos. A hagiografia popular é mais simples do que a sufista. Santos, para o povo, são os mais célebres fundadores ou chefes de confrarias religiosas; mas também um desconhecido, um viajante que se estabeleça numa localidade para realizar obras de ascetismo e benefícios importantes em favor das populações circunvizinhas, pode ser proclamado santo pela opinião pública. Muitos santos recordam os velhos deuses das religiões derrotadas pelo Islã.

O *marabutismo* depende de uma fonte da santidade muçulmana diversa do sufismo; *Murâbit* (marabuto) quer dizer que está no *ribât*, isto é, no lugar fortificado da fronteira de onde se deve irromper, na guerra santa, contra os infiéis. No *ribât*, o culto devia ser mais austero, graças à função daqueles soldados enclausurados, mais fanáticos, frequentemente voluntários ("combatentes" do Islã): quando a finalidade militar perdeu importância, conservaram-se não só um específico hábito religioso, mas também os "santos", mais populares ainda do que os súficos. O centro do marabutismo é o Marrocos; para o leste, diminuem cada vez mais as tumbas de marabutos.

Ducati analisa minuciosamente este fenômeno africano, insistindo sobre a importância política dos marabutos, que se encontram à frente das insurreições contra os europeus, que exercem a função de juízes de paz e que foram por vezes o veículo de uma civilização superior. Ducati conclui: "Este culto (dos santos), pelas consequências sociais, civilizadoras e políticas que dele derivam, merece ser estudado melhor e mais atentamente vigiado, já que os santos constituem uma potência, uma extraordinária força, que pode ser o maior obstáculo à difusão da civilização ocidental, mas que também pode, se habilmente explorada, tornar-se um precioso auxiliar da expansão europeia."

§ 91. *Renascimento e reforma.* Será preciso ler o volume de Fortunato Rizzi, *L'anima del Cinquecento e la lirica volgare*, que, pelas resenhas lidas, parece-me mais importante como documento da cultura da época do que pelo seu valor intrínseco. (Sobre Rizzi, escrevi uma pequena nota em outro caderno, considerando-o um "italiano mesquinho" a propósito de uma resenha sua do livro de um nacionalista francês sobre o romantismo, resenha que demonstrava sua absoluta incapacidade de orientar-se em meio às ideias gerais e aos fatos culturais [45]). Sobre o livro do Rizzi, será necessário reler o artigo de Alfredo Galletti, "La lirica volgare del Cinquecento e l'anima del Rinascimento", na *Nuova Antologia* de 1º de agosto de 1929. (Será preciso ampliar as informações também sobre Galletti: depois da guerra — a favor da qual lutou intensamente, junto com Salvemini e Bissolati, dadas as suas origens reformistas, aduzindo um particular espírito antigermânico —, Galletti, no primeiro, mas sobretudo no segundo após-guerra, caiu num estado de espírito de exasperação cultural, de choradeira intelectual, próprio de quem teve "os ideais destruídos"; seus escritos estão repletos de recriminações, de ranger de dentes em surdina, de alusões críticas estéreis em seu desespero cômico.) Na crítica da poesia italiana do século XVI, predomina a seguinte opinião: que ela é em quatro quintos artificiosa, convencional, carente de sinceridade interior. "Agora — observa Rizzi com muito bom senso — é afirmação comum que, na poesia lírica, encontra-se a expressão mais clara e viva do sentimento de um homem, de um povo, de um período histórico. Será possível que tenha existido um século — precisamente o XVI — que experimentou a desgraça de nascer sem uma própria fisionomia espiritual ou que, de tal fisionomia, tenha-se comprazido (?!) em reverberar uma imagem falsa precisamente na poesia lírica? O mais intelectualmente vivaz, o mais espiritualmente intrépido, o mais cínico dos séculos, como dizem seus muitos adversários (!!), teria hipocritamente dissimulado a sua alma na estudada harmonia dos sonetos e das canções petrarquizantes, ou teria se divertido mistificando os pósteros [...], fingindo nos versos um suspirante idealismo platônico, que, de resto, as novelas, as comédias, as sátiras, tantos outros testemunhos literários daquela época desmentem abertamente?" Todo o problema é inteiramente falseado, em sua colocação de conflitos e contradições íntimas.

E por que o século XVI não poderia estar repleto de contradições? Aliás, não é ele precisamente o século no qual se concentram as maiores contradições da vida italiana, cuja não solução determinou toda a história nacional até o século XVIII? Não há contradição entre o homem de Alberti e o de Baldassare Castiglione, entre o homem de bem e o "cortesão"? Entre o cinismo e o paganismo dos grandes intelectuais e sua intensa luta contra a Reforma e em defesa do catolicismo? Entre o modo de conceber a mulher em geral (que, de resto, era a dama à Castiglione) e o modo de tratar a mulher em particular, ou seja, a mulher do povo? Será que as regras da cortesia cavalheiresca eram aplicadas às mulheres do povo? A mulher em geral era agora um fetiche, uma criação artificial, e artificiosa foi a poesia lírica, amorosa, petrarquizante, pelo menos em quatro quintos. Isso não significa que o século XVI não tenha tido uma expressão lírica, isto é, artística; teve-a, mas não na "poesia lírica" propriamente dita.

Rizzi coloca a questão das contradições do século XVI na segunda parte do seu livro, mas não compreende que, do choque entre essas contradições, teria podido nascer a poesia lírica sincera: isso não ocorreu e essa é uma mera constatação histórica. A Contrarreforma não podia ser e não foi uma superação dessa crise, mas sim seu sufocamento autoritário e mecânico. Não eram mais cristãos, não podiam ser não cristãos: tremiam diante da morte e também diante da velhice. Puseram-se problemas maiores do que eles e se acovardaram: de resto, estavam separados do povo.

§ 93. *Costumes italianos no século XVIII.* Cf. o artigo de Alessandro Giulini, "Una dama avventuriera del settecento", *Nuova Antologia*, 16 de agosto de 1929. (A Itália, nesse momento, dava à Europa somente aventureiros e também aventureiras, não mais grandes intelectuais. Nem a decadência dos costumes era somente aquela mostrada pelo "Giorno" de Parini e pela arte de galantear: a aristocracia criava embusteiros e ladrões internacionais, ao lado dos Casanova e dos Balsamo burgueses.) [46]

§ 97. *Os intelectuais.* Na rubrica "Intelectuais", em outro caderno, fiz referência às Academias italianas e à utilidade de ter uma lista documentada delas. [47] Na *Nuova Antologia* de 1º de setembro de 1929 (p. 129), é anunciado um livro de E. Salaris, *Attraverso gli Istituti Culturali italiani*, obra de publicação próxima sobre as Academias da Itália.

§ 100. *Função cosmopolita dos intelectuais italianos.* Para o mundo eslavo, cf. Ettore Lo Gatto, "L'Italia nelle letterature slave", fascículos de 16 de setembro, 1º de outubro e 16 de outubro da *Nuova Antologia*. Além das relações puramente literárias, determinadas pelos livros, há muitas referências à emigração de intelectuais italianos nos diversos países eslavos, em especial na Rússia e na Polônia, e à importância deles como fatores da cultura local.

Um outro aspecto da função cosmopolita dos intelectuais italianos que deve ser estudado, ou pelo menos referido, é o que se desenrola na própria Itália, atraindo estudantes para as universidades e estudiosos que pretendiam se aperfeiçoar. Neste fenômeno de imigração de intelectuais estrangeiros na Itália, é preciso distinguir dois aspectos: imigração para ver a Itália como território-museu da história passada, que foi permanente e que ainda dura com maior ou menor amplitude, a depender da época;

e imigração para assimilar a cultura viva sob a direção dos intelectuais italianos vivos. É esta segunda que interessa para a investigação em pauta. Como e por que ocorre que, num certo momento, sejam os italianos a emigrar e não os estrangeiros a vir para a Itália? (Com a relativa exceção dos intelectuais eclesiásticos, já que o ensino na Itália continua a atrair discípulos até hoje; neste caso, porém, deve-se levar em conta que o centro romano tem se internacionalizado relativamente.) Este ponto histórico é da máxima importância; os outros países adquirem consciência nacional e querem organizar uma cultura nacional, a cosmópole medieval entra em decadência, a Itália como território perde sua função de centro internacional de cultura, não se nacionaliza por si mesma, mas seus intelectuais continuam a desempenhar a função cosmopolita, afastando-se do território e formando enxames no exterior.

§ 111. *A Academia da Itália.* Na *Nuova Antologia* de 1º de novembro de 1929 se publicam os discursos de posse do chefe de Governo e de Tittoni [48].

§ 124. *Passado e presente. Alguns intelectuais.* O barão Raffaele Garofalo: seu artigo sobre a anistia publicado na *Nuova Antologia* e anotado num outro caderno [49], sua conferência no volume *L'Italia e gli Italiani del secolo XIX*, organizado por Jolanda De Blasi. *Giovanni Gentile*: seu discurso em Palermo em 1925 (ou 1924?) Cf. a nota de Croce em *Cultura e vita morale* [50]). *Antonio Baldini*: sua conferência sobre "Carducci, D'Annunzio, Pascoli" no volume organizado por De Blasi. Garofalo representa a velha tradição do latifundiário meridional (recordar sua intervenção no Senado para fazer aumentar os aforamentos enfitêuticos e para manter no novo código a segregação carcerária [51]). Gentile e Baldini, outra espécie de intelectuais, mais "livres de preconceitos" do que Garofalo.

De Gentile, deve-se recordar o discurso aos operários romanos, recolhido em seu volume *Fascismo e cultura* (edição Treves).

§ 126. *Passado e presente. Os intelectuais: a decadência de Mario Missiroli.* Cf. o artigo de Mario Missiroli (Spectator) sobre Clemenceau, na *Nuova Antologia* de 16 de dezembro de 1929. [52] Artigo bastante interessante, porque Missiroli não perdeu a capacidade de grande jornalista que sabe formular um artigo brilhante, valendo-se de algumas ideias fundamentais e organizando em torno delas uma série de fatos inteligentemente escolhidos. Mas por que e como Clemenceau esteve em sintonia com a França, com o povo da França, e o representou no momento supremo? Missiroli não sabe dizer: ele se tornou vítima do lugar-comum antiparlamentar, antidemocrático, "antidiscussão", antipartido, etc. A questão é esta: na França anterior a 1914, a multiplicidade dos partidos, a multiplicidade dos jornais de opinião, a multiplicidade dos grupos parlamentares, o sectarismo e a radicalização nas lutas políticas parlamentares e nas polêmicas jornalísticas eram um sinal de força ou de fraqueza nacional (hegemonia da classe média, ou seja, do Terceiro Estado), um sinal de busca contínua de unidade nova e mais compacta ou de desagregação? Na base da nação, segundo o espírito popular, havia em realidade apenas dois partidos: a direita, dos nobres, do alto clero e de uma parte dos generais; o centro, constituído por um só grande partido dividido em agrupamentos personalistas ou em grupos políticos fundamentalmente afins; e pequenas minorias não organizadas politicamente na periferia esquerda, no proletariado.

A divisão moral da França era entre a direita e o resto da nação, reproduzia a divisão tradicional ocorrida após 1793, após o Terror e a execução do rei, dos nobres e do alto clero em razão das sentenças do tribunal revolucionário robespierrista. As divisões internas residiam na cúpula da hierarquia política, não na base, e ligavam-se à riqueza de desdobramentos internos da política nacional francesa de 1789 até 1870: tratava-se mais de um mecanismo de seleção de personalidades políticas capazes de dirigir do que de uma desagregação, eram um aperfeiçoamento contínuo do estado-maior político nacional. Em tal situação, explicam-se a força e a fraqueza de Clemenceau e sua função. Assim também se explicam os diagnósticos sempre desastrosos sobre a situação francesa, sempre desmentidos pelos fatos reais que se seguem aos diagnósticos. O fenômeno de desagregação interna nacional (isto é, de desagregação da hegemonia política do Terceiro Estado) era muito mais avançado na Alemanha de 1914 do que na França de 1914, só que a burocracia fazia desaparecer seus sintomas sob o brilhante verniz da disciplina militarista coativa. O fenômeno de desagregação nacional ocorreu na França, ou seja, iniciou seu processo de desenvolvimento, mas depois de 1919, muito depois, muito mais tarde do que nos países de regime autoritário, que são, eles próprios, um produto de tal desagregação.

Mas Missiroli tornou-se uma vítima mais ou menos interessada dos lugares-comuns, e sua percepção da história e da eficiência real dos nexos ideológicos declinou catastroficamente: no artigo "Sorel e Clemenceau", publicado na *Italia Letteraria* de 15 de dezembro, Missiroli cita sobre Clemenceau um juízo de Sorel que não mencionara no artigo da *Nuova Antologia.* Em fevereiro de 1920, Missiroli pediu a Sorel que escrevesse um artigo sobre a candidatura apresentada e retirada por Clemenceau à presidência da República. Sorel não quis escrever o artigo; mas, numa carta, comunicou a Missiroli seu juízo: "Clemenceau teria sido muito mais um presidente como Casimir Périer do que como Loubet e Fallières. Ele sempre lutou apaixonadamente contra os homens que por sua popularidade podiam fazer-lhe sombra. Se Clemenceau se elegesse, teria acontecido uma verdadeira revolução nas instituições francesas. Sua eleição satisfaria quem pede que os poderes do presidente da República se ampliem como os dos presidentes americanos." O juízo é agudo, mas Missiroli não soube se servir dele em seu artigo da *Nuova Antologia*, por ser contrário à sua falsificação da história política francesa.

§ 143. *Função internacional dos intelectuais italianos.* Cf. o artigo "La politica religiosa di Costantino Magno", na *Civiltà Cattolica* de 7 de setembro de 1929. Nele se fala de um livro de Jules Maurice, *Constantin le Grand. L'origine de la civilisation chrétienne*, Paris, ed. Spes, s.d., onde são expostos alguns pontos de vista interessantes sobre o primeiro contato oficial entre Império e Cristianismo, úteis para esta rubrica (causas históricas que fizeram o latim tornar-se língua do cristianismo ocidental, dando lugar ao latim médio). Cf. também o "perfil" de Constantino por Salvatorelli (ed. Formiggini).

§ 149. *Passado e presente. A escola.* O estudo do latim está em plena decadência. Missiroli, em alguns artigos da *Italia Letteraria* do fim de 1929, deu uma visão "desalentadora" do estudo do latim na Itália. *A Italia Letteraria* iniciou uma investigação sobre a questão: o professor Giuseppe Modugno (diretor de colégio e conhecido helenista, além de adepto da pedagogia gentiliana), depois de reconhecer ser verdade a decadência do latim nas escolas, diz em sua resposta: "E a Reforma Gentile? Que influência exerceu sobre um tal estado de coisas?... Sou um admirador convicto (da reforma)." Mas "... um instrumento qualquer pode ser ótimo e não ser adequado à pessoa que o utiliza. Se o instrumento faz mal aquilo que faz e não obtém o efeito a que se destina, deve-se concluir por isto que seja malfeito?". Maravilhoso! Antigamente, entregar um instrumento "ótimo" às pessoas inadequadas constituía abstração, anti-historicismo, etc.; afirmava-se que não existem instrumentos ótimos em si, mas correspondentes ao fim, adequados à situação, etc. Ver tudo o que se escreveu, por exemplo, contra o... parlamentarismo.

CADERNO 6 (1930-1932)

§ 14. *Função internacional dos intelectuais italianos. Monsenhor Della Casa.* Na parte do seu estudo sobre "La lirica del Cinquecento" publicada na *Critica* de novembro de 1930, B. Croce escreve sobre *Galateo*: "... ele nada tem de acadêmico e pesado e é uma série de gentis advertências sobre o modo agradável de comportar-se em sociedade e um dos livros iniciadores que a Itália do século XVI deu ao mundo moderno" (p. 410). É correto dizer que se trata de um livro "iniciador" dado ao "mundo moderno"? Quem é mais "iniciador" para o "mundo moderno", Casa e Castiglioni ou Leon Battista Alberti? [53] Quem se ocupava das relações entre cortesãos ou quem dava conselhos para a edificação do tipo do burguês na sociedade civil? Todavia, nesta investigação, deve-se levar Casa em conta; e é correto, por certo, não considerá-lo apenas "acadêmico e pesado" (mas, neste juízo sobre "o mundo moderno", não está implícito um "distanciamento", em vez de uma relação de iniciação, entre Casa e o mundo moderno?).

Casa escreveu outras pequenas obras políticas, as orações e, além disso, um pequeno tratado em latim: *De officiis inter potentiores et tenuiores amicos*, "a respeito da relação existente entre amigos poderosos e inferiores, entre os que, impelidos pela necessidade de viver e crescer, passam a servir como cortesãos e os que empregam estes; relação que ele julga, tal como é, de caráter utilitário e não pretende converter em ligação regulada por uma lei de justiça, mas que deve ser aceita, argumenta ele, por ambas as partes, tentando-se introduzir nela algum traço de bondade, mediante a explicação, a uns e a outros, da realidade de suas respectivas posições e do tato que elas requerem".

§ 21. *A função cosmopolita dos intelectuais italianos.* Sobre os escritores políticos e moralistas do século XVII, apontados por Croce em seu volume *Storia dell'età barocca*, cf. a resenha "Politici e moralisti del Seicento", de Domenico Petrini (no *Pegaso* de agosto de 1930), sobre o livro com o mesmo título *Politici e moralisti del Seicento (Strada, Zuccolo, Settala, Accetto, Brignole Sale, Malvezzi)*, organizado por Benedetto Croce e Santino Caramella, Laterza, Bári, 1930, 25 liras (na coleção "Scrittori d'Italia").

§ 22. *Os ingleses e a religião.* De um artigo da *Civiltà Cattolica* de 4 de janeiro de 1930, "L'opera della grazia in una recente conversione dall'anglicanismo", extraio esta citação do livro de Vernon Johnson, *One Lord, one Faith* (*Um senhor, uma fé*, Londres, Sheed and Ward, 1929. Johnson é precisamente o convertido): "O inglês médio não pensa quase nunca na questão da autoridade em sua religião. Ele aceita aquela forma de ensino da Igreja anglicana na qual foi formado, seja anglocatólica, seja latitudinarista, seja evangélica, e segue-a até o momento em que começa a não satisfazer suas necessidades ou entra em conflito com sua opinião pessoal. Por isso, sendo substancialmente honesto e sincero, não querendo professar mais do que aquilo em que realmente crê, afasta tudo o que não pode aceitar e cria para si uma religião pessoal própria." O escritor da *Civiltà Cattolica* continua, talvez parafraseando: "Ele (o inglês médio) considera a religião como uma questão exclusivamente privada entre Deus e a alma; e, nesta atitude, revela-se extremamente cauteloso, desconfiado e arredio na admissão da intervenção de qualquer autoridade. Por isso, é cada vez maior o número dos que acolhem mais intensamente a dúvida em sua mente: será que os Evangelhos são verdadeiramente dignos de fé, que a religião cristã é obrigatória para todo o mundo e que é possível conhecer com certeza qual era realmente a doutrina de Cristo? Consequentemente, hesita em admitir que Jesus Cristo fosse verdadeiramente Deus." E ainda: "... A maior de todas (as dificuldades para o retorno dos ingleses à Igreja Romana) é o amor pela independência que tem cada inglês. Ele não admite nenhuma ingerência, muito menos em religião, e menos ainda por parte de um estrangeiro. O instinto de que a independência nacional e a independência religiosa são inseparáveis é inato e profundamente radicado em seu espírito. Ele sustenta que a Inglaterra jamais aceitará uma Igreja governada por italianos."

§ 25. *Passado e presente.* A encíclica do papa sobre a educação (publicada na *Civiltà Cattolica* de 1º de fevereiro de 1930 [54]); discussões que suscitou, problemas que formulou, teoricamente e praticamente. (Este é um tópico do parágrafo geral sobre a questão da escola, ou do aspecto escolar do problema nacional da cultura, ou da luta pela cultura.)

§ 31. *Passado e presente.* Do livro *Mi pare...*, de Prezzolini: "A irreligiosidade moderna é um novo frescor do espírito, um ato moral, uma libertação. A irreligiosidade é uma dificuldade, um encargo, uma obrigação, um dever maior. Nesse sentido, torna-nos nobres. É a emulação com a virtude passada. Nós, irreligiosos, podemos e devemos ser, tanto quanto os homens do passado, religiosos. Aliás, mais; ou melhor, diferentemente."

§ 32. *Breves notas sobre cultura indiana.* Da entrevista de F. Lefèvre com Aldous Huxley (nas *Nouvelles Littéraires* de 1º de novembro de 1930): "*O que o senhor pensa das revoltas e de tudo o que se passa na Índia?* — Penso que se começou a civilização pelo lado errado. Foram criadas excelentes universidades, mas não se criaram escolas primárias. Acreditou-se que seria suficiente ilustrar uma casta e que ela seria depois capaz de elevar as massas; mas eu não acho que os resultados obtidos tenham sido muito felizes. As pessoas que se beneficiaram da civilização ocidental são xátiras ou brâmanes. Uma vez educados, continuam desempregados e se tornam perigosos. São eles que querem tomar o governo. Foi visitando a Índia que pude compreender melhor a diferença que deve ter existido na Idade Média entre um vilão e um cardeal. A Índia é um país onde a superioridade de direito divino é ainda aceita pelos 'intocáveis', que reconhecem eles mesmos a própria indignidade." [55]

Há algo de verdade, mas muito pouco. Como criar as escolas primárias para as massas indianas sem ter criado o pessoal adequado? E, para criar esse pessoal, não é preciso se voltar inicialmente para as classes intelectuais já existentes? E, de resto, o único fato de que grupos intelectuais estejam desempregados pode criar uma situação como aquela da Índia? (Recordar a famigerada teoria de Loria sobre os intelectuais desempregados [56]). Esses intelectuais estão "isolados", ou, ao contrário, tornaram-se expressão das classes médias e industriais que o desenvolvimento econômico produziu na Índia?

§ 33. *Os intelectuais.* Um rico material a peneirar sobre as concepções difundidas entre os intelectuais pode ser encontrado nas coletâneas de entrevistas publicadas nas *Nouvelles Littéraires* por Frédéric Lefèvre, com o título *Une heure avec*... já saiu mais de um volume. Nessas entrevistas, não são tratadas apenas questões literárias e artísticas, mas também políticas, econômicas, etc., ideológicas em geral. O modo de pensar é expresso com maior espontaneidade e evidência do que nos livros dos autores [57].

§ 35. *Cultura italiana.* Existe um "racismo" na Itália? Muitas tentativas foram feitas, mas todas de caráter literário e abstrato. Deste ponto de vista, a Itália se diferencia da Alemanha, ainda que existam, entre os dois países, algumas semelhanças extrínsecas interessantes: 1) A tradição localista e, portanto, a tardia obtenção da unidade nacional e estatal (semelhança extrínseca porque o regionalismo italiano teve origens diversas daquele alemão: na Itália, contribuíram dois elementos principais: a) o renascimento das raças locais após a queda do Império Romano; b) as invasões bárbaras primeiro, as dominações estrangeiras depois. Na Alemanha, as relações internacionais influíram, mas não com a ocupação direta por estrangeiros). 2) O universalismo medieval influiu mais na Itália do que na Alemanha, onde o Império e o laicismo triunfaram muito antes do que na Itália, isto é, durante a Reforma. 3) O domínio, nos tempos modernos, das classes proprietárias rurais, mas com relações muito diversas. O alemão sente mais a raça do que o italiano. Racismo: o retorno histórico ao romanismo, pouco sentido fora da literatura. Exaltação genérica da estirpe, etc. O estranho é que seja Kurt Erich Suckert quem defende hoje o racismo (com a *Italia Barbara*, *L'Arcitaliano* e o super-regionalismo), um nome evidentemente racista e super-regionalista; recordar, durante a guerra, Arturo Foà e suas exaltações da estirpe itálica, tão congruentes quanto em Suckert [58].

§ 37. *Passado e presente.* Sobre as condições recentes da escola e dos estudos na Itália, é preciso ver os artigos de Mario Missiroli na *Italia Letteraria* de 1929.

§ 45. *Passado e presente.* Um pensamento de Guicciardini: "Quanto se enganam aqueles que a cada palavra recorrem aos romanos. Seria preciso ter uma cidade condicionada como a deles e, ainda, governar-se segundo aquele exemplo; o que, para quem não tem qualidades equivalentes, é tão desproporcionado quanto querer que um asno corra como um cavalo." (Está nos *Ricordi*?; pesquisar e conferir.) [59]

Franco Ciarlantini, em 1929 (talvez em *Augustea*), pergunta aos escritores italianos se eles pensam que, para fazer valer a cultura italiana no mundo, convém mais a apologia sem reservas ou a crítica sincera. Problema característico.

§ 55. *Passado e presente. Arturo Calza*, o "Farmacêutico" do *Giornale d'Italia*, com Bergamini e Vettori. Começou a escrever na *Nuova Antologia*, com o pseudônimo de Diógenes Laércio, suas notas tolas e confusas; depois surgiu seu nome verdadeiro de Arturo Calza. Na *Nuova Antologia* de 1º de fevereiro de 1930, uma das habituais notas terrivelmente tolas: "La 'questione dei giovanni' e il manifesto dell'Universalismo"; foi atacado por *Critica Fascista*, que recordou seu passado bergaminiano, e o senador Tittoni imediatamente tratou de livrar-se do embaraço. Pelo menos, a coluna foi abolida, substituída por curtas sinopses de artigos de revista que, pela tolice, também poderiam ser escritas por Calza: assina-as XXX, mas talvez se devam a Marchetti-Ferranti. (Calza escreveu a última nota na *Nuova Antologia* do 16 de fevereiro seguinte: ver quando apareceu o ataque da *Critica Fascista*.) [60]

§ 59. *Itália meridional.* Sobre a abundância de rábulas na Itália meridional, recordar o episódio de Inocêncio XI, que pediu ao Marquês de Carpio o fornecimento de 30 mil porcos e dele obteve a resposta de que não podia atender, mas que, se Sua Santidade acaso precisasse de 30 mil advogados, estava a postos para servi-lo.

§ 63. *Direito romano ou direito bizantino?* O "direito" romano consistia, essencialmente, num método de criação do direito, na resolução contínua da casuística jurisprudencial. Os bizantinos (Justiniano) recolheram a massa dos casos de direito resolvidos pela atividade jurídica concreta dos romanos, não como documentação histórica, mas como código coagulado e permanente. Esta passagem de um "método" a um "código" permanente pode também ser compreendida como o fim de uma época, como a passagem de uma história em desenvolvimento rápido e contínuo a uma fase histórica relativamente estagnada. O renascimento do "direito romano", isto é, da codificação bizantina do método romano de resolver as questões de direito, coincide com o surgimento de um grupo social que quer uma "legislação" permanente, superior aos arbítrios dos magistrados (movimento que culmina no "constitucionalismo"), pois somente num quadro permanente de "*concordia discorde*" de luta dentro de uma moldura legal que determine os limites do arbítrio individual, pode ele desenvolver as forças implícitas em sua função histórica.

§ 77. *Indivíduos e nações.* Sobre a questão das glórias nacionais ligadas às invenções de indivíduos geniais, mas cujas descobertas e invenções não tiveram aplicação ou reconhecimento no país de origem, pode-se ainda observar o seguinte: que as invenções e descobertas podem ser, e o são frequentemente, casuais; e não só isso, mas que os inventores individuais podem ser ligados a correntes culturais e científicas que tiveram origem e desenvolvimento em outros países, em outras nações. Por isso, uma invenção ou descoberta perde o caráter individual e casual e pode ser julgada nacional quando o indivíduo for estreita e necessariamente ligado a uma organização de cultura que tenha caráter nacional, ou quando a invenção for aprofundada, aplicada, desenvolvida em todas as suas possibilidades pela organização cultural da nação de origem. Fora destas condições, não resta senão o elemento "raça", isto é, uma entidade imponderável, que pode ademais ser reivindicada por todos os países e que se confunde em última análise com a chamada "natureza humana". Pode-se, portanto, chamar de "nacional" o indivíduo que é consequência da realidade concreta nacional ou que inicia uma fase determinada da operosidade prática ou teórica nacional. Seria necessário, de resto, ressaltar o fato de que uma nova descoberta que se conserva como algo inerte não é um valor: a "originalidade" consiste tanto em "descobrir" quanto em "aprofundar", em "desenvolver" e em "socializar", isto é, em transformar em elemento de civilização universal; mas, precisamente nestes campos, manifesta-se a energia nacional, que é coletiva, que é o conjunto das relações internas de uma nação.

§ 83. *Intelectuais italianos.* Cf. P. H. Michel, *La pensée de L. B. Alberti* (1402-1472), Collection de littérature générale, 40 francos, Ed. Les Belles Lettres, Paris [61].

§ 94. *Cultura italiana.* Sentimento nacional, não popular-nacional (cf. notas dispersas), isto é, um sentimento puramente "subjetivo", não ligado à realidade, a fatores, a instituições objetivas. Trata-se ainda, portanto, de um sentimento de "intelectuais", que sentem a continuidade de sua categoria e de sua história, única categoria que teve uma história ininterrupta.

Um elemento objetivo é a língua, mas na Itália ela se alimenta pouco, em seu desenvolvimento, da língua popular que não existe (exceto na Toscana), ao passo que existem os dialetos. Outro elemento é a cultura, mas ela é muito restrita e tem caráter de casta: as camadas intelectuais são pequeníssimas e estreitas. Os partidos políticos: eram pouco sólidos e não tinham vitalidade permanente, mas atuavam apenas no período eleitoral. Os jornais: coincidiam com os partidos apenas debilmente, e eram pouco lidos. A Igreja era o elemento popular-nacional mais válido e amplo, mas a luta entre Igreja e Estado fazia dela um elemento mais de desagregação do que de unidade; e, hoje, as coisas não se modificaram muito pelo fato de ter-se modificado toda a colocação do problema moral-popular. A monarquia. — O parlamento. — A universidade e a escola. — A cidade. — Organizações privadas como a maçonaria. — A universidade popular. — O exército. — Os sindicatos operários. — A ciência (para o povo — os médicos, os veterinários, as unidades móveis de ensino, os hospitais). — O teatro. — O livro.

§ 95. *Cultura italiana. Regionalismo.* Cf. Leonardo Olschki, "Kulturgeographie Italiens", in *Preussiche Jahrbücher*, janeiro de 1927, p. 19-36. O *Leonardo* de fevereiro de 1927 assim o julga: "Um estudo vivo e muito bem-feito do regionalismo italiano, de seus aspectos atuais e de suas origens históricas."

§ 101. *Cultura italiana.* Burguesia primitiva. Para o estudo da formação e difusão do espírito burguês na Itália (trabalho tipo

Groethuysen [62] cf. também os *Sermoni* de Franco Sacchetti (cf.) o que sobre eles escreve Croce na *Critica* de março de 1931, "Il Boccaccio e Franco Sacchetti").

§ 129. *Passado e presente. A política de D'Annunzio.* São interessantes algumas páginas do volume *Per l'Italia degli italiani*, Milão, "Bottega di poesia", 1923. Num ponto, recorda sua tragédia *La gloria* e a ela recorre para sua política em relação aos camponeses, que devem "reinar" porque são os "melhores". Conceitos políticos reais, nem mesmo um: frases e emoções, etc.

Sobre as duas mil liras dadas para os famintos da carestia de 1921 [63], busca, no fundo, fazer com que sejam esquecidas, apresentando a oferta como um elemento de política "maquiavélica": teria dado como agradecimento pelo fato de que aquela fome libertava o mundo de uma ilusão, etc. Poder-se-ia estudar a política de D'Annunzio como uma das tentativas muito repetidas de literatos (Pascoli, mas talvez seja preciso recuar a Garibaldi) para promover um nacional-socialismo na Itália (ou seja, para conduzir as grandes massas à "ideia" nacional ou nacionalista-imperialista).

§ 145. *História dos intelectuais italianos. Giovanni B. Botero.* Cf. "Il numero come forza nel pensiero di Giovanni Botero", de Emilio Zanette, na *Nuova Antologia* de 1º de setembro de 1930. [64] É um artigo superficial, do tipo jornalístico de ocasião. O significado da importância dada por Botero ao "fato" da população não tem o mesmo valor que poderia ter atualmente. Botero é um dos escritores da época da Contrarreforma mais tipicamente cosmopolita e a-italiano. Ele fala da Itália como de qualquer outro país e os problemas políticos dela não o interessam particularmente. Critica a "vaidade" dos italianos que se consideram superiores a outros países e demonstra que esta pretensão é infundada. Deve-se estudá-lo por vários motivos (razão de Estado, maquiavelismo, tendência jesuítica, etc.). Gioda escreveu sobre Botero; mais recentemente, ensaios, etc. Por causa deste artigo, Zanette poderia entrar no parágrafo dos "Italianos mesquinhos".

§ 146. *História dos intelectuais italianos. Os judeus.* Cf. Yoseph Colombo, "Lettere inedite del p. Hyacinthe Loyson", *Nuova Antologia*, 1º de setembro de 1930. Fala-se do rabino livornês Benamozegh, de sua concepção do judaísmo em relação ao cristianismo, de seus escritos, de suas relações com Loyson; menciona-se a importância da comunidade judaica de Livorno como centro de cultura rabínica, etc.

§ 149. *História dos intelectuais italianos.* Sobre L. B. Alberti, cf. o livro de Paul-Henry Michel, *Un ideal humain au XVe. siècle. La pensée de L. B. Alberti (1404-1472), in*-8º, 649 p., Paris, Soc. Ed. Les Belles Lettres, 1930. Análise detalhada do pensamento de L. B. Alberti, mas — ao que parece, por algumas resenhas — nem sempre exata, etc.

Edição Utet do *Novellino*, organizada por Letterio di Francia, que comprovou ter sido o núcleo originário da coletânea composto nos últimos anos do século XIII por um *burguês gibelino*.

Ambos os livros deveriam ser analisados para a pesquisa já referida [65], relativa ao modo pelo qual se refletiu na literatura a passagem da economia medieval à economia burguesa das Comunas e, mais tarde, à queda, na Itália, do espírito empresarial econômico e à restauração católica.

§ 152. *História dos intelectuais italianos.* Os processos de Galileu, de Giordano Bruno, etc., e a eficácia da Contrarreforma em impedir o desenvolvimento científico na Itália. Desenvolvimento da ciência nos países protestantes e onde a Igreja era menos imediatamente forte do que na Itália. A Igreja teria contribuído para a desnacionalização dos intelectuais italianos de duas maneiras: positivamente, enquanto organismo universal que preparava pessoal para todo o mundo católico; e, negativamente, obrigando os intelectuais que não queriam se submeter à disciplina da Contrarreforma a emigrarem.

§ 170. *Passado e presente. Governos e níveis culturais nacionais.* Todo governo tem uma política cultural e pode defendê-la de seu ponto de vista e demonstrar ter elevado o nível cultural nacional. Tudo consiste em ver qual é a medida deste nível. Um governo pode organizar melhor a alta cultura e negligenciar a cultura popular. E mais: da alta cultura, pode organizar melhor o setor correspondente à tecnologia e às ciências naturais, pondo de modo paternalista à sua disposição somas de dinheiro como antes não se fazia, etc. O critério de julgamento só pode ser este: um sistema de governo é repressivo ou expansivo? E mesmo este critério deve ser precisado: um governo repressivo por alguns aspectos será expansivo por outros? Um sistema de governo é expansivo quando facilita e promove o desenvolvimento a partir de baixo, quando eleva o nível de cultura nacional-popular e, portanto, torna possível uma seleção de "excelências intelectuais" numa área mais ampla. Um deserto com um grupo de altas palmeiras é sempre um deserto: aliás, é próprio do deserto ter pequenos oásis com grupos de altas palmeiras.

§ 177. *História dos intelectuais italianos.* Cf. Angelo Scarpellini, "La battaglia intorno al latino nel settecento", in *Glossa Perenne*, 1929. (Resume os termos da luta travada no século XVIII a favor e contra o estudo do latim e, em particular, do seu uso nos escritos, que é a questão fundamental do ponto de vista de uma mudança nas atitudes e nas relações das camadas intelectuais em face do povo.)

§ 179. *Passado e presente. A escola profissionalizante.* Em novembro de 1931, travou-se na Câmara dos Deputados uma ampla discussão sobre o ensino profissionalizante e, nela, todos os elementos teóricos e práticos para o estudo do problema foram abordados de modo bastante claro e orgânico. Três tipos de escola: 1) profissionalizante; 2) média técnica; 3) clássica. A primeira, para os operários e camponeses; a segunda, para os pequenos- burgueses; a terceira, para a classe dirigente.

A questão se travou sobre o seguinte tema: se as escolas profissionalizantes devem ser estritamente práticas e um fim em si mesmas, a ponto de não permitirem a possibilidade de passagem não só à escola clássica, mas nem mesmo à escola técnica. A maioria das opiniões consistiu na afirmação de que se deve dar a possibilidade da passagem à escola técnica (a passagem à clássica foi excluída *a priori* por todos). (O problema está ligado à estrutura militar: um soldado pode tornar-se suboficial? E, se o soldado pode tornar-se suboficial, pode tornar-se oficial subalterno, etc.? E a qualquer estrutura em geral: na burocracia, etc.)

Seria interessante reconstruir a história das escolas profissionalizantes e técnicas nas discussões parlamentares e nas discussões dos principais conselhos municipais, dado que algumas das maiores escolas profissionalizantes foram fundadas pelos municípios, ou então por doações privadas, administradas, controladas ou complementadas pelos orçamentos municipais. O estudo das escolas profissionalizantes ligado à consciência das necessidades da produção e de seus desdobramentos. Escolas profissionalizantes agrícolas: um capítulo muito importante: muitas iniciativas privadas (recordar as escolas Faina no Abruzzo e na Itália Central). Escolas agrícolas especializadas (para a viticultura, etc.). Escolas agrícolas para médios e pequenos proprietários, isto é, para criar chefes ou dirigentes de empresa: mas terá existido um tipo de escola agrícola profissionalizante, isto é, dirigida para a criação do operário agrícola especializado?

§ 190. *Cultura sul-americana*. Cf. o artigo "Il protestantesimo degli Stati Unit; e l'evangelizzazione protestante nell'America Latina", na *Civiltà Cattolica* de 18 de outubro de 1930. O artigo é interessante e instrutivo para que se saiba como lutam entre si católicos e protestantes: naturalmente, os católicos apresentam as missões protestantes como vanguarda da penetração econômica e política dos Estados Unidos e lutam contra elas, despertando o sentimento nacional. A mesma crítica fazem os protestantes aos católicos, apresentando a Igreja e o papa como potências seculares que se mascaram de religião, etc.

§ 192. *História dos intelectuais italianos*. Cf. G. Masi, *La struttura sociale delle fazioni politiche fiorentine ai tempi di Dante*, Florença, Olschki, 1930, *in*-8º, 32 p.

§ 194. *Passado e presente. A Reforma Gentile e a religião nas escolas*. Cf. o artigo "L'ignoto e la religione naturale secondo il senator Gentile", na *Civiltá Cattolica* de 6 de dezembro de 1930. Examina-se a concepção de Gentile sobre a religião, mas, naturalmente, agradece-se a ele por ter introduzido o ensino da religião na escola. [66]

§ 197. *Os intelectuais.* Na Universidade de Madri, Eugène D'Ors está (1931) ministrando um amplo ciclo de conferências sobre "A ciência e a história da cultura" que, por algumas referências publicadas nas *Nouvelles Littéraires* de 31 de outubro de 1931, parece tratar-se de uma enorme sociologia do fato cultural ou da civilização. O ciclo, certamente, será publicado em livro.

§ 200. *Intelectuais italianos.* Por que, a partir de certo momento, a maioria dos cardeais foi composta por italianos e os papas foram sempre escolhidos entre italianos? Este fato possui certa importância para o desenvolvimento intelectual-nacional italiano e alguém poderia também ver nisso a origem do *Risorgimento.* Ele se deveu, por certo, a necessidades internas de defesa e de desenvolvimento da Igreja e da sua independência diante das grandes monarquias estrangeiras europeias, mas sua importância nos reflexos italianos não é diminuída por isso. Se, positivamente, pode-se dizer que o *Risorgimento* começa com o início das lutas entre Estado e Igreja, ou seja, com a reivindicação de um poder governamental puramente laico e, portanto, com o regalismo e o jurisdicionalismo (donde a importância de Giannone), também é certo, negativamente, que as necessidades de defesa da sua independência levaram a Igreja a buscar na Itália, cada vez mais, a base da sua supremacia, bem como a buscar, nos italianos, o pessoal de seu aparelho organizativo. Foi a partir daí que se desenvolveram as correntes neoguelfas do *Risorgimento,* através das diversas fases (a do sanfedismo italiano, por exemplo), mais ou menos reacionárias e primitivas. [67]

Esta nota, por isso, interessa não somente à rubrica dos intelectuais, mas também à do *Risorgimento* e à das origens da Ação Católica "italiana".

No desenvolvimento de uma classe nacional, ao lado do processo de sua formação no terreno econômico, deve-se levar em conta o desenvolvimento paralelo nos terrenos ideológico, jurídico, religioso, intelectual, filosófico, etc.: aliás, deve-se dizer que não existe desenvolvimento no terreno econômico sem estes outros desenvolvimentos paralelos. Mas cada movimento da "tese" leva a movimentos da "antítese" e, portanto, a "sínteses" parciais e provisórias. O movimento de nacionalização da Igreja na Itália é imposto, não proposto: a Igreja se nacionaliza na Itália sob formas bem diversas das ocorridas na França com o galicanismo, etc. Na Itália, a Igreja se nacionaliza de modo "italiano", já que deve, ao mesmo tempo, permanecer universal: por isso, nacionaliza seu pessoal dirigente e este vê cada vez mais o aspecto nacional da função histórica da Itália como sede do papado.

§ 206. *Questões escolares.* Cf. o artigo 'Il facile e il difficile" de Metron, no *Corriere della Sera* de 7 de janeiro de 1932. Metron faz duas observações interessantes (referindo-se aos cursos de engenharia e aos exames de Estado para os engenheiros): 1) que, durante o curso, o professor fala cem e o estudante absorve um ou dois; 2) que, nos exames de Estado, os candidatos sabem responder às questões "difíceis" e fracassam nas questões "fáceis". Metron, contudo, não analisa exatamente as razões destes dois problemas e não indica nenhum remédio "tendencial". Parece-me que as duas deficiências são ligadas ao sistema escolar das lições-conferências sem "seminário" e ao caráter tradicional dos exames, que criou uma psicologia tradicional desses últimos. Apontamentos e apostilas. Os apontamentos e apostilas concentram-se especialmente nas questões "difíceis": no próprio ensino, insiste-se sobre o "difícil", tendo-se como hipótese uma atividade independente do estudante no que se refere às "coisas fáceis". Quanto mais se aproximam os exames, tanto mais se resume a matéria do curso, até a véspera, quando só são "repassadas" precisamente as questões mais difíceis: o estudante fica como que hipnotizado pelo difícil; todas as suas faculdades mnemônicas e sua sensibilidade intelectual se concentram nas questões difíceis. O objetivo é uma absorção mínima: o sistema das lições-conferências leva o professor a não repetir-se ou a repetir-se o mínimo possível: as questões são assim apresentadas apenas dentro de um quadro determinado, que as torna unilaterais para o estudante. O estudante absorve um ou dois dos cem ditos pelo professor: mas se os cem são constituídos por cem unilateralidades diversas, a absorção não pode deixar de ser muito baixa. Um curso universitário é concebido como um livro sobre o assunto: mas alguém pode tornar-se culto com a leitura de um único livro? Trata-se, portanto, da questão do método no ensino universitário: na universidade, deve-se *estudar* ou *estudar para saber estudar*? Deve-se estudar "fatos" ou o método para estudar os "fatos"? A prática do "seminário" deveria precisamente complementar e vivificar o ensino oral.

§ 209. *Intelectuais. Intelectuais tradicionais.* Para uma categoria desses intelectuais, talvez a mais importante depois da "eclesiástica", pelo prestígio e função social que desempenhou nas sociedades primitivas — a categoria dos médicos em sentido amplo, ou seja, de todos os que "lutam" ou parecem lutar contra a morte e as doenças —, deve-se examinar a *Storia della medicina*, de Arturo Castiglioni. Recordar que houve conexão entre a religião e a medicina e que, em certas zonas, essa ainda continua a existir: hospitais em mãos de religiosos para certas funções de organização, além do fato de que, onde aparece o médico, aparece o padre (exorcismos, diferentes tipos de assistência, etc.). Muitas grandes figuras religiosas também eram e foram concebidas como grandes "terapeutas": a ideia do milagre até a ressurreição dos mortos. Também para os reis, perdurou por muito tempo a crença de que curassem com a imposição das mãos, etc.

§ 210. *Intelectuais.* Cf. Louis Halphen, *Les Universités au 13º siècle*, Ed. Alcan, 1931, 10 francos.

§ 211. *Intelectuais. As academias.* Função que desempenharam no desenvolvimento da cultura italiana, em sua cristalização e em sua transformação num objeto de museu, afastada da vida nacional-popular (mas as academias foram causa ou efeito? Sua multiplicação não ocorreu, talvez, para que se desse uma satisfação parcial à atividade que não encontrava espaço na vida pública, etc.?). A *Enciclopédia* (edição de 1778) assegura que a Itália contava então com 550 academias.

CADERNO 7 (1930-1931)

§ 60. *História dos intelectuais italianos.* Cf. a indicação nos "Ricordi di un vecchio normalista", de Girolamo Vitelli, na *Nuova Antologia* de 1º de abril de 1930: a filologia clássica na Itália, durante três séculos (até a segunda metade do século XIX), foi completamente negligenciada: "Quando se conhecer um pouco mais a história destes nossos estudos, saber-se-á também que do Renascimento em diante, após os italianos do século XV (e mesmo até o fim do século XVI, com a última grande escola de Pier Vettori), a hegemonia de tais estudos coube, sucessivamente, com tendências mais ou menos diferentes, aos franceses, holandeses, ingleses, alemães." Por que esta ausência dos italianos? Vitelli só a explica com o "mercantilismo"; mas quem foi mais mercantilista do que os holandeses e os ingleses? É curioso que tivessem sido precisamente as nações protestantes (e na França, ao que me parece, os Étiennes eram huguenotes) a manter em destaque o estudo do mundo antigo. Seria necessário observar a organização de tais estudos nessas nações e compará-los com os centros de estudo na Itália. A Contrarreforma influiu?, etc.

§ 61. *Questões de cultura. As bibliotecas.* Cf. o interessante artigo de Ettore Fabietti, "Per la sistemazione delle Biblioteche pubbliche 'nazionali' e 'popolari'", na *Nuova Antologia* de 1º de abril de 1930.

§ 62. *A questão dos intelectuais.* Quando se inicia a vida cultural nos vários países do mundo e da Europa? A divisão que adotamos, em "história antiga", "medieval" e "moderna", como pode ser aplicada aos diversos países? Contudo, essas fases diversas da história mundial foram absorvidas pelos intelectuais modernos, mesmo daqueles países que só recentemente entraram na vida cultural. Todavia, o fato dá lugar a atritos. As civilizações da Índia e da China resistem à introdução da civilização ocidental, mas esta, de uma ou de outra forma, terminará por vencer. Tais civilizações podem decair subitamente à condição de folclore, de superstição? Este fato não poderá, porém, acelerar a ruptura entre povo e intelectuais, bem como a expressão, por parte do povo, de novos intelectuais formados na esfera do materialismo histórico?

§ 63. *História dos intelectuais italianos.* Cf. o artigo de Giuseppe Tucci, "Del supposto architetto del Taj e di altri italiani alla corte del Mogul", na *Nuova Antologia* de 1º de maio de 1930. O suposto arquiteto do Taj teria sido Jeronimo Veroneo, morto em 1640, ou seja, antes que o Taj fosse concluído (1648), mas que se supõe ter sido o autor do plano, concluído depois por um muçulmano (ver o artigo para os detalhes).

§ 66. *História dos intelectuais italianos.* Gioacchino Volpe, no artigo (discurso) "Il primo anno dell'Accademia d'Italia" (*Nuova Antologia*, 18 de junho de 1930), na p. 494, entre os livros de história que a Academia (Seção de Ciências Morais-Históricas) desejaria que fossem escritos, indica: "Livros dedicados àquela admirável *irradiação* de nossa cultura, ocorrida entre os séculos XV e XVII, da Itália para a Europa, *mesmo enquanto* partiam da Europa para a Itália as novas invasões e dominações." [68]

§ 67. *História dos intelectuais italianos.* Cf. Renaud Przezdziecki, "Ambasciatori veneti in Polonia", *Nuova Antologia* de 1º de julho de 1930:

"A falta de uma unidade pátria, de uma dinastia única, criava entre os italianos um estado de espírito *independente*, pelo que cada pessoa que fosse dotada de capacidades políticas e diplomáticas as considerava como um *talento pessoal*, que — de acordo com seu interesse — podia pôr a serviço de qualquer causa, do mesmo modo como os comandantes mercenários dispunham de sua espada. A diplomacia, considerada como uma profissão liberal, criava assim nos séculos XVII e XVIII o tipo do diplomata sem pátria, do qual o mais clássico exemplo é, provavelmente, o cardeal de Mazzarino."

A diplomacia, segundo Przezdziecki, teria encontrado na Itália um terreno natural para nascer e desenvolver-se: 1) velha cultura; 2) fracionamento "estatal", que dava lugar a contrastes e lutas políticas e comerciais, favorecendo portanto o desenvolvimento das capacidades diplomáticas.

Na Polônia, encontramos estes diplomatas italianos a serviço de outros Estados; um prelado florentino, o monsenhor Bonzi, foi embaixador da França em Varsóvia, de 1664 a 1669; um marquês de Monti, bolonhês, foi embaixador de Luís XV junto a Stanislau Lesczynski; um marquês Lucchesini foi ministro plenipotenciário do rei da Prússia em Varsóvia, no final do século XVIII. Os reis da Polônia serviram-se, frequentemente, das habilidades diplomáticas dos italianos, embora a nobreza polonesa tivesse aprovado leis que impediam os soberanos de confiar funções públicas a estrangeiros. Ladislau Jagelão, no princípio do século XV, encarregara um certo Giacomo de Paravesino de missões diplomáticas, como seu embaixador em Veneza, Milão e Mântua. O humanista florentino Filippo Buonaccorsi de Fiesole, dito Callimaco, após ter sido pedagogo dos filhos de Cassimiro III, tornou-se embaixador desse rei junto a Sisto IV, a Inocêncio VIII, à República de Veneza e ao sultão. No século XVI, foram embaixadores poloneses, em vários Estados, Luigi del Monte, Pietro degli Angeli, os irmãos Magni de Como. No século XVI, Domenico Roncalli foi ministro de Ladislau IV em Paris e negociou o casamento daquele soberano com Luisa Maria Gonzaga; Francesco Bibbioni foi embaixador polonês em Madri, Andrea Bollo foi ministro da Polônia junto à República de Gênova e um certo dall'Oglio foi encarregado de negócios em Veneza, no fim do século XVIII. Entre os representantes poloneses junto à Santa Sé, encontramos também — na segunda metade do século XVIII — um cardeal Antici e um conde de Lagnasco.

Os italianos criaram a diplomacia moderna; a Santa Sé, durante muitos séculos, arbitrou grande parte da política mundial e foi a primeira a instituir nunciaturas estáveis; e a República de Veneza foi o primeiro Estado a organizar um serviço diplomático regular.

§ 68. *História dos intelectuais italianos. Humanismo e Renascimento.* Cf. Luigi Arezio, "Renascimento, Umanesimo e spirito moderno", *Nuova Antologia* de 1º de julho de 1930.

Arezio ocupa-se do livro de G. Toffanin, *Che cosa fu l'Umanesimo* (Sansoni, Florença, 1929), que revela ser, pelas referências feitas, muito interessante para o assunto que me ocupa. Farei referência a alguns temas, porque terei de ler o livro. [69] (Voigt e Burckhardt acreditaram que o Humanismo era dirigido contra a Igreja; pastor — será necessário ler seu livro sobre a História dos papas, que se refere ao Humanismo — não crê que o Humanismo fosse *inicialmente* dirigido contra a Igreja.) Para Toffanin, o princípio da *irreligiosidade* ou da *nova religião* não é a via principal para penetrar no segredo dos humanistas; nem tem sentido falar do individualismo deles, já que "os presumíveis efeitos da revalorização da personalidade humana" por obra de uma cultura seriam muito mais surpreendentes numa época que ficou famosa por ter "*aumentado a distância entre o resto dos homens e os homens eruditos*". O fato verdadeiramente característico do Humanismo "é a paixão pelo mundo antigo, através da qual, quase subitamente, mediante *uma língua morta, tenta-se suplantar uma língua popular* e consagrada pelo gênio, inventando-se (podemos dizer assim) a ciência filológica e renovando-se gosto e cultura. O mundo pagão renasce". Toffanin *sustenta que não é necessário confundir o humanismo com o progressivo despertar ocorrido depois do século XI*, o humanismo é um fato essencialmente italiano, "independente destes antecedentes falazes", e a ele chegaram, para se fazerem clássicos e cultos, a França e o resto do mundo. Num certo sentido, pode chamar-se de *herética* a civilização comunal do século XIII, que se manifesta numa irrupção de sentimentos e pensamentos refinadíssimos, em formas plebeias; e "inicialmente herético foi o impulso ao individualismo, ainda que, entre o povo, tenha se tomado menos consciência da heresia do que, à primeira vista, poder-se-ia crer". A literatura vulgar que irrompe do seio da civilização comunal, e independentemente do classicismo, é índice de uma sociedade "na qual a levedura herética fermentou"; levedura que, se debilitava nas massas o respeito às autoridades eclesiásticas, tornava-se aos poucos um afastamento aberto da "*romanitas*", característico do período que decorre entre a Idade Média propriamente dita e o Humanismo. Alguns intelectuais parecem conscientes desta *descontinuidade histórica*; pretendem ser cultos sem ter lido Virgílio, isto é, sem os *estudos liberais*, cujo abandono geral justificaria, segundo Boccaccio, o uso do vulgar, em vez do latim, na *Divina Comédia*. Guido Cavalcanti é o maior destes intelectuais. Em Dante, "o amor pela língua plebeia, alimentado por um estado de espírito comunal e virtualmente herético", devia contrastar com um conceito de sabedoria quase humanista. "Caracteriza os humanistas a consciência de uma separação irremediável entre homem de cultura e massa; ideais abstratos são, para eles, os da autoridade imperial e papal; real, pelo contrário, é sua fé na universalidade cultural e nas razões dela." A Igreja favoreceu a separação entre cultura e povo iniciada com o retorno ao latim, considerando-a como sadia reação a toda indisciplina mística. O Humanismo, de Dante até antes de Maquiavel, é uma época claramente delimitada e, ao contrário do que muitos pensam, possui uma afinidade não superficial com a *Escolástica*, por causa do impulso comum *antidemocrático* e *anti-herético*. Deste modo, Toffanin nega que o Humanismo desemboque vivo na Reforma, já que esta — com sua separação da romanidade, com a desforra rebelde dos idiomas vulgares e com muitas outras coisas — renova as agitações da cultura comunal, vigorosa heresia, contra a qual surgira o Humanismo. Com o fim do humanismo, nasce a heresia; e fora do humanismo estão Maquiavel, Erasmo (?), Lutero, Giordano Bruno, Descartes, Jansênio.

Estas teses de Toffanin coincidem frequentemente com as notas que já redigi em outros cadernos. [70] Só que Toffanin se mantém sempre no campo cultural-literário e não põe o humanismo em conexão com os fatos econômicos e políticos que se desenvolviam na Itália no mesmo período: passagem aos principados e às senhorias, perda da iniciativa burguesa e transformação dos burgueses em proprietários rurais. O Humanismo foi um evento reacionário na cultura porque toda a sociedade italiana estava se tornando reacionária.

Arezio busca fazer objeções a Toffanin, mas são tolices e superficialidades. Que a época comunal seja todo um fermento de heresias é algo que Arezio não pode aceitar, já que só considera heresias o averroísmo e o epicurismo. Mas a Comuna era uma heresia em si mesma, pois devia entrar tendencialmente em luta com o papado e tornar-se independente dele. Assim, não lhe agrada que Toffanin considere todo o Humanismo como fiel ao cristianismo, embora reconheça que até os céticos ostentavam religiosidade. A verdade é que se tratou do primeiro fenômeno "clerical" no sentido moderno, uma Contrarreforma por antecipação (de resto, era Contrarreforma em relação à época comunal). Eles se opunham à ruptura do universalismo medieval e feudal que estava implícita nas Comunas e que foi sufocada no nascedouro, etc. Arezio segue as velhas concepções sobre o Humanismo e repete as afirmações que se tornaram clássicas de Voigt, Burckhardt, Rossi, Nolhac, Sysmonds, Jebb, etc.

§ 71. *Intelectuais. Sobre a cultura da Índia.* Cf. a série de artigos publicados na *Civiltà Cattolica* de julho de 1930 e dos meses seguintes: "Sistemi filosofici e sette dell'Induismo". Os jesuítas colocam-se o seguinte problema: o catolicismo na Índia só consegue fazer prosélitos, e mesmo neste caso em medida limitada, entre as castas inferiores. Os intelectuais indianos são refratários à propaganda e o papa disse que é preciso trabalhar também entre eles, tanto mais porque as massas populares se converteriam se se convertessem núcleos intelectuais importantes (o papa conhece o mecanismo de reforma cultural das massas popular-camponesas mais do que muitos elementos do laicismo de esquerda: ele sabe que uma grande massa não pode converter-se molecularmente; deve-se, para apressar o processo, conquistar os dirigentes naturais das grandes massas, isto é, os intelectuais, ou formar grupos de intelectuais de novo tipo, motivo da criação de bispos indígenas); por isso, é necessário conhecer exatamente o modo de pensar e a ideologia destes intelectuais para melhor entender sua organização de hegemonia cultural e moral, a fim de destruí-la ou assimilá-la. Estes estudos feitos pelos jesuítas, por isso, têm uma particular importância objetiva, na medida em que não são "abstratos" e acadêmicos, mas dirigidos para finalidades práticas concretas. Eles são muito úteis para conhecer as organizações de hegemonia cultural e moral nos grandes países asiáticos, como a China e a Índia.

§ 89. *Passado e presente. A religião na escola.* "Eis por que nos novos programas para as escolas, segundo a reforma gentiliana, a arte e a religião são postas apenas na escola primária, enquanto a filosofia é amplamente situada nas escolas secundárias. Na intenção filosófica dos programas elementares, as palavras 'o ensino da religião é considerado como fundamento e coroamento de toda a instrução primária' significam precisamente que a religião é uma categoria necessária, mas inferior, através da qual deve passar a educação, já que, de acordo com a concepção de Hegel, a religião é uma filosofia mitológica e inferior, correspondente à mentalidade infantil ainda incapaz de se elevar à filosofia pura, na qual, de resto, a religião deve ser resolvida e absorvida. Observemos de imediato que, na prática, essa teoria idealista não conseguiu prejudicar o ensino religioso na escola primária, fazendo com que esse fosse tratado como mitológico, *seja porque os professores ou não entendem ou não se preocupam com tais teorias*, seja porque o ensino religioso católico é intrinsecamente histórico e dogmático, sendo *externamente vigiado e dirigido pela Igreja nos programas, textos, ensinamentos.* De resto, as palavras 'fundamento e coroamento' foram aceitas pela Igreja em seu significado óbvio e repetidas na Concordata entre a Santa Sé e a Itália, segundo a qual (art. 36) o ensino religioso é estendido às escolas médias. Essa ampliação contrariou os objetivos do idealismo, o qual pretendia excluir a religião das escolas médias e fazer com que nelas dominasse apenas a filosofia, destinada a superar e absorver em si a religião aprendida nas escolas primárias" (*Civiltà Cattolica*, 7 de novembro de 1931, "Il buono ed il cattivo nella pedagogia nuova", anônimo, mas do padre Mario Barbera).

§ 104. *História dos intelectuais, Luta entre Estado e Igreja.* Esta luta teve caráter variado nos diversos períodos históricos. Na fase moderna, é luta pela hegemonia na educação popular; pelo menos, é este o traço mais característico, ao qual todos os outros se subordinam. Portanto, é luta entre duas categorias de intelectuais, luta para subordinar o clero, como típica categoria de intelectuais, às diretivas do Estado, isto é, da classe dominante (liberdade de ensino — organizações juvenis — organizações femininas — organizações profissionais).

CADERNO 8 (1931-1932)

§ 3. *Formação e difusão da nova burguesia na Itália.* Em outra nota [71], observei que seria possível fazer uma pesquisa "molecular" nos escritos italianos da Idade Média para captar o processo de formação intelectual da burguesia, cujo desenvolvimento histórico culminará nas Comunas, para sofrer posteriormente uma desagregação e uma dissolução. A mesma pesquisa poderia ser feita para o período 1750-1850, quando ocorre a nova formação burguesa que culmina no *Risorgimento.* Também aqui o modelo de Groethuysen (*Origines de l'esprit bourgeois en France: I. L'Église et la bourgeoisie*) poderia servir, complementado, naturalmente, pelos motivos que são peculiares à história social italiana. As concepções do mundo, do Estado, da vida contra as quais deve combater o espírito burguês na Itália não são similares às que existiam na França.

Foscolo e Manzoni, em certo sentido, podem fornecer os tipos italianos. Foscolo é o exaltador das glórias literárias e artísticas do passado (cf. os *Sepolcri*, os *Discorsi civili*, etc.), a sua concepção é essencialmente "retórica" (ainda que se deva observar que, em sua época, esta retórica tinha uma eficácia prática atual e, portanto, era "realista").

Em Manzoni, encontramos novos temas, mais estritamente burgueses (tecnicamente burgueses). Manzoni exalta o comércio e desvaloriza a poesia (a *retórica*). Cartas a Fauriel. Nas *Opere inedite*, existem trechos em que Manzoni lamenta a unilateralidade dos poetas que desprezam a "sede de ouro" dos comerciantes, desconhecem a audácia dos navegadores, enquanto falam de si como se fossem seres sobre-humanos. Numa carta a Fauriel, escreve: "Imagine o que implicaria perda maior para o mundo: ficar sem banqueiros ou sem poetas; qual destas duas profissões serve mais, não digo ao bem-estar, mas à *cultura da humanidade*?" (cf. Carlo Franelli, "Manzoni e l'idea dello scrittore", na *Critica Fascista* de 15 de dezembro de 1931). Franelli observa: "Ele põe os trabalhos de história e de economia política acima de uma literatura predominantemente (?!) ligeira. Sobre a qualidade da cultura italiana de então, fez declarações muito explícitas nas cartas ao amigo Fauriel. Quanto aos poetas, a tradicional megalomania dos mesmos o ofende. Observa que, atualmente, perdem todo aquele grande crédito de que gozavam no passado. Recorda, repetidamente, que gostou da poesia quando era 'jovem'."

§ 4. *Função cosmopolita dos intelectuais italianos. Na Hungria.* O *Marzocco* de 4 de outubro de 1931 resume um artigo do dr. Ladislao Holik-Barabàs, publicado na *Illustrazione Toscana*, sobre Fillipo Scolari, dito Pippo Spano, que foi "uma das mais características figuras entre os italianos que levaram extraordinárias energias para longe da pátria conquistando postos eminentes nos países em que escolheram viver". Scolari foi, sucessivamente, administrador das minas, depois libertador do soberano, o rei Sigismundo da Hungria, conde de Temesvar, governador-geral da Hungria e comandante militar dos húngaros contra os turcos. Pippo Spano morreu em 27 de dezembro de 1426.

§ 18. *Passado e presente. Os advogados na Itália.* Cf. o artigo de Mariano D'Amelio, "La classe forense in cifre", no *Corriere della Sera* de 26 de janeiro de 1932. Cita um estudo de Rodolfo Benini, publicado nos Anais da *Accademia dei Lincei*, "rico de sábias e sutis observações acerca da classe dos advogados, dos procuradores e dos causídicos, relativo aos anos 1880 e 1913". Livro de Piero Calamandrei (editado pela *Voce*, me parece, e intitulado *Troppi avvocati!*). Estudo recente de Spallanzani (cerca de vinte páginas), "L'efficienza della classe forense sulla vita italiana" (sem indicações bibliográficas). Em 1880, nos três registros de advogados e procuradores, apenas de advogados e apenas de procuradores, estavam inscritos 12.885 profissionais, isto é, 45, 17 por 100 mil habitantes; em 1913, o número era de 21.488 — 61, 97 por 100 mil habitantes. Em 1923, 23.925 — 54, 41 por 100 mil. Em 1927, depois da revisão extraordinária dos registros disposta pela nova lei, o número ascende a 26.679 — 68, 85 por 100 mil; foram cancelados mais de 2.000. A ação de revisão e as novas normas restritivas de registro reduzem o número, em 1929, para 25.353 — 64, 21 por 100 mil. Agora, em média, inscrevem-se 10 advogados por ano, menos do que as baixas que se verificam.

Nos outros países: *França*: em 1911, os *avocats e avoués*, 10.236 — 29 por 100 mil habitantes; em 1921, 15.236 — 39 por 100 mil. *Alemanha* do pós-guerra: em 1925, 13.676 *Rechtsanwälte* (advogados e procuradores) — 22 por 100 mil; em 1913, 18 por 100 mil. *Áustria*: antes da guerra, 15 por 100 mil; depois da guerra, 18. *Inglaterra*: em 1920, 17.946 — 47 por 100 mil, antes da guerra 45 por 100 mil.

Nas faculdades de Direito italianas, todo ano 9 mil estudantes: os bacharelados, que no período 1911-1914 foram 1.900, em 1928-1929 foram 2.240. Em 1911-1914, os diplomados de nível secundário, 4.943 na média anual; em 1926-1929, 5.640. Na magistratura superior (Cortes de Apelação, de justiça e Suprema Corte), os magistrados em 1880 eram 2.666; em 1913, 2.553; em 1922, 2.546; em 1929, 2.557.

§ 22. *História dos intelectuais. Tópicos para pesquisa.* A república de Platão. Quando se diz que Platão sonhava com uma "república de filósofos", é preciso entender "historicamente" o termo "filósofos", que hoje deveria ser traduzido por "intelectuais". (Naturalmente, Platão referia-se aos "grandes intelectuais", que eram, ademais, o tipo de intelectual de seu tempo, além de conceder importância ao conteúdo específico da intelectualidade, que poderia concretamente chamar-se de "religiosidade": os intelectuais de governo eram aqueles determinados intelectuais mais próximos da religião, isto é, cuja atividade tinha um caráter de religiosidade, entendida no sentido geral da época e no sentido especial de Platão — e, por isso, atividade de certo modo "social", de elevação e educação da pólis, de direção intelectual, e, portanto, com função de hegemonia.) Por isso, seria possível afirmar que a "utopia" de Platão antecipa o feudalismo medieval, com a função que neste é própria da Igreja e dos eclesiásticos, categoria intelectual daquela fase do desenvolvimento histórico-social. A aversão de Platão aos "artistas" deve ser entendida, portanto, como aversão às atividades espirituais "individualistas", que tendem ao "particular" e que são, por conseguinte, "a-religiosas", "a-sociais".

Os intelectuais no Império Romano. A mudança de condição da posição social dos intelectuais em Roma, do tempo da República ao Império (de um regime aristocrático-corporativo, a um regime democrático-burocrático), está ligada a César, que conferiu a cidadania aos médicos e aos mestres das artes liberais, a fim de que habitassem com mais satisfação em Roma e de que outros fossem para lá atraídos: "*Omnesque medicinam Romae professos et liberalium artium doctores, quo libentius et ipsi urbem incolerent et coeteri appeterent civitate donavit*" (Suetônio, *Vida de César*, XLII). César, portanto, se propõe: 1) estabelecer em Roma os intelectuais que já residiam nela, criando assim uma categoria permanente deles, pois sem a permanência não se podia criar uma organização cultural. Havia antes uma flutuação, que era preciso deter, etc.; 2) atrair para Roma os melhores intelectuais de todo o Império Romano, promovendo uma centralização de grande alcance. Tem assim início aquela categoria de intelectuais "imperiais" em Roma, que continuará no clero católico e deixará muitas marcas em toda a história dos intelectuais italianos, com sua característica de "cosmopolitismo" até o século XVIII.

§ 24. *História dos intelectuais. Os Elementi di scienza politica* de Mosca (nova edição ampliada de 1923) devem ser examinados para esta rubrica. A chamada "classe política" de Mosca não é mais do que a categoria intelectual do grupo social dominante: o conceito de "classe política" de Mosca deve ser aproximado do conceito de "elite" de Pareto, que é uma outra tentativa de interpretar o fenômeno histórico dos intelectuais e sua função na vida estatal e social. O livro de Mosca é uma enorme mixórdia de caráter sociológico e positivista, com, além disso, a tendenciosidade da política imediata, o que o faz menos indigesto e literariamente mais vivaz [72].

§ 30. *História dos intelectuais italianos. Gioberti.* Importância de Gioberti na formação do caráter nacional moderno dos intelectuais italianos. [73] Sua função ao lado de Foscolo. Numa nota anterior [74], observações sobre a solução formal dada por Gioberti ao problema nacional-popular como conciliação de conservação e inovação, como "classicidade nacional". Solução formal não só do maior problema político-social, como também dos problemas derivados, como o de uma literatura nacional-popular. É necessário rever, para as finalidades deste estudo, as maiores publicações polêmicas de Gioberti: o *Primato* e o *Rinnovamento*, os escritos contra os jesuítas (os *Prolegomeni* e o *Gesuita moderno*). Livro de Anzilotti sobre Gioberti [75].

§ 41. *Intelectuais.* Cf. Valeria Benetti Brunelli, *Il rinnovamento della politica nel pensiero del secolo XV in Italia* (Paravia, Turim, 20 liras). Exame do pensamento político de Leon Battista Alberti. Tentativa de revisão de alguns juízos sobre o Humanismo e o Renascimento.

§ 67. *A escola.* Cf. C. M. Derada, *Gli uomini e le riforme pedagogiche della Rivoluzione Francese. Dall' "ancien régime" alla Convenzione*, Remo Sandron, Palermo, 7,50 liras.

§ 87. *Breves notas sobre cultura japonesa.* Cf. outra nota [76] sobre as religiões no Japão em face do Estado, sobre a reforma efetuada no xintoísmo, o qual, se por um lado foi reduzido a religião (ou superstição popular), por outro foi privado do elemento constituído pelo "culto do imperador", transformado em algo autônomo e constituído em dever cívico, em coeficiente moral da unidade do Estado. Estudar como nasceu essa reforma, que tem um grande alcance e está ligada ao nascimento e ao desenvolvimento do parlamentarismo e da democracia no Japão. Depois do sufrágio ampliado (quando e em que forma?), cada eleição, com os deslocamentos nas forças políticas dos partidos, e com as mudanças no governo que os resultados podem trazer, opera ativamente no sentido de dissolver a forma mental "teocrática" e absolutista das grandes massas populares japonesas. A convicção de que a autoridade e a soberania não estão postas na pessoa do imperador, mas no povo, leva a uma autêntica reforma intelectual e moral, correspondente à que ocorreu na Europa por obra do iluminismo e da filosofia clássica alemã, elevando o povo japonês ao nível de sua moderna estrutura econômica e subtraindo-o à influência política e ideológica dos barões e da burocracia feudal.

§ 89. *Breves notas sobre cultura americana.* G. A. Borgese, em "Strano interludio" (*Corriere della Sera*, 1º de março de 1932), divide a população dos Estados Unidos em quatro estratos: a classe financeira, a classe política, a intelectualidade, o homem comum. A intelectualidade é extremamente reduzida, comparada às duas primeiras: algumas dezenas de milhares, concentradas notadamente no Leste, entre as quais cerca de mil escritores. "Não se julgue apenas pelo número. Espiritualmente, ela está entre as mais bem aparelhadas do mundo. Alguém que dela faz parte compara-a ao que foi a *Enciclopédia* na França do século XVIII. Por enquanto, a quem não gosta de ir além dos fatos, ela aparece como um cérebro sem membros, uma alma privada de força operatória; sua influência sobre a coisa pública é quase nula." Observa que, após a crise, a classe financeira — que antes dominava a classe política — "sofreu" nestes últimos meses o socorro desta última, virtualmente o seu controle. "O Congresso sustenta os bancos e a bolsa; o Capitólio de Washington escora Wall Street. Isto mina o antigo equilíbrio do Estado americano, sem que surja uma nova ordem." Na realidade, já que classe financeira e classe política são na América a mesma coisa, ou dois aspectos da mesma coisa, o fato significaria somente que ocorreu uma diferenciação propriamente dita, isto é, que a fase econômico-corporativa da história americana está em crise e que uma nova fase está surgindo: isto só se revelará claramente se se verificar uma crise dos partidos históricos (republicanos e democratas) e a criação de um poderoso partido novo, que organize permanentemente a massa do homem comum. Os germes deste desenvolvimento já existiam (Partido Progressista), mas a estrutura econômico-corporativa, até agora, sempre reagiu eficazmente contra eles.

A observação de que a intelectualidade americana tem uma posição histórica similar à da *Enciclopédia* francesa no século XVIII é muito aguda e pode ser desenvolvida.

§ 99. *Passado e presente.* Li a transcrição de um trecho do *Tevere*, no qual o professor Orestano, que representa a filosofia italiana na Academia, é chamado de "ridículo" personagem ou algo do gênero. E o *Tevere* tem uma certa importância no mundo cultural de hoje. Mas como é que esperam que a Academia da Itália unifique e centralize a vida intelectual e moral da nação?

§ 102. *Passado e presente.* Cf. Gioacchino Volpe, "23 marzo 1919 — 27 ottobre 1922" no *Corriere della Sera* de 22 de março de 1932 (por ocasião do aniversário de fundação do *Fascio* de Milão). Artigo interessante e bastante abrangente. Será o caso de fazer uma bibliografia de todos os escritos de Volpe sobre os acontecimentos do pós-guerra: alguns já foram recolhidos em volume. No *Corriere* de 23 de março, saiu um segundo artigo de Volpe, "Fascismo al governo: 1922-1932", muito menos interessante do que o primeiro, mas com elementos notáveis: é evidente a tentativa de escrever não como puro apologista, mas como crítico que se situa de um ponto de vista histórico, aparentemente sem muito sucesso [77].

§ 106. *Passado e presente. A língua italiana em Malta.* A defesa da língua e da cultura italiana em Malta, como se manifesta nos eventos dos primeiros meses de 1932 (cf. o artigo do *Corriere della Sera* de 25 de março de 1932), foi dificultada pela existência da Concordata. Enquanto o Estado italiano estava em conflito com a Igreja, a existência de uma italianidade organizada em Malta (como em muitos outros países do mundo) não representava um perigo para os Estados hegemônicos: ela dificilmente poderia se desenvolver na esfera nacional e política; permanecia na esfera do folclore e das culturas dialetais. Com a Concordata, a questão se alterou: a Igreja, administrada por italianos e representada localmente por italianos, não mais em conflito com o Estado, confunde-se na realidade com o Estado italiano e não mais com a recordação folclorística da cosmópole católica. Desse modo, portanto, a Concordata — em vez de facilitar uma expansão da cultura italiana — tornou-a não somente mais difícil, mas criou a situação para uma luta contra os núcleos tradicionais de italianidade. Revela-se assim que, no mundo moderno, um imperialismo cultural e espiritual é utópico: só a força política, fundada na expansão econômica, pode ser a base para uma expansão cultural.

§ 109. *Os intelectuais. Latim eclesiástico e vulgar na Idade Média.* "A pregação em língua vulgar remonta na França às próprias origens da língua. O latim era a língua da Igreja: assim, as pregações eram feitas em latim aos clérigos (*cleres*), aos frades, *e também às monjas*. Mas, para os laicos, as pregações eram feitas em francês. Desde o século IX, os concílios de Tours e de Reims ordenam aos padres instruir o povo na língua do povo. Isso era necessário para se fazer compreender. No século XII, houve uma pregação em vulgar, ativa, viva, poderosa, que arrastava grandes e pequenos à Cruzada, enchia os mosteiros, punha cidades inteiras de joelhos e as lançava em todos os excessos da penitência. Do alto de seus púlpitos, nas praças, nos campos, os pregadores eram os diretores públicos das consciências dos indivíduos e das massas; tudo e todos passam pela sua áspera censura, e, a começar pelos ousados atavios femininos, nenhuma parte secreta ou visível da corrupção do século deixava desconcertada a audácia do pensamento deles ou de suas línguas" (Lanson, *Histoire de la littérature française*, Hachette, 19ª edição, p. 160-161). Lanson dá os seguintes dados bibliográficos: Abade L. Bourgain, *La Chaire française au XII*^e^ *siècle*, Paris, 1879; Lecoy de la Marche, *La Chaire française au moyen âge*, 2ª edição, Paris, 1886; Langlois, "L'éloquence sacrée au moyen âge", in *Revue des Deux Mondes*, 1º de janeiro de 1893.

§ 113. *História dos intelectuais. O Humanismo.* Estudar a reforma pedagógica introduzida pelo Humanismo: a substituição da "disputa oral" pela "composição escrita", por exemplo, que é um de seus elementos "práticos" mais significativos. (Recordar algumas notas sobre o modo de difusão da cultura por via oral, por discussão dialógica, através da oratória, que determina uma argumentação pouco rigorosa e produz a convicção imediata sobretudo por via emotiva. [78])

§ 146. *Noções enciclopédicas. Universidade.* Termo mantido no sentido medieval de corporação ou comunidade: por exemplo, "as universidades israelitas", as "universidades agrárias", nas regiões em que existe uso comunal de terras e matas reconhecido e regulado por lei (como no Lácio). Na linguagem comum, o termo "universidade" se conserva para certos institutos de estudos superiores (Universidade dos Estudos) e recorda a antiga organização corporativa dos estudos.

§ 161. *Questão dos intelectuais. Sicília e Sardenha.* Para o diverso peso que exerce a grande propriedade na Sicília e na Sardenha e, portanto, para a diversa posição relativa dos intelectuais, o que explica o caráter diverso dos movimentos político-culturais, valem as seguintes cifras: na Sardenha, apenas 18% do território pertencem a entidades públicas, o resto é propriedade privada; da área cultivável, 50% compreendem propriedades inferiores a 10 hectares e apenas 4% possuem mais de 200 hectares.

Sicília: em 1907, Lorenzoni assinalava 1.400 propriedades de mais de 200 ha, com uma extensão de 717.729, 16 ha, isto é, 29, 79% da extensão cadastral da ilha eram possuídos por 787 proprietários. Em 1929, Molè constatava 1.055 latifúndios de mais de 200 ha, com extensão conjunta de 540.700 ha, isto é, 22% da área agrária e florestal (mas se trata de um verdadeiro fracionamento do latifúndio?).

Por outro lado, deve-se levar em conta a diferença histórico-social-cultural dos grandes proprietários sicilianos em relação aos sardos: os sicilianos têm uma grande tradição e são fortemente unidos. Na Sardenha, não existe nada disso.

§ 187. *Os intelectuais.* Na concepção não apenas da ciência política, mas em toda concepção da vida cultural e espiritual, teve imensa importância a posição atribuída por Hegel aos intelectuais, que deve ser cuidadosamente estudada. Com Hegel, começa-se a não mais pensar segundo as castas ou os "estamentos", mas segundo o "Estado", cuja "aristocracia" são precisamente os intelectuais. A concepção "patrimonial" do Estado (que é o modo de pensar por "castas") é, de imediato, a concepção que Hegel deve destruir (polêmicas irônicas e sarcásticas contra von Haller [79]). Sem esta "valorização" dos intelectuais feita por Hegel não se compreende nada (historicamente) do idealismo moderno e de suas raízes sociais.

§ 188. *Os intelectuais. Organização da vida cultural.* Estudar a história da formação e da atividade da "Sociedade Italiana para o Progresso da Ciência". Cabe também estudar a história da "Associação Britânica", que me parece ter sido o protótipo deste gênero de organizações privadas. A característica mais fecunda da "Sociedade Italiana" reside no fato de que ela agrupa todos os "amigos da ciência", clérigos e leigos, por assim dizer, especialistas e "diletantes". Ela fornece o tipo embrionário daquele organismo que esbocei em outras notas, no qual deveria confluir e solidificar-se o trabalho das academias e das universidades com as necessidades de cultura científica das massas nacional-populares, reunindo a teoria e a prática, o trabalho intelectual e o trabalho industrial, que poderia encontrar sua raiz na "escola única". [80]

O mesmo poderia ser dito do Touring Club, que é essencialmente uma grande associação de amigos da geografia e das viagens, na medida em que se incorporam em determinadas atividades esportivas (turismo = geografia + esporte), isto é, a forma mais popular e diletante do amor pela geografia e pelas ciências que a ela se ligam (geologia, mineralogia, botânica, espeleologia, cristalografia, etc.). Por que o Touring Club, portanto, não poderia ligar-se organicamente aos Institutos de Geografia e às Sociedades Geográficas? Há o problema internacional: o Touring tem um quadro essencialmente nacional, ao passo que as sociedades geográficas ocupam-se de todo o mundo geográfico. Ligação do turismo com as sociedades esportivas, com o alpinismo, canoagem, etc., com o excursionismo em geral: ligação com as artes figurativas e com a história da arte em geral. Na realidade, poder-se-ia ligar a todas as atividades práticas, se as excursões nacionais e internacionais se ligassem a períodos de férias (prêmio) para o trabalho industrial e agrícola.

CADERNO 9 (1932)

§ 38. *Função cosmopolita dos intelectuais italianos. Sobre Algarotti.* Do artigo "Nicolino e Algarotti", de Carlo Calcaterra, no *Marzocco* de 29 de maio de 1932: "Impede até agora, no espírito de muitos, uma valorização equilibrada dos escritos de arte de Algarotti a consideração de que ele foi conselheiro e provedor de Augusto III da Saxônia nas aquisições para a galeria de Dresden, pelo que é acusado de ter empobrecido a Itália em benefício de cortes estrangeiras. Mas foi dito justamente, por Panzachi e por outros estudiosos, que, no cosmopolitismo do século XVIII, a obra de difusão da arte italiana, enquanto beleza pertencente a toda a Europa, tem um aspecto menos odioso do que aquele que lhe pode ser hoje facilmente atribuído." A observação sobre o cosmopolitismo do século XVIII, que é exata, deve ser aprofundada e especificada: o cosmopolitismo dos intelectuais italianos é exatamente similar ao cosmopolitismo dos outros intelectuais nacionais? Este é o problema: para os italianos, o cosmopolitismo está em função de uma posição particular que é atribuída à Itália, à diferença dos outros países; isto é, a Itália é concebida como complementar de todos os outros países, como produtora de beleza e de cultura para toda a Europa.

§ 56. *Passado e presente.* O culto provinciano da inteligência e sua retórica. Verificar a carta-prefácio de Emilio Bodrero à revista *Accademie e Biblioteche d'Italia*, vol. 1, p. 5, onde se diz mais ou menos que a Itália "nada tem a exportar salvo a inteligência". (Cf. "o arroto do pároco", de Maccari.) Nos livros de Oriani, este elemento é frenético. Recordar a anedota de Oriani que, perguntado se tinha o que declarar para o imposto, responde: "Se inteligência paga imposto, ei-la aqui aos quilos." Deve observar-se que tal atitude é de intelectuais medíocres e fracassados [81].

§ 76. *Passado e presente.* Nas *Satire (sátira IX)*, Alfieri escreveu sobre os napolitanos que são "bocas sem cabeça". Mas de quanta gente se poderia dizer isto, ainda que não seja certo que se possa dizê-lo em relação aos napolitanos!

§ 84. *Caráter cosmopolita dos intelectuais italianos.* Cesare Balbo escrevera: "Uma história inteira, magnífica e peculiar à Itália deveria ser feita a respeito dos italianos fora da Itália." Em 1890, foi publicado um esboço de *Dicionário dos italianos no exterior*, como obra póstuma de Leo Benvenuti (um estudioso modesto). No prefácio, Benvenuti observava que, dadas as condições das pesquisas bibliográficas em sua época, não seria possível ir além de um índice, que deveria servir depois para quem pretendesse escrever a história. As categorias nas quais Benvenuti subdivide o elenco onomástico (as principais) são: antiquários, arquitetos, artistas (dramáticos, coreográficos, acrobatas), astrônomos, botânicos, cantores, comerciantes, eclesiásticos, engenheiros (civis e militares), eruditos, embaixadores, escultores, estadistas, filósofos, físicos, geógrafos, gravadores, historiadores, juristas, linguistas, matemáticos, missionários, médicos e cirurgiões, naturalistas, núncios apostólicos, pintores, professores, professores de música, poetas, soldados (marítimos e terrestres), soberanos, teólogos, viajantes. (Como se vê, Benvenuti não tinha outro ponto de vista além do da nacionalidade, e sua obra, caso completa, teria sido um recenseamento dos italianos no exterior. A meu ver, a pesquisa deve ser de caráter qualitativo, isto é, estudar como as classes dirigentes — políticas e culturais — de uma série de países foram reforçadas por elementos italianos, os quais contribuíram para criar uma civilização nacional em tais países, ao passo que na Itália inexistia precisamente uma classe nacional, que não conseguia formar-se: é esta emigração de elementos dirigentes que representa um fato histórico peculiar, correspondente à impossibilidade italiana de utilizar e unificar seus cidadãos mais enérgicos e empreendedores.) Benvenuti partia do ano 1000.

Promovida pelo Chefe do Governo [82], confiada ao Ministério dos Negócios Exteriores, com a colaboração do Real Instituto de Arqueologia e História da Arte, está em preparação uma volumosíssima publicação, intitulada *L'opera del genio italiano all'estero*. A ideia, ao que parece, foi sugerida por Gioacchino Volpe, que deve ter escrito o programa da obra. (Num discurso à Academia, anotado em outro caderno, Volpe anunciou previamente este trabalho [83]). No programa, se lê: "A história do gênio italiano no exterior, que pretendemos narrar, deixa de lado os tempos antigos, separados de nós por séculos obscuros, e parte da civilização que, iniciada após o século XI, atingiu, ainda que com altos e baixos, nossos dias, renovada por conquistas ideais e políticas, de onde resulta a moderna unidade da alma e da pátria italianas. Será obra objetiva, isenta de antagonismos e de polêmicas, mas de justa celebração, já que o gênio italiano — considerado em seu conjunto — operou no mundo para o bem de todos." A obra será dividida em doze séries, as quais são indicadas em ordem progressiva, advertindo-se que cada série compreenderá um ou mais volumes, distribuídos, em princípio, de acordo com o critério geográfico. As doze séries seriam: 1) Artistas de todas as artes; 2) Musicistas; 3) Literatos; 4) Arquitetos militares; 5) Estrategistas militares; 6) Pessoas ligadas à navegação marítima; 7) Exploradores e viajantes; 8) Príncipes; 9) Políticos; 10) Santos, sacerdotes e missionários; 11) Cientistas; 12) Banqueiros, comerciantes e colonizadores. A obra será ricamente ilustrada. A Comissão Diretora é composta pelo professor Giulio Quirino Giglioli, por S. Exa. Vincenzo Lojacono e pelo Sen. Corrado Ricci. O secretário-geral da Comissão é o barão Giovanni Di Giura. A edição será de 1.000 exemplares, dos quais 50 de luxo. (Estas notícias são extraídas do *Marzocco*, de 6 de março de 1932.)

§ 87. *Intelectuais. Breves notas sobre cultura inglesa*. Guido Ferrando, no *Marzocco* de 4 de outubro de 1931, publica um artigo, "Educazione e colonie", do qual extraio alguns temas. Ferrando assistiu a um grande simpósio, *The British Commonwealth Education Conference*, do qual participaram centenas de docentes de todos os níveis, desde professores primários até universitários, provenientes de todas as partes do Império, do Canadá e da Índia, da África do Sul e da Austrália, do Quênia e da Nova Zelândia, e que teve lugar em Londres no fim de julho. O simpósio se propôs discutir os vários aspectos do problema educativo "*in a changing Empire*" num império em transformação; estavam presentes muitos conhecidíssimos educadores dos Estados Unidos. Um dos temas fundamentais do simpósio era o do *interracial understanding*, o problema de como promover e desenvolver um melhor entendimento entre as diversas raças, particularmente entre os europeus colonizadores e os africanos e asiáticos colonizados. "Era interessante ver com quanta franqueza e acuidade dialética os representantes da Índia reprovavam aos ingleses sua incompreensão da alma indiana, a qual se revela, por exemplo, naquele sentido quase de desgosto, naquela atitude de superioridade e de desprezo, que a maioria do povo britânico tem ainda hoje diante dos indianos e que, durante a guerra, levava os oficiais ingleses até a se afastarem da mesa e a deixarem a sala quando entrava um oficial indiano."

Entre os vários temas discutidos, estava o da língua. Em suma, tratava-se de decidir se era oportuno ensinar também as populações semisselvagens da África a ler tomando como base o inglês em vez de seu idioma nativo, se era melhor manter o bilinguismo ou tender, por meio da instrução, a fazer desaparecer a língua indígena. Ormsby Gore, ex-subsecretário para as colônias, sustentou que foi um erro tentar desnaturalizar as tribos africanas e declarou-se favorável a uma educação tendente a dar aos africanos o sentido de sua própria dignidade de povo e a capacidade de se governarem por si mesmos. No debate que se seguiu à conferência de Ormsby, "surpreenderam-me as breves declarações de um africano, acredito que um zulu, que se obstinou em afirmar que os seus (digamos assim) conterrâneos não tinham nenhum desejo de se tornarem europeus; sentia-se em suas palavras uma ponta de nacionalismo, um leve sentimento de orgulho racial".

"Não queremos ser ingleses"; a este grito, que irrompia espontaneamente do peito dos representantes dos nativos das colônias britânicas da África e da Ásia, fazia eco o outro grito dos representantes dos *Dominions*: "Não nos sentimos ingleses." Australianos e canadenses, cidadãos da Nova Zelândia e da África do Sul, estavam todos de acordo em afirmar esta sua independência, não somente política, mas espiritual. O professor Cillie, diretor da Faculdade de Letras de uma universidade sul-africana, observara argutamente que a Inglaterra tradicionalista e conservadora vivia no *ontem*, ao passo que eles — os sul-africanos — viviam no *amanhã*.

§ 119. *Questões escolares*. No *Marzocco* de 13 de setembro de 1931, G. Ferrando examina um trabalho de Carleton Washburne, pedagogo americano, que veio à Europa especialmente para ver como funcionam as novas escolas progressistas, inspiradas no princípio da autonomia do aluno e da necessidade de satisfazer, na medida do possível, suas necessidades intelectuais (*New School in the Old World by* Carleton Washburne, Nova York, The John Day Company, 1930). Washburne descreve doze escolas, todas diferentes entre si, mas todas animadas por um espírito reformador, que, em algumas, é mitigado e se insere no velho tronco da escola tradicional, enquanto em outras assume um caráter até mesmo revolucionário. Cinco destas escolas são na Inglaterra, uma na Bélgica, uma na Holanda, uma na França, uma na Suíça, uma na Alemanha e duas na Tchecoslováquia; e cada uma delas nos apresenta um aspecto do complexo problema educacional.

A Public School de Oundle, uma das mais antigas escolas inglesas, diferencia-se das escolas do mesmo tipo somente porque, ao lado dos cursos teóricos de matérias clássicas e científicas, instituiu cursos manuais e práticos. Todos os estudantes são obrigados a frequentar, de acordo com sua escolha, uma oficina mecânica ou um laboratório científico: o trabalho manual é acompanhado pelo trabalho intelectual e, embora não exista nenhuma relação direta entre os dois, o aluno aprende a aplicar seus conhecimentos e desenvolve suas capacidades práticas. (Este exemplo mostra como é necessário definir exatamente o conceito de escola unitária, na qual o trabalho e a teoria estão estreitamente ligados: a aproximação mecânica das duas atividades pode ser um esnobismo. Grandes intelectuais dizem que se divertem trabalhando como torneiros, carpinteiros, encadernadores de livros, etc.; isto não é suficiente para que se possa dizer que sejam um exemplo de unidade entre trabalho manual e intelectual. Muitas destas escolas modernas são precisamente do tipo esnobe, que nada têm a ver, a não ser superficialmente, com a questão de criar um tipo de escola que eduque as classes instrumentais e subordinadas para um papel de direção na sociedade, como conjunto e não como indivíduos singulares.)

A escola média feminina de Streatham Hill aplica o sistema Dalton (que Ferrando chama de "desenvolvimento do método Montessori"); as moças são livres para seguir as lições (práticas ou teóricas) que desejem, contanto que, no fim de cada mês, tenham concluído o programa que lhes foi indicado; a disciplina das várias classes é confiada às alunas. O sistema tem um grave defeito: as alunas, em geral, deixam para os últimos dias do mês a execução de seu dever, o que compromete a seriedade da escola e constitui um sério inconveniente para as professoras, que devem ajudá-las e ficam sobrecarregadas de trabalho, ao passo que nas primeiras semanas têm pouco ou nada a fazer. (O sistema Dalton não é mais do que a extensão às escolas médias do método de estudo seguido nas universidades italianas, que deixam ao aluno toda a liberdade para o estudo: em certas faculdades, realizam-se vinte exames no quarto ano universitário e depois a tese de conclusão do curso, e o professor nem sequer conhece o aluno.)

Na pequena aldeia de Kearsley, E. F. O'Neill fundou uma escola primária na qual foi abolido "todo programa e todo método didático". O professor busca tomar consciência do que os meninos têm necessidade de aprender e começa depois a falar sobre aquele determinado assunto, buscando despertar a curiosidade e o interesse deles; tão logo o consiga, deixa que prossigam por sua conta, limitando-se a responder às suas perguntas e a guiá-los em suas investigações. Esta escola, que representa uma reação contra todas as fórmulas, contra o ensino dogmático, contra a tendência a tornar mecânica a instrução, "deu resultados surpreendentes"; os meninos se apaixonam de tal modo pelas lições que, por vezes, permanecem na escola até tarde da noite, afeiçoam-se a seus professores, que são para eles companheiros e não autocratas pedagogos, e sofrem sua influência moral; mesmo intelectualmente, o progresso deles é bastante superior ao dos alunos das escolas comuns. (É muito interessante como tentativa. Mas poderia ser generalizada? Encontrar-se-iam os professores numericamente necessários a essa tarefa? E, por acaso, não existem inconvenientes que não são referidos, como o dos meninos que têm de abandonar a escola, etc.? Poderia ser uma escola de elite ou um sistema de "pós-escola", em substituição à vida familiar.)

Um grupo de escolas primárias em Hamburgo: liberdade absoluta para as crianças; nenhuma distinção de classe, ausência de matérias de estudo, inexistência de ensino no sentido preciso da palavra. A instrução dos meninos deriva apenas das perguntas que fazem aos professores e do interesse que demonstram por um determinado fato. O Sr. Gläser, diretor dessas escolas, sustenta que o professor não tem sequer o direito de estabelecer o que os rapazes devem aprender; não pode saber o que eles vão ser na vida, assim como ignora para que tipo de sociedade devem ser preparados; a única coisa que o professor sabe é que "eles possuem uma alma que deve ser desenvolvida e, portanto, deve tentar lhes oferecer todas as possibilidades de manifestar-se". Para Gläser, a educação consiste "em liberar a individualidade de cada aluno, em permitir à sua alma que apareça e se expanda". Em oito anos, os alunos dessas escolas obtiveram bons resultados.

As outras escolas das quais fala Washburne são interessantes, já que desenvolvem certos aspectos do problema educativo; assim, por exemplo, a escola "progressista" da Bélgica se baseia no princípio de que os meninos aprendem entrando em contato com o mundo e ensinando aos outros. A escola Cousinet, na França, desenvolve o hábito do esforço coletivo, da colaboração. A de Glarisegg, na Suíça, insiste de modo especial em desenvolver o sentido da liberdade e da responsabilidade moral de cada aluno, etc. (É útil acompanhar todas estas tentativas, que não são mais do que "excepcionais", talvez mais para ver o que não se deve fazer do que por qualquer outra razão.)

§ 122. *Caráter cosmopolita da literatura italiana. A poesia provençal na Itália.* Foi publicada a coletânea completa das *Poesie provenzali storiche relative all'Italia* (Roma, 1931, na série das Fontes do Instituto Histórico Italiano), aos cuidados de Vincenzo De Bartholomaeis; Mario Pelaez a menciona, no *Marzocco* de 7 de fevereiro de 1932. "De cerca de 2.600 poesias provençais que chegaram até nós, 400 fazem parte da história da Itália, ou porque tratam de assuntos italianos, embora sejam de poetas que jamais estiveram na Itália, ou porque compostas por poetas provençais que nela estiveram ou, finalmente, porque escritas por italianos. Das 400, cerca de metade são puramente amorosas, as outras são históricas e oferecem, umas mais outras menos, testemunhos úteis para a reconstrução da vida e, em geral, da história italiana desde o fim do século XII à metade do século XIV. Duzentas poesias de cerca de oitenta poetas." Esses trovadores, provençais ou italianos, viviam nas cortes feudais da Itália setentrional, à sombra das pequenas senhorias ou nas Comunas, participavam da vida e das lutas locais, defendiam os interesses deste ou daquele senhor, desta ou daquela Comuna, com poesias de várias formas, das quais é rica a lírica provençal: poesias políticas, morais, satíricas, de cruzada, de lamentação, de conselho; canções, desafios, coplas, etc., as quais, aparecendo de tanto em tanto e circulando nos ambientes interessados, preenchiam a função hoje desempenhada pelo editorial dos jornais. De Bartholomaeis procurou datar essas poesias, o que não é difícil por causa das alusões que contêm; introduziu todos os subsídios que facilitem sua leitura, e as traduziu. É dada, de cada trovador, uma breve informação biográfica. Para a leitura do texto original, é fornecido um glossário das palavras mais difíceis de entender. Sobre a poesia provençal na Itália, deve-se ver o volume de Giulio Bertoni, *Trovatori d'Italia*.

§ 138. *Passado e presente.* Anedota de Giustino Fortunato. Parece ser de 1925 ou 1926. Narrada por Lisa. Parece que se falava com Fortunato sobre a luta política na Itália. Ele teria dito que, a seu ver, havia na Itália dois homens verdadeiramente perigosos, um dos quais Miglioli. [84] Estaria presente, além de Lisa, um certo Giordano Bruno, advogado, de quem nunca ouvi falar, apesar de seu nome trágico. Bruno teria dito: "Mas, senador, são dois homens de grande talento!"; disse-o ingenuamente, porque, de hábito, "perigoso" tem um significado estritamente "policial". E Fortunato, rindo: "Justamente porque são inteligentes são perigosos." Não sei se o episódio é verdadeiro e se, caso verdadeiro, Lisa estava presente ou somente "ouviu falar". Mas é verossímil e se enquadra perfeitamente no modo de pensar de Fortunato.

Recordar a carta de Fortunato citada por Prezzolini na primeira edição de seu volume *La cultura italiana*, bem como o necrológio de Piero Gobetti escrito por Einaudi (e também me parece que Fortunato tenha escrito alguma coisa no mesmo número único de *Baretti*); de qualquer modo, Fortunato mantinha relações com Gobetti e buscava imunizá-lo contra a influência da gente "perigosa".

§ 139. *Os intelectuais.* Sobre a função desempenhada pelos intelectuais na Espanha antes da queda da monarquia, deve-se ver o livro de S. de Madariaga, *Spagna. Saggio di storia contemporanea*, aos cuidados de Alessandro Schiavi, Laterza, Bári, 1932. Deve existir na Espanha, atualmente, uma ampla literatura sobre o assunto, já que a república se apresenta como uma república de intelectuais. O fenômeno espanhol tem características próprias, peculiares, determinadas pela situação particular das massas camponesas na Espanha. Contudo, deve-se aproximá-lo da função da *intelligentsia* russa, da função dos intelectuais italianos no *Risorgimento*, dos intelectuais alemães sob o domínio francês e dos enciclopedistas do século XVIII. Mas, na Espanha, a função dos intelectuais na política tem um caráter que é inconfundível e cujo estudo pode valer a pena.

§ 140. *Sobre a civilização inglesa.* Publicações sobre a literatura inglesa de J.J. Jusserand (*História literária do povo inglês*, *Histoire littéraire*, etc.). A obra de Jusserand é fundamental, até mesmo para os historiadores ingleses. Jusserand foi diplomata francês em Londres; havia sido aluno de Gaston Paris e de Hyppolite Taine. No momento de sua morte (cerca de setembro de 1932), tinham sido publicados dois volumes da obra principal de Jusserand, *Histoire littéraire du peuple anglais*; um terceiro volume, conclusivo, deveria acompanhá-los. Outros trabalhos sobre a literatura inglesa e sobre a história da cultura inglesa do mesmo autor.

§ 141. *Passado e presente. Características do povo italiano.* Como se explica a relativa popularidade "política" de G. D'Annunzio? É inegável que, em D'Annunzio, sempre existiram alguns elementos de "populismo": em seus discursos como candidato ao Parlamento, em seu gesto no Parlamento, na tragédia *La Gloria*, no *Fuoco* (discurso sobre Veneza e o artesanato), no *Canto di calendimaggio*, e até nas manifestações (pelo menos em algumas) políticas de Fiume. [85] Mas não me parece que sejam "concretamente" estes elementos de real significado político (vagos, mas reais) a explicar esta relativa popularidade. Outros elementos contribuíram: 1º) o apoliticismo fundamental do povo italiano (especialmente da pequena burguesia e dos pequenos intelectuais), apoliticismo irrequieto, litigioso, que permitia qualquer aventura, que dava a qualquer aventureiro a possibilidade de ter um séquito de algumas dezenas de milhares de homens, especialmente se a polícia se omitia ou se opunha apenas frouxamente e sem método; 2º) o fato de que não se encarnava no povo italiano nenhuma tradição de partido político de massa, ou seja, de que não existiam "diretrizes" histórico-políticas de massa orientadoras das paixões populares, tradicionalmente fortes e dominantes; 3º) a situação do pós-guerra, na qual tais elementos se apresentavam multiplicados, porque, após quatro anos de guerra, dezenas de milhares de homens se tornaram moralmente e socialmente "vagabundos", desenraizados, ávidos de sensações não mais impostas pela disciplina estatal, mas livremente, voluntariamente escolhidas por si mesmos; 4º) questões sexuais, que, naturalmente, depois de quatro anos se acirraram enormemente: as mulheres de Fiume atraíam muita gente (e, sobre este elemento, insiste estranhamente até Nino Daniele em seu pequeno livro sobre D'Annunzio [86]). Estes elementos só parecem de pouco valor se não se pensa que os vinte mil jovens reunidos em Fiume não representavam uma massa socialmente e territorialmente homogênea, mas eram "selecionados" em toda a Itália e tinham as origens mais variadas e díspares; muitos eram bastante jovens e não haviam feito a guerra, mas haviam lido a literatura de guerra e os romances de aventura.

Todavia, por baixo destas motivações momentâneas e ocasionais, parece que se deva também situar um motivo mais profundo e permanente, ligado a uma característica permanente do povo italiano: a admiração ingênua e fanática pela inteligência como tal, pelo homem inteligente como tal, que corresponde ao nacionalismo cultural dos italianos, talvez a única forma de chauvinismo popular na Itália. Para avaliar este nacionalismo, é preciso pensar na *Scoperta dell'America*, de Pascarella: Pascarella é o "vate" deste nacionalismo e seu tom de celebração é o mais digno de tal epopeia. [87] Este sentimento tem força desigual nas várias partes da Itália (é mais forte na Sicília e no Sul), mas está difundido por toda parte em certa medida, inclusive em Milão e em Turim (em Turim, por certo, menos do que em Milão e em outros lugares): é mais ou menos ingênuo, mais ou menos fanático e até mais ou menos "nacional" (tem-se a impressão, por exemplo, de que em Florença seja mais regional do que em outros lugares, e da mesma forma em Nápoles, onde também tem um caráter mais espontâneo e popular na medida em que os napolitanos acreditam ser mais inteligentes do que todos, como massa e como indivíduos; em Turim, poucas "glórias" literárias e mais tradição político-nacional, em razão da tradição ininterrupta de independência e liberdade nacional). D'Annunzio se apresentava como a síntese popular de tais sentimentos: "apoliticismo" fundamental, no sentido de que dele se podiam esperar todos os fins imagináveis, do mais à esquerda até o mais à direita, bem como o fato de que D'Annunzio era considerado popularmente como o homem mais inteligente da Itália.

CADERNO 14 (1932-1935)

§ 22. *Temas de cultura. Personalidades do mundo econômico nacional.* São menos conhecidas e valorizadas do que às vezes merecem. Uma classificação delas: 1) cientistas, escritores, jornalistas, cuja atividade é predominantemente teórica: que influenciam na prática, mas como "educadores" e teóricos; 2) práticos, mas que exercem muita atividade como "publicistas", "relatores" ou "conferencistas" (por exemplo, Alberto Pirelli, Teodoro Mayer, Gino Olivetti); 3) práticos, de valor indiscutível e sólido (por exemplo, Agnelli, Crespi, Silvestri, etc.), conhecidos do público; 4) práticos que se mantêm na sombra, embora sua atividade seja muito grande (por exemplo, Marsaglia); 5) práticos *demi-monde* (um exemplo típico era aquele contador Panzarasa, das empresas Italgás); 6) especialistas do Estado, especialistas da burocracia estatal em assuntos alfandegários, empresas autônomas, comércio internacional, etc.; 7) banqueiros e especuladores, etc. Devem examinar-se estas personalidades "práticas" em cada atividade industrial, técnica, financeira, etc. E também "político-parlamentar" (redatores e relatores de orçamentos e leis econômicas e financeiras no Senado e na Câmara) e "técnicos" (como o engenheiro Omodeo). A reunião das publicações periódicas do *Rotary* italiano, as publicações oficiais das confederações industriais e patronais poderiam dar um certo material: do mesmo modo, as publicações do Crédito Italiano sobre as sociedades anônimas.

§ 24. *Elementos de cultura italiana. A ideologia "romana".* Omodeo afirma (*Critica* de 20 de setembro de 1931): "(Bülow) busca confortar-se na luminosa atmosfera de Roma, inebriando-se com aquela poesia da Urbe, que Goethe difundiu entre os alemães, e que é tão diferente da retórica romana, filha em grande parte das escolas jesuíticas, corrente entre nós." [88] Deve-se notar que, nos *Sepolcri* de Foscolo, nos quais estão contidos, não obstante, tantos motivos da mentalidade e da ideologia do intelectual italiano dos séculos XIX-XX, Roma antiga tem um lugar mínimo e quase nulo. (O próprio *Primato*, de Gioberti, é talvez de origem "jesuítica", ainda que Gioberti tenha sido antijesuítico.)

§ 26. *Notas sobre cultura italiana. Sobre o protestantismo na Itália, etc.* Referência àquela corrente intelectual contemporânea que defende o princípio de que as fraquezas da nação e do Estado italiano se deviam à ausência de uma reforma protestante, corrente representada particularmente por Missiroli. Missiroli, ao que parece, toma esta sua tese de Sorel, que a havia tomado de Renan (pois Renan havia defendido uma tese similar, adaptada à França e mais complexa, em seu livro *A reforma intelectual e moral*). Na *Critica* de 1931, em diversas partes, foi publicado um ensaio inédito de Sorel, "Germanismo e Historicismo di Ernest Renan" escrito (datado) de maio de 1915 e que deveria servir como introdução à versão italiana do livro de Renan *A reforma intelectual e moral*, a ser traduzido por Missiroli e publicado por Laterza. A tradução de Missiroli não foi publicada e se compreende o motivo: em maio de 1915, a Itália intervém na guerra e o livro de Renan, com o prefácio de Sorel, teria aparecido como um ato de germanofilia. De qualquer modo, parece confirmar-se que a posição de Missiroli sobre a questão do "protestantismo na Itália" é uma dedução mecânica das ideias críticas de Renan e de Sorel sobre a formação e as necessidades da cultura francesa. Não é de excluir, porém, que Missiroli conhecesse também as ideias de Masaryk sobre a cultura russa (ele conhecia pelo menos o ensaio de Antonio Labriola sobre Masaryk: mas Labriola refere-se a esta tese "religiosa"? creio que não) e, em 1918, tomou conhecimento do ensaio sobre Masaryk, através do *Grido del Popolo*, no qual havia referência à tese religiosa e que foi publicado pelo *Kampf* de Viena, em 1914, e por mim traduzido precisamente no *Grido* (este ensaio era conhecido também por Gobetti). [89] As críticas feitas a Masaryk nesse ensaio aproximam-se, metodologicamente, das que Croce fizera aos defensores de "reformas protestantes", e é estranho que isto não tenha sido visto por Gobetti (do qual, ademais, é impossível dizer que não compreendesse este problema de uma maneira concreta, ao contrário de Missiroli, como é demonstrado pelas suas simpatias político-práticas). Ao contrário, seria preciso desancar Missiroli, que é um papel-carbono de alguns elementos culturais franceses.

No ensaio de Sorel, aparece também uma estranha tese defendida por Proudhon, a respeito de reforma intelectual e moral do povo francês (Renan, em sua obra, interessa-se pelas altas classes de cultura e tem para o povo um programa particular: confiar sua educação aos párocos rurais), que se aproxima da de Renan no que se refere ao povo.

Sorel sustenta, aliás, que Renan conhecera esta posição de Proudhon e havia sido por ela influenciado: as teses de Proudhon estão contidas na obra *La Justice dans la Révolution et dans l'Église*, tomo V, p. 342-344; segundo elas, seria preciso atingir uma reforma intelectual e moral do povo francês com a ajuda do clero, que teria, com a linguagem e o simbolismo religiosos, concretizado e garantido as verdades "laicas" da Revolução. No fundo, não obstante suas bizarrias, Proudhon é mais concreto do que aparenta: ele parece certamente estar convencido de que é necessária uma reforma intelectual em sentido laico ("filosófico", como diz ele), mas não sabe encontrar outro meio *didático* além da mediação do clero. Também para Proudhon, o modelo é o protestante, isto é, a reforma intelectual e moral ocorrida na Alemanha com o protestantismo, que ele gostaria de ver "reproduzida" na França, no povo francês, mas com maior respeito histórico pela tradição histórica francesa que está contida na Revolução. (Naturalmente, é preciso ler bem Proudhon antes de utilizá-lo para este tema.) A posição de Sorel é também estranha nesta questão: sua admiração por Renan e pelos alemães faz com que veja os problemas como puro intelectual abstrato.

Este problema do protestantismo não deve ser confundido com o problema "político" que se apresentou na época do *Risorgimento*, quando muitos liberais — os da *Perseveranza*, por exemplo — serviram-se do espantalho protestante para pressionar o papa a respeito do poder temporal e de Roma.

Deste modo, numa análise do problema religioso na Itália, cabe distinguir, em primeiro lugar, entre duas ordens fundamentais de fatos: 1) a real, efetiva, que faz com que se verifiquem nas massas populares movimentos de reforma intelectual e moral, seja como passagem do catolicismo ortodoxo e jesuítico a formas religiosas mais liberais, seja como evasão do campo confessional para uma concepção moderna do mundo; 2) as diversas atitudes dos grupos intelectuais diante de uma necessária reforma intelectual e moral.

A corrente Missiroli é a menos séria de todas, a mais oportunista, a mais diletante e desprezível pela pessoa de seu corifeu.

Assim, para cada uma destas ordens de fatos, deve-se distinguir cronologicamente entre várias épocas: a do *Risorgimento* (com o liberalismo laico, por um lado, e o catolicismo liberal, por outro); a que vai de 1870 a 1900, com o positivismo e o anticlericalismo maçônico e democrático; a que vai de 1900 até a guerra, com o modernismo e o filosofismo idealista; a que vai até a Concordata, com a organização política dos católicos italianos; e a da pós- Concordata, com uma nova posição do problema, tanto para os intelectuais quanto para o povo. É inegável, apesar do maior poder da organização católica e do despertar de religiosidade nesta última fase, que muitas coisas estão mudando no catolicismo, e que a hierarquia eclesiástica está alarmada com isso, pois não consegue controlar estas transformações moleculares: ao lado de uma nova forma de anticlericalismo, mais refinada e profunda do que a do século XIX, existe um maior interesse pelas coisas religiosas por parte dos laicos, que levam para a análise um espírito não educado pelo rigor hermenêutico dos jesuítas e, portanto, tendente com frequência à heresia, ao modernismo, ao ceticismo elegante. Um "excesso" para os jesuítas, que prefeririam que os laicos, ao contrário, só se interessassem por religião para acompanhar o culto.

§ 38. *Notas sobre cultura italiana.* 1) *A ciência e a cultura.* As correntes filosóficas idealistas (Croce e Gentile) determinaram um primeiro processo de isolamento dos cientistas (ciências naturais ou exatas) do mundo da cultura. A filosofia e a ciência se separaram e os cientistas perderam muito de seu prestígio. Um outro processo de isolamento ocorreu por causa do novo prestígio dado ao catolicismo e pela formação do centro neoescolástico. Assim, os cientistas "laicos" têm contra si a religião e a filosofia mais difundida: não podem deixar de ocorrer um encapsulamento deles e uma "desnutrição" da atividade científica, que não pode se desenvolver isolada do mundo da cultura geral. Mais ainda: dado que a atividade científica é, na Itália, estreitamente ligada ao orçamento do Estado, que não é dos maiores, a atrofia de um desenvolvimento do "pensamento" científico, da teoria, não pode ser compensada nem sequer por um desenvolvimento da "técnica" instrumental e experimental, que requer facilidade de meios e de dotações. Esta desagregação da unidade científica, do pensamento geral, é sentida: buscou-se remediá-la pela elaboração, também neste campo, de um "nacionalismo" científico, isto é, afirmando a tese da "nacionalidade" da ciência. Mas é evidente que se trata de construções exteriores extrínsecas, boas para congressos e celebrações oratórias, mas sem eficácia prática. Os cientistas italianos, entretanto, são valorosos e, com poucos meios, realizam sacrifícios inauditos e obtêm resultados admiráveis. O perigo maior, ao que parece, é representado pelo grupo neoescolástico, que ameaça absorver muito da atividade científica, esterilizando-a, como reação ao idealismo gentiliano. (Deve--se investigar a atividade organizadora do Conselho Nacional de Pesquisas e a eficácia que teve no desenvolvimento da atividade científica e tecnológica, bem como a das seções científicas da Academia da Itália.)

2) *Centralismo nacional e burocrático.* O fechamento das associações regionais ocorrido por volta de agosto de 1932. Ver que reações suscitaram na época. Afirmou-se que se tratava do movimento de uma consciência nacional cada vez mais sólida. Mas a ilação é justificada? Comparar com o movimento de centralização ocorrido na França após a Revolução e, particularmente, com Napoleão. A diferença parece evidente: na França, ocorrera um movimento nacional unitário, cuja expressão burocrática foi a centralização. Na Itália, não ocorreu o mesmo processo nacional; aliás, a burocracia centralizada tinha a finalidade, precisamente, de obstaculizar este processo. Seria interessante observar que forças unitárias se formaram, no pós-guerra, ao lado da burocracia tradicional: o que se deve notar é que estas forças, ainda que relativamente numerosas, não possuem um caráter de homogeneidade e de sistematicidade permanente, pois são de tipo "burocrático" (burocracia sindical, partidária, municipal, etc.).

3) *Ciência.* Ver o volume publicado por Gino Bargagli-Petrucci (na editora Le Monnier), no qual são recolhidos os discursos de cientistas italianos na Exposição de História das Ciências de 1929. Nesse volume, está incluído um discurso do padre Gemelli, que é um sinal dos

tempos, indicador da arrogância assumida por esses fradecos (sobre esse discurso, deve-se ver a resenha publicada na *Educazione Fascista* de 1932 e o artigo de Sebastiano Timpanaro na *Italia Letteraria* de 11 de setembro e 16 de outubro de 1932). [90]

§ 42. *Cultura italiana*. Insiste-se muito no fato de que aumentou o número dos livros publicados. O Instituto Italiano do Livro comunica que a média anual da década 1908-1918 foi exatamente de 7.300. Os cálculos feitos para 1929 (os mais recentes) dão a cifra de 17.718 (livros e opúsculos; excluídos os da Cidade do Vaticano, de San Marino, das colônias e dos territórios de língua italiana que não fazem parte do reino). Publicações polêmicas e, portanto, tendenciosas. Seria necessário observar: 1) se as cifras são homogêneas, isto é, se se calcula hoje como se fazia no passado, ou seja, se não foi alterado o tipo da unidade editorial base; 2) é preciso levar em conta que, no passado, a estatística sobre os livros era muito aproximativa e incerta (isto se observa em qualquer estatística, como a da colheita de grãos, por exemplo; mas é particularmente verdade no que diz respeito aos livros: pode-se dizer que, hoje, não só mudou o tipo de unidade calculada, mas que nada mais foge ao controle estatístico); 3) seria necessário observar se e como se modificou a composição orgânica do complexo livreiro: é certo que se multiplicaram as casas editoras católicas, por exemplo, e, consequentemente, a publicação de pequeninas obrinhas sem nenhuma importância cultural (multiplicaram-se, assim, as edições escolares católicas, etc.). Neste cálculo, dever-se-ia levar em conta as tiragens, particularmente no que diz respeito aos jornais e revistas.

Lê-se menos ou mais? E quem lê menos ou mais? Está se formando uma "classe média culta" mais numerosa do que no passado, que lê mais, ao passo que as classes populares leem muito menos; isto é revelado pela relação entre livros, revistas e jornais. Os jornais diminuíram de número e imprimem menos exemplares; leem-se mais revistas e livros (isto é, existem mais leitores de livros e revistas). Comparar a Itália e outros países no que diz respeito aos modos de realizar a estatística sobre livros e na classificação por grupos do que se publica.

§ 56. *Cultura italiana.* Serviços públicos intelectuais: além da escola, nos vários níveis, que outros serviços não podem ser deixados à iniciativa privada, mas — numa sociedade moderna — *devem* ser assegurados pelo Estado e pelas entidades locais (municipais e provinciais)? O teatro, as bibliotecas, os museus de vários tipos, as pinacotecas, os jardins zoológicos, os hortos florestais, etc. É preciso fazer uma lista de instituições que devem ser consideradas de utilidade para a instrução e a cultura públicas e que são consideradas como tais numa série de Estados, instituições que não poderiam ser acessíveis ao grande público (e se considera, por razões nacionais, que devam ser acessíveis) sem uma intervenção estatal. Deve-se observar que precisamente estes serviços são quase inteiramente negligenciados por nós; um exemplo típico são as bibliotecas e os teatros. Os teatros existem na medida em que são um negócio comercial: não são considerados serviços públicos. Dada a escassez do público teatral e a mediocridade das cidades, em decadência.

Na Itália, ao contrário, são abundantes as obras pias e as doações beneficentes: talvez mais do que em qualquer outro país. E devidas à iniciativa privada. É verdade que são mal administradas e mal distribuídas. (Estes elementos devem ser estudados como vínculos nacionais entre governantes e governados, como fatores de hegemonia. Beneficência é elemento de "paternalismo"; serviços intelectuais são elemento de hegemonia, ou seja, de democracia no sentido moderno.)

CADERNO 15 (1933)

§ 34. *Passado e presente. Estrela negra* [91]. Giovanni Ansaldo organiza em Gênova um *Raccoglitore Ligure*, "uma publicação de estudos e de investigações não só folclóricas mas muitas vezes históricas, literárias, artísticas, compilada com todos os sete sacramentos típicos de 'Estrela Negra', o qual aí se vale daquele seu particularíssimo gosto pela erudição miúda e pela *trouvaille* historicista, coadjuvado por um pequeno grupo de autênticos 'especialistas'" (*Italia Letteraria*, 19 de fevereiro de 1933). Parece ser o final justo para as tendências intelectuais de Ansaldo esta literatura de tipo "jesuítico", ou própria de um *Diário dos cretinos e dos curiosos*, como diria Edoardo Scarfoglio.

§ 46. *Ordem intelectual e moral.* Trechos do livro *Lectures and Essays on University Subjects*, do cardeal Newman. Antes de mais nada, e no plano mais geral, a universidade tem a tarefa humana de educar os cérebros para pensar de modo claro, seguro e pessoal, libertando-o das névoas e do caos nos quais uma cultura inorgânica, pretensiosa e confusionista ameaçava submergi-lo, graças a leituras mal absorvidas, conferências mais brilhantes do que sólidas, conversações e discussões sem conteúdo: "Um jovem de intelecto agudo e vivo, desprovido de uma sólida preparação, não tem mais a apresentar do que um acervo de ideias, ora verdadeiras ora falsas, que têm para ele o mesmo valor. Possui um certo número de doutrinas e fatos, mas descosidos e dispersos, não tendo princípios em torno dos quais coletá-los e situá-los. Diz, desdiz e se contradiz; e, quando é obrigado a expressar claramente seu pensamento, não mais se reencontra. Percebe mais as objeções do que as verdades, propõe mil questões às quais ninguém saberia responder; mas, enquanto isso, nutre a mais alta opinião sobre si e se irrita com os que discordam dele."

O método que a disciplina universitária prescreve para cada forma de investigação é muito diferente e muito diferente é o resultado: é "a formação do intelecto, isto é, um hábito de ordem e de sistema, o hábito de relacionar todo conhecimento novo com os que já se possui e integrá-los em conjunto e, o que é mais importante, a aceitação e o uso de certos princípios, como centro de pensamento... Onde existe esta faculdade crítica, a história não é mais um livro de novelas, nem a biografia um romance; os oradores e as publicações do dia perdem a infalibilidade; a eloquência não substitui o pensamento, nem as afirmações corajosas ou as descrições coloridas ocupam o lugar de argumentos". A disciplina universitária deve ser considerada como um tipo de disciplina para a formação intelectual, realizável também em instituições não "universitárias" em sentido oficial.

§ 53. *História literária ou da cultura.* Teoria americana (referida por Cambon em seu prefácio a um livro de Ford [92]) segundo a qual, em cada época, os grandes homens são grandes na atividade fundamental da própria época, razão pela qual seria absurdo "reprovar" os americanos por não possuírem grandes artistas, já que eles possuem "grandes técnicos" do mesmo modo como seria absurdo reprovar o Renascimento por ter possuído grandes pintores e escultores, mas não grandes técnicos — a origem desta teoria pode ser encontrada em Carlyle (*Sobre os heróis e o heroísmo*). Carlyle deve afirmar, mais ou menos, que, se Dante tivesse tido de agir como guerreiro, ou seja, se fosse obrigado a desenvolver sua personalidade num momento de necessidade militar, teria sido grande do mesmo modo, isto é, o heroísmo seria quase como uma forma que se enche do conteúdo heroico que prevalece numa época ou ambiente determinado.

Pode-se afirmar, todavia, que em épocas de envilecimento público, de esmagamento, etc., é impossível qualquer forma de "grandeza". Onde o grande caráter moral é combatido, não pode existir grande artista, etc. Metastasio não pode ser Dante ou Alfieri. Onde prospera Ojetti pode existir um Dante? Talvez um Michele Barbi! [93] Mas a questão, em geral, não me parece séria, se tiver como objeto a necessidade de que apareçam grandes gênios. Pode-se julgar somente a atitude diante da vida, mais ou menos conformista ou heroica, metastasiana ou alfieriana, o que certamente não é pouca coisa. Não se deve excluir que, onde a tradição deixou um largo estrato de intelectuais e um vivo ou predominante interesse por certas atividades, desenvolvam-se "gênios" que não correspondam à época em que vivem concretamente, mas àquelas nas quais vivem "ideal" ou culturalmente. Maquiavel poderia ser um deles. Ademais, esquece-se que toda época ou ambiente é contraditório e que alguém expressa e corresponde à própria época ou ambiente não somente colaborando com as formas de vida oficial, mas também combatendo-as implacavelmente. Ao que parece, também neste tema deve-se levar em conta a questão dos intelectuais e de seu modo de seleção nas várias épocas de desenvolvimento da civilização. E, deste ponto de vista, pode existir muito de verdade na afirmação americana. Épocas progressistas no campo prático podem não ter tido ainda tempo de se manifestarem no campo da criação estética e intelectual, ou podem ser neste campo atrasadas, filisteias, etc.

CADERNO 17 (1933-1935)

§ 19. *Temas de cultura.* Francesco Savorgnan di Brazzà recolheu em volume (*De Leonardo a Marconi*, Hoepli, Milão, 1933, VIII-368 p., L. 15) uma série de seus artigos que reivindicam para "individualidades" italianas uma série de invenções e descobertas (termômetro, barômetro, dínamo, galvanoplastia, higrômetro, telefone, paraquedas, etc.), que parecem ter sido muitas vezes "usurpadas" por estrangeiros. Noutra nota [94], observei como tal "reivindicação" é típica de "italiano mesquinho" que na realidade reduz a Itália à função da China, onde, como se sabe, "tudo" foi inventado. A nota se referia também a Cristóvão Colombo e à descoberta da América e estava ligada a uma série de observações sobre o fato de que, no século XV, os italianos perderam o espírito empreendedor (como coletividade), ao passo que italianos "empreendedores", para se afirmarem, tiveram de pôr-se a serviço de Estados estrangeiros ou de capitalistas estrangeiros.

§ 32. *Função cosmopolita da literatura italiana.* Ainda sobre o ensaio de Augusto Rostagni acerca da "Autonomia della Letteratura Romana" publicado em quatro partes na *Italia Letteraria* de 21 de maio de 1933 e *ss*. Segundo Rostagni, a literatura latina surge no início das guerras púnicas, como causa e efeito da unificação da Itália, como expressão essencialmente nacional, "com o instinto do progresso, da conquista, com o impulso das mais altas e vigorosas afirmações". Conceito anti-histórico, pois era impossível falar nessa época de fenômeno "nacional", mas somente de romanismo que unifica juridicamente a Itália (e uma Itália que ainda não corresponde ao que hoje entendemos por Itália, já que estava excluída a Alta Itália, que tem hoje não pouca importância no conceito de Itália). Que Rostagni tenha razão ao falar de “autonomia” da literatura latina, ou seja, de sustentar que esta é autônoma com relação à literatura grega, é algo que pode ser aceito; mas, na realidade, existia mais “nacionalidade” no mundo grego do que no romano-itálico. Ademais, mesmo que se admita terem as primeiras guerras púnicas modificado algo nas relações entre Roma e a Itália, que tenha ocorrido uma maior unidade até mesmo territorial, isto não altera o fato de que este período é muito breve e tem escassa importância literária: a literatura latina floresce após César, com o Império, isto é, precisamente quando a função da Itália torna-se cosmopolita, quando não mais se coloca o problema da relação entre Roma e a Itália, mas entre Roma-Itália e o Império. Não se pode falar de nacional sem o territorial: em nenhum desses períodos, o elemento territorial teve uma importância que não fosse meramente jurídico-militar, isto é, “estatal” em sentido governamental, sem conteúdo ético-passional.

II.

JORNALISMO

1. Caderno 24

(1934)

Jornalismo

§ 1. O tipo de jornalismo considerado nestas notas é o que poderia ser chamado de "integral" (no sentido que, no curso das próprias notas, ficará cada vez mais claro), isto é, o jornalismo que não somente pretende satisfazer todas as necessidades (de uma certa categoria) de seu público, mas pretende também criar e desenvolver estas necessidades e, consequentemente, em certo sentido, gerar seu público e ampliar progressivamente sua área. Se se examinam todas as formas existentes de jornalismo e de atividade publicístico-editorial em geral, vê-se que cada uma delas pressupõe outras forças a integrar ou às quais coordenar-se "mecanicamente". Para desenvolver criticamente o assunto e estudar todos os seus lados, parece mais oportuno (para os fins metodológicos e didáticos) pressupor uma outra situação: que exista, como ponto de partida, um agrupamento cultural (em sentido lato) mais ou menos homogêneo, de um certo tipo, de um certo nível e, particularmente, com uma certa orientação geral; e que se pretenda tomar tal agrupamento como base para construir um edifício cultural completo, autárquico, começando precisamente pela... língua, isto é, pelo meio de expressão e de contato recíproco. Todo o edifício deveria ser construído de acordo com princípios "racionais", isto é, funcionais, na medida em que há determinadas premissas e se pretende atingir determinadas consequências. Por certo, durante a elaboração do "plano", as premissas necessariamente se modificam, já que, se é verdade que uma certa finalidade pressupõe certas premissas, é também verdade que, durante a elaboração real da atividade determinada, as premissas são necessariamente modificadas e transformadas, e a consciência da finalidade — ampliando-se e concretizando-se — reage sobre as premissas, "adequando-as" cada vez mais. A existência objetiva das premissas permite pensar em certas finalidades, isto é, as premissas dadas só são tais em relação com certas finalidades imagináveis como concretas. Mas, se as finalidades começam progressivamente a realizar-se, o fato mesmo desta realização, da efetividade alcançada, modifica necessariamente as premissas iniciais, que porém não são mais... iniciais e, consequentemente, modificam-se também as finalidades imagináveis, e assim por diante. Muito raramente se pensa nesta conexão, ainda que seja de evidência imediata. Vemos sua manifestação nos empreendimentos "conforme um plano", que não são puros "mecanismos" precisamente porque se baseiam num modo de pensar no qual a parte da liberdade e do espírito de iniciativa (espírito de "combinações") é muito maior do que querem admitir, por causa do papel de máscaras da *commedia dell'arte* que lhes é próprio, os representantes oficiais da "liberdade" e da "iniciativa" abstratamente concebidas (ou concebidas de modo excessivamente "concreto"). Portanto, esta conexão é verdadeira, mas é também verdadeiro que as "premissas" iniciais se reapresentam continuamente, ainda que sob outras condições. Que uma "turma escolar" aprenda o alfabeto não significa que o analfabetismo desapareça subitamente e para sempre; a cada ano surgirá uma nova "turma" à qual ensinar o alfabeto. Todavia, é evidente que, quanto mais raro tornar-se o analfabetismo nos adultos, menos difícil será povoar as escolas elementares em 100%: existirão sempre analfabetos, mas eles tenderão a desaparecer até o limite normal das crianças de 5-6 anos.

§ 2. Eis como, nos *Annali dell'Italia cattolica* de 1926, descrevem-se os diversos tipos de jornal, com relação à imprensa católica: "Em sentido lato, o jornal 'católico' (ou sobretudo 'escrito por católicos') é o que não contém nada contra a doutrina e a moral católicas, e segue e defende suas normas. Dentro de tais linhas, o jornal pode defender orientações políticas, econômico-sociais ou científicas. Já o jornal 'católico' em sentido estrito é o que, de acordo com a autoridade eclesiástica, tem como finalidade direta um eficaz apostolado social cristão, a serviço da Igreja e em apoio à Ação Católica. Ele implica, pelo menos implicitamente, a responsabilidade da autoridade eclesiástica, devendo seguir suas normas e diretivas."

Distingue-se, em suma, entre o chamado jornal de informação ou "sem partido" explícito e o jornal de opinião, o órgão oficial de um determinado partido; ou seja, entre o jornal para as massas populares ou jornal "popular" e aquele dedicado a um público necessariamente restrito.

Na história da técnica jornalística, sob alguns aspectos, pode ser considerado como "exemplar" o *Piccolo* de Trieste, pelo menos tal como aparece no livro dedicado à história deste jornal por Silvio Benco (com relação à legislação austríaca sobre a imprensa, à posição do irredentismo italiano na Ístria, ao legalismo formal das autoridades imperiais ou régias, às lutas internas entre as diversas facções do irredentismo, à ligação entre a massa popular nacional e a direção política do nacionalismo italiano, etc.).

Em outros aspectos, muito interessante foi o *Corriere della Sera* no período giolittiano, ou liberal em geral, se se leva em conta a situação jornalística e político-cultural italiana, tão diversa da francesa e, em geral, da dos demais países europeus. [1] A nítida divisão, existente na França, entre jornais populares e jornais de opinião não pode existir na Itália, onde não há um centro tão populoso e culturalmente predominante como Paris (e onde existe menor "indispensabilidade" do jornal político mesmo nas classes superiores e chamadas cultas). Deve-se notar, de resto, como o *Corriere* — mesmo sendo o jornal mais difundido do país — jamais tenha sido explicitamente governamental, a não ser por breves períodos e de uma maneira também sua: aliás, para ser "estatal", devia quase sempre ser antigovernamental, expressando assim uma das mais notáveis contradições da vida nacional.

Seria útil investigar, na história do jornalismo italiano, as razões técnicas e político-culturais da influência obtida, durante um certo tempo, pelo velho *Secolo* de Milão. Ao que parece, na história do jornalismo italiano, podem-se distinguir dois períodos: o "primitivo", de indistinção genérica político-cultural, que tornou possível a grande difusão do *Secolo* com base num programa de vago "laicismo" (contra a influência clerical) e de vago "democratismo" (contra a influência preponderante na vida estatal das forças de direita): o *Secolo*, ademais, foi o primeiro jornal italiano "moderno", com matérias do exterior, com abundância de informações e de noticiário europeu, etc.; um período posterior no qual, através do transformismo, as forças de direita se "nacionalizam" em sentido popular e o *Corriere* substitui o *Secolo* na ampla difusão: o vago laicismo democrático do *Secolo* torna-se, no *Corriere*, unitarismo nacional mais concreto, o laicismo é menos plebeu e excessivo e o nacionalismo menos popular e democratizante. Deve-se notar como nenhum dos partidos que se distinguiram do populismo informe do *Secolo* tenha tentado recriar a unidade democrática num plano político-cultural mais elevado e concreto do que o anterior e primitivo; esta tarefa foi abandonada, quase sem luta, aos conservadores do *Corriere*. Não obstante, deveria ser esta a tarefa, após todo processo de clarificação e distinção: a de recriar a unidade, que se rompera no movimento progressista, num plano superior; esta tarefa deveria ter sido executada pela elite que, saindo da indistinção genérica, conseguira conquistar uma personalidade mais concreta, exercendo uma função de direção sobre o velho conjunto do qual se distinguira e destacara. O mesmo processo se repetiu no mundo católico após a formação do Partido Popular, "distinção" democrática que os direitistas conseguiram subordinar a seus próprios programas. Num e noutro caso, os pequeno-burgueses, mesmo sendo a maioria entre os intelectuais dirigentes, foram dominados pelos elementos da classe fundamental: os industriais do *Corriere*, no campo laico, e a burguesia agrária unida aos grandes proprietários, no campo católico, predominam sobre os profissionais da política do *Secolo* e do Partido Popular, embora esses representem a grande massa dos dois campos, os semiproletários e os pequeno-burgueses da cidade e do campo.

§ 3. *Tipos de revista*. De modo geral, podem-se estabelecer três tipos fundamentais de revista, caracterizados pelo modo como são redigidas, pelo tipo de leitor ao qual pretendem dirigir-se, pelas finalidades educativas que querem atingir. O primeiro tipo pode ser definido pela combinação dos elementos diretivos que se encontram, de modo especializado, na *Critica* de B. Croce, na *Politica* de F. Coppola e na *Nuova Rivista Storica* de C. Barbagallo. O segundo tipo, "crítico-histórico-bibliográfico", pela combinação dos elementos que caracterizavam os fascículos mais bem elaborados do *Leonardo* de L. Russo, da *Unitá* de Rerum Scriptor e da Voce de Prezzolini. O terceiro, pela combinação de alguns elementos do segundo tipo com o tipo de semanário inglês, como o *Manchester Guardian Weekly* ou o *Times Weekly*. [2]

Cada um destes tipos deveria ser caracterizado por uma orientação intelectual muito unitária e não antológica, isto é, deveria ter uma redação homogênea e disciplinada; portanto, poucos colaboradores "principais" devem escrever o corpo essencial de cada número. A orientação redacional deve ser fortemente organizada, de modo a produzir um trabalho intelectualmente homogêneo, apesar da necessária variedade do estilo e das personalidades literárias; a redação deve ter um estatuto escrito, o qual, quando coubesse, impediria as improvisações, os conflitos, as contradições (por exemplo, o conteúdo de cada número deve ser aprovado pela maioria da redação antes de ser publicado).

Um organismo unitário de cultura, que oferecesse aos diversos estratos do público os três tipos supracitados de revista (e, ademais, entre os três tipos deveria circular um espírito comum), ao lado de coleções de livros correspondentes, satisfaria as exigências de uma certa massa de público, que é mais ativa intelectualmente, mas apenas em estado potencial, e que é a que mais importa elaborar, fazer pensar concretamente, transformar, homogeneizar, de acordo com um processo de desenvolvimento orgânico que conduza do simples senso comum ao pensamento coerente e sistemático.

Tipo crítico-histórico-bibliográfico: exame analítico de obras, feito do ponto de vista dos leitores da revista que não possam, em geral, ler as próprias obras. Um estudioso que examina um fenômeno histórico determinado, visando a elaborar um ensaio sintético, deve realizar toda uma série de investigações e operações intelectuais preliminares que só são utilizadas em pequena parte. Este trabalho, ao contrário, pode ser utilizável para este tipo médio de revista, dedicado a um leitor que necessita ter diante de si, para se desenvolver intelectualmente, além do ensaio sintético, toda a atividade analítica em seu conjunto, que levou àquele determinado resultado. O leitor comum não tem, e não pode ter, um hábito "científico", que só se adquire com o trabalho especializado: por isso, deve ser ajudado a assimilar pelo menos o "sentido" deste hábito, através de uma atividade crítica oportuna. Não basta fornecer-lhe conceitos já elaborados e fixados em sua expressão "definitiva"; a concreticidade de tais conceitos, que reside no processo que levou àquela afirmação, escapa ao leitor comum: deve-se, por isso, oferecer-lhe toda a série dos raciocínios e das conexões intermediárias, de modo bastante detalhado e não apenas por indicações. Por exemplo: um movimento histórico complexo decompõe-se no tempo e no espaço e, além disso, pode decompor-se em diversos planos; assim, a Ação Católica — mesmo tendo sempre apresentado uma diretiva única e centralizada — apresenta grandes diferenças (e mesmo contrastes) de atitudes regionais nas diversas épocas e de acordo com os problemas particulares que enfrenta (por exemplo, a questão agrária, a orientação sindical, etc.).

Nas revistas deste tipo, são indispensáveis ou úteis algumas rubricas: 1) um dicionário enciclopédico político-científico-filosófico, no seguinte sentido: em cada número, devem-se publicar uma ou mais pequenas monografias de caráter enciclopédico sobre conceitos políticos, filosóficos e científicos que apareçam frequentemente nos jornais e nas revistas, e que o leitor médio dificilmente compreende ou mesmo deforma. Na realidade, toda corrente cultural cria sua linguagem, isto é, participa do desenvolvimento geral de uma determinada língua nacional, introduzindo termos novos, enriquecendo de conteúdo novos termos já em uso, criando metáforas, servindo-se de nomes históricos para facilitar a compreensão e o julgamento de determinadas situações atuais, etc. O tratamento deveria ser "prático" isto é, corresponder a exigências realmente sentidas e ser, quanto à forma de exposição, adequado à média dos leitores. Os redatores deveriam, na medida do possível, estar informados sobre os erros mais difundidos e reportar-se às próprias fontes dos erros, isto é, às publicações científicas de baixo nível, tipo *Biblioteca popolare Sonzogno* ou dicionários enciclopédicos (Melzi, Premoli, Bonacci, etc.), ou às enciclopédias populares mais difundidas (a Sonzogno, etc.). Estas exposições não deveriam apresentar-se de modo orgânico (por exemplo, em ordem alfabética ou de agrupamento por matéria), nem de acordo com uma economia preestabelecida de espaço, como se já fossem escritas tendo em vista uma obra de conjunto, mas deveriam, ao contrário, ser postas em relação imediata com os assuntos desenvolvidos pela própria revista, ou pelas revistas associadas de tipo superior ou mais elementar: a amplitude da exposição deveria ser fixada, em cada oportunidade, não de acordo com a importância intrínseca do tema, mas sim com o interesse jornalístico imediato (tudo isto é dito de modo geral e com o costumeiro grão de sal); em suma, a rubrica não deve se apresentar como um livro publicado em fascículos, mas como, em cada oportunidade, uma exposição de assuntos interessantes em si mesmos, dos quais poderá decorrer um livro, mas não necessariamente.

2) Ligada à anterior, tem-se a rubrica das biografias, que deve ser entendida em dois sentidos: seja na medida em que toda vida de um homem pode interessar à cultura geral de uma certa camada social, seja na medida em que um nome histórico pode entrar num dicionário enciclopédico por causa de um determinado conceito ou evento sugestivo. Assim, por exemplo, pode ocorrer que seja necessário falar-se de lorde Carson, a fim de fazer referência ao fato de que a crise do regime parlamentar já existia antes da guerra mundial e precisamente na Inglaterra, ou seja, no país onde este regime parecia ser mais eficiente e substancial; isto não quer dizer que se deva fazer toda a biografia de lorde Carson. A uma pessoa de cultura média interessam apenas dois dados biográficos: a) lorde Carson, em 1914, nas vésperas da guerra, recrutou em Uster um corpo armado bastante numeroso, a fim de se opor, através da insurreição, à aplicação da lei do *Home Rule* irlan-

dês, aprovada pelo Parlamento, o qual — segundo "o modo de dizer" inglês — "pode fazer tudo, menos que um homem se torne mulher"; b) lorde Carson não somente não foi punido por "alta traição", como logo depois se tornou ministro, quando eclodiu a guerra. (Pode ser útil que as biografias completas sejam apresentadas em rubrica separada.)

3) Uma outra rubrica pode ser a das autobiografias político-intelectuais. Se bem construídas, com sinceridade e simplicidade, podem ser do máximo interesse jornalístico e de grande eficácia formativa. O modo pelo qual alguém logrou separar-se de um certo ambiente provinciano e corporativo, através de que impulsos externos e de que lutas interiores, no sentido de atingir uma personalidade historicamente superior — isso pode sugerir, de modo vivo, uma orientação intelectual e moral, além de ser um documento do desenvolvimento cultural em determinadas épocas.

4) Uma rubrica fundamental pode ser constituída pelo exame crítico-histórico-bibliográfico das situações regionais (entendendo-se por região um organismo geoeconômico diferenciado). Muitos gostariam de conhecer e estudar as situações locais, que sempre interessam muito, mas não sabem como fazê-lo, por onde começar: não conhecem o material bibliográfico, não sabem fazer pesquisas nas bibliotecas, etc. Tratar-se-ia, portanto, de fornecer a trama geral de um problema concreto (ou de um tema científico), indicando os livros que trataram dele, os artigos publicados em revistas especializadas, bem como o material ainda bruto (estatísticas, etc.), sob a forma de resenhas bibliográficas, com particular difusão para as publicações pouco comuns ou em línguas estrangeiras. Este trabalho pode ser feito, de diversos pontos de vista, não só para as regiões, mas para problemas gerais, de cultura, etc.

5) Uma compilação sistemática de jornais e revistas para as partes que interessam às rubricas fundamentais: apenas citação dos autores, dos títulos, com breves referências sobre as tendências: esta rubrica bibliográfica deveria ser compilada para cada número; para determinados assuntos, deveria ser também retrospectiva.

6) Resenhas de livros. Dois tipos de resenha. Um tipo crítico--informativo: supõe-se que o leitor médio não possa ler o livro em questão, mas que lhe seja útil conhecer seu conteúdo e suas conclusões. Um tipo teórico-crítico: supõe-se que o leitor deva ler o livro em questão e, por conseguinte, ele não é meramente resumido, mas são desenvolvidas criticamente as objeções que lhe podem ser feitas, acentuam-se as partes mais importantes, desenvolve-se alguma parte que nele foi sacrificada, etc. Este segundo tipo de resenha é mais adequado às revistas de nível superior.

7) Uma compilação crítico-bibliográfica, ordenada por assunto ou grupo de questões, da literatura referente aos autores e às questões fundamentais para a concepção do mundo que está na base das revistas publicadas, envolvendo os autores italianos e as traduções italianas dos autores estrangeiros. Esta compilação deveria ser muito minuciosa e detalhada, pois deve-se levar em conta que somente através deste trabalho e desta elaboração crítica sistemática é que se pode chegar à verdadeira fonte de toda uma série de conceitos errados que circulam sem controle e sem censura. Deve-se também levar em conta que, em cada região italiana, dada a riquíssima variedade de tradições locais, existem grupos ou grupelhos caracterizados por motivos ideológicos e psicológicos particulares: "cada lugarejo tem ou teve seu santo local e, portanto, seu culto e sua capela."

A elaboração nacional unitária de uma consciência coletiva homogênea requer múltiplas condições e iniciativas. A difusão, por um centro homogêneo, de um modo de pensar e de agir homogêneo é a condição principal, mas não deve e não pode ser a única. Um erro muito difundido consiste em pensar que toda camada social elabora sua consciência e sua cultura do mesmo modo, com os mesmos métodos, isto é, com os métodos dos intelectuais profissionais. O intelectual é um "profissional" (*skilled*) que conhece o funcionamento de suas próprias "máquinas" especializadas; tem um seu "tirocínio" e um seu "sistema Taylor" próprios. É pueril e ilusório atribuir a todos os homens esta capacidade adquirida e não inata, do mesmo modo como seria pueril supor que todo operário manual possa desempenhar a função do maquinista ferroviário. É pueril pensar que um "conceito claro", difundido de modo oportuno, insira-se nas diversas consciências com os mesmos efeitos "organizadores" de clareza difusa: este é um erro "iluminista". A capacidade do intelectual profissional de combinar habilmente indução e dedução, de generalizar sem cair no formalismo vazio, de transferir certos critérios de discriminação de uma esfera a outra do julgamento, adaptando-os às novas condições, etc., constitui uma "especialidade" uma "qualificação", não um dado do senso comum vulgar. É por isso, portanto, que não basta a premissa da "difusão orgânica, por um centro homogêneo, de um modo de pensar e de agir homogêneo". O mesmo raio luminoso, passando por prismas diversos, dá refrações de luz diversas: se se pretende obter a mesma refração, é necessária toda uma série de retificações nos prismas singulares.

A "repetição" paciente e sistemática é um princípio metodológico fundamental: mas a repetição não mecânica, "obsessiva", material, e sim a adaptação de cada conceito às diversas peculiaridades e tradições culturais, sua apresentação e reapresentação em todos os seus aspectos positivos e em suas negações tradicionais, situando sempre cada aspecto parcial na totalidade. Descobrir a identidade real sob a aparente diferenciação e contradição, e descobrir a substancial diversidade sob a aparente identidade, eis o mais delicado, incompreendido e, não obstante, essencial dom do crítico das ideias e do historiador do desenvolvimento histórico. O trabalho educativo-formativo desenvolvido por um centro homogêneo de cultura, a elaboração de uma consciência crítica (por ele promovida e favorecida) sobre uma base histórica que contenha as premissas concretas para tal elaboração, este trabalho não pode limitar-se à simples enunciação teórica de princípios "claros" de método: esta seria uma mera ação própria de "filósofos" do século XVIII. O trabalho necessário é complexo e deve ser articulado e graduado: deve haver dedução e indução combinadas, a lógica formal e a dialética, identificação e distinção, demonstração positiva e destruição do velho. Mas não de modo abstrato, e sim concreto, com base no real e na experiência efetiva. Mas como saber quais são os erros mais difundidos e enraizados? Evidentemente, é impossível uma "estatística" dos modos de pensar e das opiniões pessoais individuais (com todas as combinações que daí resultam nos grupos e nos grupelhos) que possa fornecer um quadro orgânico e sistemático da efetiva situação cultural e dos modos pelos quais se apresenta realmente o "senso comum"; só resta mesmo a revisão sistemática da literatura mais difundida e mais aceita pelo povo, combinada com o estudo e a crítica das correntes ideológicas do passado, cada uma das quais "pode" ter deixado um sedimento, combinando-se de várias maneiras com as correntes anteriores e posteriores.

Nesta mesma ordem de observações insere-se um critério mais geral: as modificações nos modos de pensar, nas crenças, nas opiniões, não ocorrem mediante "explosões" rápidas, simultâneas e generalizadas, mas sim, quase sempre, através de "combinações sucessivas" de acordo com "fórmulas de autoridade" variadíssimas e incontroláveis. A ilusão "explosiva" nasce da ausência de espírito crítico. Assim como não se evoluiu, nos métodos de tração, da diligência puxada por animais aos modernos trens elétricos, mas evoluiu-se através de uma série de combinações intermediárias, que em parte ainda subsistem (como a tração animal sobre trilhos, etc.); assim como ocorre que o material ferroviário obsoleto nos Estados Unidos ainda continua utilizado durante muitos anos na China, representando neste país um progresso técnico; assim também se combinam variadamente, na esfera da cultura, as diversas camadas ideológicas; e o que se tornou "ferro velho" na cidade ainda é "utensílio" na província. Na esfera da cultura, aliás, as "explosões" são ainda menos frequentes e menos intensas do que na esfera da técnica, na qual uma inovação se difunde, pelo menos no plano mais elevado, com relativa rapidez e simultaneidade. Confunde-se a "explosão" de paixões políticas acumuladas num período de transformações técnicas, às quais não correspondem novas formas de organização jurídica adequada, mas sim imediatamente um certo grau de coerções diretas e indiretas, com as transformações culturais, que são lentas e graduais; e isto porque, se a paixão é impulsiva, a cultura é produto de uma complexa elaboração. (A referência ao fato de que, por vezes, o que se tornou "ferro velho" na cidade ainda é "utensílio" na província pode ser desenvolvida com utilidade.)

§ 4. Uma revista típica foi o *Osservatore* de Gozzi, isto é, o tipo de revista moralizante do século XVIII (que atingiu a perfeição na Inglaterra, onde surgira, com o *Spectator* de Addison), que teve uma certa significação histórico-cultural na difusão da nova concepção da vida, servindo de elo intermediário, para o leitor médio, entre a religião e a civilização moderna. Atualmente, este tipo — degenerado — conserva-se especialmente no campo católico, ao passo que, no campo da civilização moderna, transformou-se, incorporando-se às revistas humorísticas, que, a seu modo, gostariam de ser uma crítica "construtiva" dos costumes. As publicações tipo *Fantasio*, *Charivari*, etc., que não têm correspondentes na Itália (algo deste gênero eram o primitivo *Asino*, de Podrecca, e o *Seme*, escrito para os camponeses). Em alguns aspectos, são uma derivação da revista moralizante setecentista algumas seções da página local e da página policial dos jornais diários e os breves comentários e artigos da página de cultura. [3]

A *Frusta Letteraria* de Baretti é uma variedade do tipo: revista de bibliografia universal e enciclopédica, crítica de conteúdo com tendências moralizantes (crítica dos costumes, dos modos de ver, dos pontos de vista, partindo não da vida e dos acontecimentos diários, mas dos livros). *Lacerba* de Papini, em sua parte não artística, incluiu-se neste tipo de modo original e cativante graças a algumas qualidades, mas a tendência "satanista" ("Jesus pecador", "Viva o devasso" "Contra a família", etc., de Papini; o "Diário de bordo", de Soffici; os artigos de Italo Tavolato sobre o "Elogio da prostituição", etc.) era forçada, e a originalidade, com demasiada frequência, era artificial.

O tipo geral, pode-se dizer, pertence à esfera do "senso comum" ou "bom senso", já que sua finalidade é modificar a opinião média de uma determinada sociedade, criticando, sugerindo, ironizando, corrigindo, renovando e, em última instância, introduzindo "novos lugares-comuns". Se bem escritas, com vivacidade, com um certo sentido de distanciamento (de modo a não assumir tons de pregador), mas com cordial interesse pela opinião média, as revistas deste tipo podem ter grande difusão e exercer uma profunda influência. Não devem ter nenhuma "carranca", nem científica nem moralizante; não devem ser "filisteias" e acadêmicas, nem revelar-se fanáticas ou predominantemente partidárias: devem colocar-se no próprio campo do "senso comum", distanciando-se dele o suficiente para permitir o sorriso de burla, mas não de desprezo ou de altiva superioridade.

La Pietra e a *Compagnia della Pietra*. Mote de Dante, extraído dos versos de Pietra: "Assim, no meu falar, quero ser áspero." [4]

Todo estrato social tem seu "senso comum" e seu "bom senso", que são, no fundo, a concepção da vida e do homem mais difundida. Toda corrente filosófica deixa uma sedimentação de "senso comum": é este o documento de sua efetividade histórica. O senso comum não é algo rígido e imóvel, mas se transforma continuamente, enriquecendo-se com noções científicas e com opiniões filosóficas que penetraram no costume. O "senso comum" é o folclore da filosofia e ocupa sempre um lugar intermediário entre o folclore propriamente dito (isto é, tal como é entendido comumente) e a filosofia, a ciência, a economia dos cientistas. O senso comum cria o futuro folclore, isto é, uma fase relativamente enrijecida dos conhecimentos populares de uma certa época e lugar.

§ 5. *Anuários e almanaques.* O tipo de revista *Politica — Critica* exige, de imediato, um corpo de redatores especializados, em condições de fornecer, com certa periodicidade, um material cientificamente elaborado e selecionado; a existência deste corpo de redatores, que tenham atingido entre si um certo grau de homogeneidade cultural, não é absolutamente algo fácil, e representa um ponto de chegada no desenvolvimento de um movimento cultural. Este tipo de revista pode ser substituído (ou antecipado) pela publicação de um "anuário". Estes "anuários" não deveriam em nada assemelhar-se a um "almanaque" popular comum (cuja elaboração é ligada qualitativamente ao cotidiano, ou seja, é planejada tendo em vista o leitor médio do jornal cotidiano); não deve tampouco ser uma antologia ocasional de escritos excessivamente longos para serem acolhidos noutro tipo de revista; deveria, ao contrário, ser preparado de maneira orgânica, de acordo com um plano geral, de modo a funcionar como a antecipação de um determinado programa de revista. Poderia ser dedicado a um só assunto, ou então ser dividido em seções e tratar de uma série orgânica de questões fundamentais (a constituição do Estado, a política internacional, a questão agrária, etc.). Cada anuário deveria ser autossuficiente (não deveria ter escritos que continuassem em outro número) e deveria conter bibliografias, índices analíticos, etc.

Estudar os diversos tipos de "almanaques populares" que, se bem-feitos, são pequenas enciclopédias da atualidade.

§ 6. Para uma exposição geral dos tipos principais de revista, deve-se recordar a atividade jornalística de Carlo Cattaneo. [5] O *Archivio Triennale* e o *Politecnico* devem ser estudados com muita atenção (ao lado do *Politecnico*, a revista *Scientia* fundada por Rignano).

§ 7. *Ensaios originais e traduções.* A questão coloca-se especialmente para as revistas de tipo médio e elementar, que deveriam também ser compostas principalmente de escritos originais. É preciso reagir contra o hábito tradicional de encher as revistas com traduções, ainda que se trate de escritos devidos a pessoas "de prestígio". Todavia, a colaboração de escritores estrangeiros não pode ser abolida: ela tem sua importância cultural, de reação contra o provincianismo e a mesquinhez. Diversas soluções: 1) obter uma colaboração original; 2) resumir os principais escritos da imprensa internacional, elaborando uma rubrica como a dos "Marginalia" do *Marzocco*; 3) confeccionar suplementos periódicos apenas com traduções, com título parcialmente independente, com numeração própria de página, que contenha uma seleção orgânica, crítico-informativa, das publicações teóricas estrangeiras. (Deve-se observar o tipo *Minerva* popular e o tipo *Rassegna della stampa estera*, publicada pelo Ministério do Exterior.)

§ 8. *Rubricas científicas*. O tipo italiano do jornal diário é determinado pelo conjunto das condições organizativas da vida cultural no país: ausência de uma vasta literatura de divulgação, tanto através do livro como da revista. O leitor do jornal, por isso, quer encontrar em sua folha um reflexo de todos os aspectos da complexa vida social de uma nação moderna. Deve-se observar o fato de que o jornal italiano, relativamente mais bem-feito e mais sério que o de outros países, negligenciou no país a informação científica, ao passo que existia um corpo notável de jornalistas especializados na literatura econômica, literária e artística. Mesmo nas revistas mais importantes (como a *Nuova Antologia* e a *Rivista d'Italia*), a parte dedicada às ciências era quase nula (as condições, hoje, modificaram-se neste particular, e o *Corriere della Sera* tem uma série muito grande de colaboradores especializados nas questões científicas). Sempre existiram revistas científicas especializadas, mas não havia revistas de divulgação (deve-se ver o *Arduo*, que saía em Bolonha, dirigida por S. Timpanaro; muito difundida era a *Scienza per tutti* da Casa Sonzogno, mas, para um juízo sobre ela, basta recordar que foi dirigida durante muitos anos por... Massimo Rocca). [6]

A informação científica deveria ser parte integrante de qualquer jornal italiano, seja como noticiário científico-tecnológico, seja como exposição crítica das hipóteses e opiniões científicas mais importantes (a parte higiênico-sanitária deveria constituir uma rubrica autônoma). Um jornal popular, mais do que os outros, deveria ter essa seção científica, a fim de controlar e dirigir a cultura de seus leitores, que muitas vezes possui elementos de "bruxaria" ou é fantástica, bem como para "desprovincianizar" as noções correntes.

Dificuldade de contar com especialistas que saibam escrever popularmente: poder-se-ia fazer a compilação sistemática de revistas gerais e especiais de cultura profissional, das atas acadêmicas, das publicações estrangeiras, bem como redigir extratos e resumos em apêndices especiais, escolhendo cuidadosamente (e com conhecimento das exigências culturais do povo) os assuntos e o material.

§ 9. *Escolas de jornalismo.* Na *Nuova Antologia* de 1º de julho de 1928, foi publicado com este título um artigo de Ermano Amicucci, que talvez tenha sido posteriormente publicado, juntamente com outros, em livro. O artigo é interessante pelas informações e indicações que oferece. Deve-se sublinhar, todavia, que, na Itália, a questão é de solução muito mais complexa do que parece à leitura desse artigo, e é de crer que os resultados das iniciativas escolares não possam ser muito grandes (pelo menos no que diz respeito ao jornalismo tecnicamente entendido; as escolas de jornalismo serão escolas de propaganda política geral). Contudo, o princípio de que o jornalismo deva ser ensinado e que não é racional deixar que o jornalista se forme por si mesmo, de modo casual, através da pura "prática", este princípio é vital e se imporá cada vez mais, à medida que o jornalismo, também na Itália, vier a se tornar uma indústria mais complexa e um organismo civil mais responsável. A questão, na Itália, encontra seus limites no fato de que não existem grandes concentrações jornalísticas, por causa da descentralização da vida cultural nacional, de que os jornais são muito poucos e a massa dos leitores é escassa. O pessoal jornalístico é muito limitado e, portanto, alimenta-se através de suas próprias graduações de importância: os jornais menos importantes (e os semanários) servem de escola para os jornais mais importantes e vice-versa. Um redator de segunda classe do *Corriere* torna-se diretor ou redator-chefe de um jornal da província e um redator que se revela de primeira classe num jornal de província ou num semanário é absorvido por um grande jornal. Não existem na Itália centros como Paris, Londres, Berlim, etc., que contam com milhares de jornalistas, constituindo uma verdadeira categoria profissional difusa, economicamente importante; além disso, na Itália, em média, as remunerações são muito baixas. Em algumas regiões, como nas alemãs, o número de jornais publicados em todo o país é muito grande: à concentração em Berlim corresponde uma vasta estratificação na província.

Questão dos correspondentes locais, que raramente (só nas grandes cidades e, em geral, naquelas onde se publicam semanários importantes) podem ser jornalistas profissionais.

Para certos tipos de jornal, o problema da escola profissional deve ser resolvido no âmbito da própria redação, transformando ou integrando as reuniões periódicas da redação em escolas orgânicas de jornalismo; para assistirem a estas aulas, deveriam ser convidados também elementos estranhos à redação em sentido estrito (jovens e estudantes), até que elas cheguem a assumir o caráter de verdadeiras escolas político-jornalísticas, com lições de temas gerais (de história, de economia, de direito constitucional, etc.), confiadas também a especialistas alheios ao jornal e que saibam compreender suas necessidades.

Seria preciso partir do princípio de que todo redator ou repórter deve ser posto em condições de redigir e de dirigir todas as partes do jornal, assim como, de imediato, todo redator deveria adquirir as qualidades do repórter, isto é, dar toda sua atividade ao jornal, etc.

A respeito do número de jornalistas italianos, a *Italia Letteraria* de 24 de agosto de 1930 indica os dados de um recenseamento feito pela Secretaria do Sindicato Nacional dos jornalistas: em 30 de junho, estavam inscritos 1.960 jornalistas, dos quais 800 filiados ao Partido Fascista, assim distribuídos, respectivamente: sindicato de Bári, 30 e 26; Bolonha, 108 e 40; Florença, 108 e 43; Gênova, 113 e 39; Milão, 348 e 143; Nápoles, 106 e 45; Palermo, 50 e 17; Roma, 716 e 259; Turim, 144 e 59; Trieste, 90 e 62; Veneza, 147 e 59.

2. Dos cadernos miscelâneos

§ 16. *Ignóbil pijama.* Bruno Barilli, num artigo da *Nuova Antologia* (16 de junho de 1929), chama o uniforme carcerário de "aquela espécie de ignóbil pijama". Mas, talvez, já muitas maneiras de ver e de pensar sobre as coisas carcerárias venham mudando. Quando estava no cárcere de Milão, li na *Domenica del Corriere* uma "carta do leitor", que dizia mais ou menos o seguinte: "No trem, duas pessoas se encontram e uma delas diz que esteve vinte anos na prisão. — 'Claro que por razões políticas', diz a outra." Mas a veia epigramática não está nessa resposta, como poderia parecer pela referência. Pela "carta", revela-se que ter estado na cadeia já não causa repulsão, porque se pode ter sido preso por motivos políticos. E as "cartas do leitor" são um dos documentos mais típicos do senso comum popular italiano. Barilli chega a estar abaixo desse senso comum: filisteu até mesmo em comparação com os filisteus clássicos da *Domenica del Corriere.*

§ 17. *Riccardo Balsamo-Crivelli.* Sobre as "cartas do leitor" da *Domenica del Corriere*, deve-se notar essa observação do sr. Domenico Claps (*L'Italia che scrive*, junho de 1929) num artigo sobre Riccardo Balsamo-Crivelli (que, no título e no sumário, é confundido com Gustavo!): "Quem imaginaria que esse livro (*Cammina... Cammina...*) seria adotado como texto de língua na Universidade de Frankfurt?" Coitado dele, uma vez que, antes da guerra, empregavam como texto de língua, na Universidade de Estrasburgo, as "cartas do leitor"! Naturalmente, por Universidade, é preciso entender apenas o seminário de filologia romântica; quem escolhe não é o professor, mas somente o leitor de italiano, que pode ser um simples estudante universitário italiano; e, por "texto de língua", cabe entender o texto que dê aos estudantes alemães um modelo da língua falada pela média dos italianos e não da língua literária ou artística. A escolha das "cartas do leitor", portanto, é muito sensata; e o sr. Domenico Claps é também ele um "italiano mesquinho", ao qual Balsamo-Crivelli deveria desafiar para um duelo [1].

§ 116. *Intelectuais italianos.* Comparação entre a concentração cultural francesa, sintetizada no "Instituto da França" e a não coordenação italiana. Revistas de cultura francesas e italianas (tipo *Nuova Antologia — Revue des deux mondes*). Jornais italianos muito mais bem-feitos do que os franceses: eles cumprem duas funções — a de informação e de direção política geral, e a função de cultura política, literária, artística, científica, que não tem um órgão próprio difundido (a pequena revista para a média cultura). Na França, aliás, mesmo a primeira função distinguiu-se em duas séries de cotidianos: os de informação e os de opinião, os quais, por sua vez, ou dependem diretamente de partidos, ou têm uma aparência de imparcialidade (*Action Française — Temps — Débats*). Na Itália, pela falta de partidos organizados e centralizados, não se pode prescindir dos jornais: são os jornais, agrupados em série, que constituem os verdadeiros partidos. Por exemplo: no pós-guerra, Giolitti tinha uma série de jornais que representavam as várias correntes ou frações do partido liberal democrático: *La Stampa*, em Turim, que buscava influir sobre os operários e, de vez em quando, tinha fortes tendências reformistas (em *La Stampa*, todas as posições eram "de vez em quando", intermitentes, a depender de Giolitti estar ou não no poder, etc.); *La Tribuna*, em Roma, que era ligada à burocracia e à indústria protecionista (*La Stampa*, ao contrário, era mais livre-cambista, de modo mais acentuado quando Giolitti não estava no poder); *Il Mattino*, em Nápoles, ligado às claques meridionais giolittianas, com outros órgãos menores (*La Stampa*, graças a certa colaboração e a serviços de informação, estava à frente de um truste jornalístico do qual faziam parte, sobretudo, *Il Mattino*, *La Nazione* e também *Il Resto del Carlino*).

Il Corriere della Sera formava uma corrente à parte, que buscava ser na Itália o que é o *Times* na Inglaterra, guardião dos valores nacionais acima das diferentes correntes. De fato, estava ligado à indústria lombarda de exportação têxtil (e de pneumáticos) e, por isso, era mais permanentemente livre-cambista: no pós-guerra, o *Corriere* estava à direita do nittismo (depois de ter apoiado Salandra). [2) O nittismo tinha também uma série de jornais: o *Corriere*, à direita; o *Carlino*, ao centro-direita; *Il Mondo*, ao centro-esquerda; *Il Paese*, à esquerda. O nittismo tinha dois aspectos: plutocrático, ligado à indústria protegida, e de esquerda. Uma posição à parte era ocupada pelo *Giornale d'Italia*, ligado à indústria protegida e aos grandes proprietários fundiários da Emília, do Centro e do Sul. É interessante observar que os grandes jornais que representavam a tradição do Partido de Ação — *Il Secolo* (em Milão), *Gazzetta del Popolo* (em Turim), *Messaggero* (em Roma), *Roma* (em Nápoles) — tiveram, entre 1921 e 1925, uma atitude diversa daquela da *Stampa*, do *Corriere*, do *Giornale d'Italia-Tribuna*, do *Mattino* e também do *Resto del Carlino*.

O *Corriere* foi sempre antigiolittiano, como expliquei numa nota anterior. [3] Mesmo na época da guerra líbica, o *Corriere* se conservou neutro até poucos dias antes da declaração de guerra, quando publicou o artigo de Andrea Torre, barulhento e cheio de disparates.

O nittismo era ainda uma formação política *in fieri*: mas Nitti carecia de algumas qualidades essenciais a um homem de Estado, era muito medroso fisicamente e muito pouco decidido: era porém muito esperto, mas essa é uma qualidade subalterna. A criação da Guarda Régia é o único ato político importante de Nitti: Nitti queria criar um parlamentarismo de tipo francês (deve-se notar como Giolitti buscava sempre as crises extraparlamentares: Giolitti, com esse "truque", queria manter formalmente intacto o direito do rei de nomear os ministros fora ou, pelo menos, *a latere* do Parlamento; em todo caso, impedir que o governo fosse excessivamente ou exclusivamente ligado ao Parlamento), mas se colocava o problema das forças armadas e de um possível golpe de Estado. Já que os carabineiros dependiam tanto disciplinar quanto politicamente do Ministério da Guerra, ou seja, do Estado-Maior (ainda que, financeiramente, dependessem do Ministério do Interior), Nitti criou a Guarda Régia, como força armada dependente do Parlamento, como contrapeso a qualquer veleidade de golpe de Estado. Por um estranho paradoxo, a Guarda Régia — que era um exército profissional completo, ou seja, de tipo reacionário — deveria ter uma função democrática, como força armada da representação nacional contra as possíveis tentativas das forças irresponsáveis e reacionárias. Deve-se observar a luta oculta que se travou, em 1922, entre nacionalistas e democratas em torno dos carabineiros e da Guarda Régia. Os liberais, sob a máscara de Facta, queriam reduzir o corpo dos carabineiros ou incorporar uma grande parte deles (50%) à Guarda Régia. Os nacionalistas reagem e, no Senado, o general Giardino fala contra a Guarda Régia e consegue fazer dissolver sua cavalaria (recordar a cômica e mísera defesa que *Il Paese* fez dessa cavalaria: o prestígio do cavalo, etc.) [4].

As diretivas de Nitti eram muito confusas: em 1918, quando era ministro da Fazenda, fez uma campanha oratória em favor da industrialização acelerada da Itália, inventando mentiras sobre as riquezas minerais de ferro e de carvão do país (o ferro era aquele do Cogne, o carvão era a linhita toscana: Nitti chegou a afirmar que a Itália poderia exportar tais minerais, depois de ter abastecido uma sua indústria decuplicada; cf., sobre isso, *L'Italia in rissa*, de E. Ciccotti). Defendeu, antes do armistício, uma apólice de seguro aos combatentes, de 1.000 liras, ganhando assim a simpatia dos camponeses. Significado da anistia aos desertores (italianos no exterior que não mais teriam feito remessas, sobre as quais o Banco de Descontos tinha quase o monopólio). Discurso de Nitti sobre a impossibilidade técnica da revolução na Itália, que produziu um efeito fulgurante no Partido Socialista (cotejar o discurso de Nitti com a carta aberta de Serrati, de novembro ou dezembro de 1920 [5]). A Guarda Régia era formada por 90% de sulistas. Programa de Nitti sobre as bacias montanhosas na Itália meridional, que produziu tanto entusiasmo.

A morte do general Ameglio, que se suicidou depois de uma altercação pública com o general Tettoni, encarregado de uma inspeção administrativa sobre a gestão da Cirenaica (Ameglio era o generalíssimo da Guarda Régia). A morte de Ameglio, pela sua tragicidade, deve ser ligada ao suicídio do general Pollio em 1914 (Pollio tinha, em 1912, no momento da renovação da Tríplice, assinado a convenção militar-naval com a Alemanha, que entrava em vigor em 6 de agosto de 1914: parece-me que, com base nessa convenção, o *Emdem* e o *Göschen* poderiam refugiar-se no porto de Messina: cf., sobre isso, as publicações de Rerum Scriptor na *Rivista delle Nazioni Latine* e em *L'Unità* de 1917-1918, que eu resumi em *Il Grido del Popolo*). Em suas memórias, Salandra refere-se à morte repentina de Pollio (não diz que foi suicídio): o famoso "Memorando" de Cadorna, que Salandra afirma não conhecer, deve refletir a visão do Estado-Maior sobre a gestão Pollio e situar-se no quadro da Convenção de 1912; a declaração de Salandra de não tê-lo conhecido é extremamente importante e plena de significados sobre a política italiana e sobre a real situação do elemento parlamentar no governo.

No estudo dos jornais como capazes de desempenhar a função de partido político, é preciso levar em conta os indivíduos singulares e sua atividade. Mario Missiroli é um desses. Mas os dois tipos mais interessantes são Pippo Naldi e Francesco Ciccotti. Naldi começou como jovem liberal borelliano — colaborador de pequenas revistas liberais —, diretor do *Resto del Carlino* e de *Il Tempo*: foi um importantíssimo agente de Giolitti e de Nitti; ligado aos irmãos Perrone e, certamente, a outros grandes negocistas; durante a guerra, sua atividade é das mais misteriosas. A atividade de Ciccotti é das mais complexas e difíceis, embora seu valor pessoal seja medíocre. Durante a guerra teve atitudes disparatadas: foi sempre um agente de Nitti ou, por algum tempo, também de Giolitti? Em Turim, em 1916-17, era inteiramente derrotista; convidava à ação imediata. Se se pode falar de responsabilidades individuais pelos fatos de agosto de 1917, Ciccotti deveria ter sido considerado o mais responsável: ao contrário, foi apenas interrogado pelo promotor e nenhum processo foi aberto contra ele. [6] Recordo sua conferência de 1916 ou 1917, depois da qual foram presos cerca de cem jovens e adultos acusados de terem gritado "*Viva a Áustria!*". Não creio que ninguém tenha gritado isso; mas, depois da conferência de Ciccotti, não teria sido estranho que alguém o tivesse feito. Ciccotti começou sua conferência dizendo que os socialistas eram responsáveis por uma grave culpa: ter afirmado que a guerra era capitalista. Segundo Ciccotti, isso significava enobrecer a guerra. Então, com uma notável habilidade para despertar os sentimentos populares elementares, ele desenvolveu uma fábula, com fortes tintas, que começava mais ou menos assim: numa determinada noite, haviam se reunido, no Café Faraglino, Vincenzo Morello (Rastignac), o senador Artom e um terceiro que não me lembro, etc.; a guerra se devera à conjuração desses três e ao dinheiro de Barrère [7]. — Lembro-me de ter visto alguns operários, que conhecia como pessoas calmíssimas e equilibradas, ficarem com os cabelos em pé, frenéticos, saindo da sala, após a peroração, num estado de incrível excitação. No dia seguinte, *La Stampa* publicava um artigo não assinado, escrito por Ciccotti, no qual se afirmava a necessidade de uma aliança entre Giolitti e os operários, que devia ser feita a tempo, ou seja, antes que o aparelho estatal caísse completamente nas mãos dos apulienses de Salandra. Alguns dias depois, *La Giustizia* de Reggio Emilia publicava a resenha de uma conferência de Ciccotti em Reggio, onde exaltara o prampolinismo, etc. Recordo que mostrei esse jornal a alguns "duros", que estavam envolvidos por Ciccotti e queriam que se fizesse uma campanha (claro que sob inspiração do próprio Ciccotti) para dar-lhe o *Avanti!* Ninguém ainda estudou a fundo os fatos de Turim em agosto de 1917. É certíssimo que os fatos foram espontâneos e se deveram à falta prolongada de pão, a qual, nos dez dias que antecederam os fatos, tinha determinado a falta absoluta de qualquer alimento popular (arroz, polenta, batatas, legumes, etc.). Mas a questão é a seguinte: como explicar essa absoluta falta de alimentos? (Absoluta: na casa onde eu morava, faltaram três refeições seguidas, depois de um mês no qual o número de refeições que faltavam aumentava a cada dia: e era uma casa do centro.) O prefeito Verdinois, na sua autodefesa publicada em 1925, não dá explicações suficientes; o ministro Orlando advertiu Verdinois só administrativamente e, no discurso que fez à Câmara, também se saiu mal; nesse meio-tempo, nenhuma investigação foi feita. Verdinois acusa os operários, mas sua acusação e uma tolice: ele diz que os fatos não tiveram como causa a falta de pão, já que continuaram mesmo quando foi vendido o pão feito com farinha dos depósitos militares. Mas *La Gazzetta Popolare*, já há vinte dias, previa graves fatos por causa da falta de pão e advertia cotidianamente para a necessidade de fornecê-lo: naturalmente, depois mudou de tom e só falou de dinheiro estrangeiro. Como ocorreu que faltasse pão numa cidade cujos arredores têm muito pouco trigo e que se tornara uma grande fábrica de guerra, com uma população acrescida de 100 mil trabalhadores empenhados na fabricação de munições?

Tive a convicção de que a falta de pão não foi casual, mas devida à sabotagem da burocracia giolittiana, e, em parte, à inépcia de Canepa, que nem tinha a capacidade para seu cargo nem era capaz de controlar a burocracia que dependia do seu comissariado [8]. Os giolittianos eram de um fanatismo germanófilo incrível: eles sabiam que Giolitti não podia ir ao poder, mas queriam criar um elo intermediário, Nitti ou Orlando, e derrubar Boselli; o mecanismo funcionou tarde, quando Orlando já estava no poder, mas o fato fora preparado para precipitar a queda do Governo Boselli sobre uma poça de sangue turinês. Por que Turim foi escolhida? Porque era quase toda neutralista, porque Turim fizera greve em 1915, mas sobretudo porque os fatos tinham importância particularmente em Turim. Ciccorti foi o principal agente dessa trama; ele ia com muita frequência a Turim, e nem sempre para pronunciar conferências para os operários, mas também para falar com o pessoal de *La Stampa*. Não creio que os giolittianos estivessem em contato com a Alemanha: isso não era indispensável. O seu rancor pelos fatos de 1915 em Roma era tão grande, e eles acreditavam tanto que a hegemonia piemontesa seria fortemente abalada ou mesmo destruída, que eram capazes de tudo: o processo de Portogruaro contra Frassati e a questão do coronel Gamba mostram apenas que essa gente perdera todo controle. É preciso ter visto a satisfação com que os redatores da *Stampa*, depois de Caporetto, falavam do pânico que reinava em Milão entre os dirigentes, bem como da decisão do *Corriere* de transferir todas as suas instalações, para compreender do que eram capazes: indubitavelmente, os giolittianos tiveram medo de uma ditadura militar que os encostasse contra a parede; falavam de uma conjura Cadorna-Albertini para dar um golpe de Estado: o seu desassossego para chegarem a um acordo com os socialistas era incrível.

Durante a guerra, Ciccotti serviu de intermediário para publicar no *Avanti!* artigos do Controle Democrático inglês (os artigos eram recebidos pela sra. Chiaraviglio). Lembro-me que Serrati narrou seu encontro em Londres com uma senhora que queria lhe agradecer em nome do Comitê e o espanto do pobre homem, que, em meio a essas intrigas, não sabia que decisão tomar. Um outro caso contado por Serrati: o artigo de Ciccotti contra o Banco Comercial foi autorizado, o artigo contra o Banco de Descontos foi censurado; o comentário de Ciccotti a um discurso de Nitti foi primeiro censurado, depois autorizado, após um telefonema de Ciccotti que mencionava uma promessa feita por Nitti, mas não foi publicado por Serrati, etc. Mas o episódio mais interessante é aquele dos jesuítas, que, através de Ciccotti, tentavam fazer cessar a campanha em favor dos Santos Mártires; o que, em troca, terão os jesuítas dado a Ciccotti? [9] Mas, apesar de tudo, Ciccotti não foi expulso, já que seria preciso dar-lhe a indenização jornalística. Um outro desses tipos foi Carlo Bazzi.

CADERNO 2 (1929-1933)

§ 26. *Os jornais alemães.* Três grandes concentrações jornalísticas: Ullstein, Mosse, Scherl, as duas primeiras democráticas, a terceira de direita (imprensa de Hugenberg [10]).

A Casa Ullstein publica: a *Vossische Zeitung*, para o público culto, com escassa tiragem (40 mil exemplares?), mas de importância europeia, dirigida por Georg Bernhard (é considerada como muito francófila); o *Morgenpost*, o mais difundido jornal de Berlim e talvez da Alemanha (provavelmente 500 mil exemplares), para a pequena burguesia e os operários; a *Berliner Allgemeine Zeitung*, que se ocupa de questões locais; a *Berliner Illustrierte* (similar à *Domenica del Corriere*), divulgadíssima; a *Berliner Zeitung am Mittag*, sensacionalista, cujo público diário é de 100 mil leitores; o *Uhu*, o *Querschnitt* ("A transversal") e *Die Koralle*, do tipo *Lettura*; e outras publicações sobre moda, comércio, técnica, etc. A Ullstein é ligada ao *Telegraf* de Amsterdã, ao *Az Est* de Budapeste, à *Neue Freie Presse* (o *Corriere della Sera*, para suas informações de Berlim, apoia-se na Ullstein).

A editora Rudolph Mosse publica o grande cotidiano democrático *Berliner Tageblatt* (300 mil exemplares), dirigido por Theodor Wolf, que possui dezessete suplementos (*Beilagen*) e edições especiais para o exterior, em alemão, francês, inglês; é um jornal de importância europeia, caro e difícil para o povo miúdo; publica ainda *Berliner Morgenzeitung*, *Berliner Volkszeitung*, em estilo popular, mas com as mesmas diretrizes políticas. *La Stampa*, de Turim, apoia-se na Casa Mosse.

Editora Scherl: *Lokal-Anzeiger*, leitura predileta dos lojistas e da pequena burguesia fiel à velha Alemanha imperial; o *Tag*, para um público mais seleto; a *Woche*, a *Gartenlaube* ("Pérgula").

Jornais, da direita à esquerda: *Deutsche Zeitung*, ultranacionalista, mas pouco difundido; *Völkischer Beobachter*, de Hitler, pouco difundido (20 mil). Pouco difundido, também, é o *Neue Preussische Zeitung* (10 mil), que continua a ser chamado de *Kreuz Zeitung*: é o órgão clássico dos *Junker* (latifundiários prussianos), ex-oficiais nobres, monarquistas e absolutistas, que continuaram ricos e sólidos porque se apoiam na propriedade fundiária; mas, ao contrário, tira 100 mil exemplares o *Deutsche Tageszeitung*, órgão do *Bund der Landwirte* (Federação dos Agrários), que está nas mãos de pequenos proprietários e de administradores rurais, e contribui para manter a opinião pública rural fiel ao antigo regime.

Alemães nacionais: o *Tag* (100 mil); *Lokal Anzeiger* (180 mil); *Schlesische Zeitung*; *Berliner Börsen Zeitung* (jornal financeiro de direita); *Täglische Rundschau* (30 mil), mas importante por ser o jornal oficioso de Streseman; *Deutsche Allgemeine Zeitung*, órgão da indústria pesada, também alemão-popular. Outros jornais alemães populares, isto é, de direita moderada, com adesão condicional ao atual regime e difundidos entre os industriais, são: o *Magderburgische Zeitung*, o *Kölnische Zeitung* (52 mil), de fama europeia pela sua autoridade em política externa, o *Hannoverscher Kurier*, os *Münckner Neueste Nachrichten* (135 mil) e os *Leipziger Neueste Nachrichten* (170 mil).

Jornais de centro: o *Germania* (10 mil); mas muito difundidos são os jornais católicos de província, como o *Kölnische Volkszeitung*.

Os jornais democráticos são os mais bem-feitos: *Vossische Zeitung*, *Berliner Tageblatt*, *Berliner Börsen-Courier*, *Frankfurter Zeitung*. Os social-democratas têm um jornal humorístico: *Lachen links* ("Riso à esquerda").

CADERNO 4 (1930-1932)

§ 77. *Tipos de revista*. Uma rubrica permanente sobre as correntes científicas. Mas não para divulgar noções científicas. Para expor, criticar e enquadrar as "ideias científicas" e suas repercussões sobre as ideologias e sobre as concepções do mundo, e para promover o princípio pedagógico-didático da "história da ciência e da técnica como base da educação formativo-histórica na nova escola".

CADERNO 5 (1930-1932)

§ 125. *Tipos de revista. Resenhas críticas bibliográficas*. Seria importantíssima uma sobre os resultados da crítica histórica aplicada às origens do cristianismo, à personalidade histórica de Jesus, aos evangelhos, às suas diferenças, aos evangelhos sinópticos e ao de João, aos evangelhos ditos apócrifos, à importância de São Paulo e dos apóstolos, às discussões sobre Jesus ser a expressão de um mito, etc. (Cf. os livros de Omodeo, etc.; as coleções de Couchoud na Editora Rieder, etc. [11])

O tema me foi sugerido pelo artigo de Alessandro Chiappelli, "Il culto di Maria e gli errori della recente critica storica", na *Nuova Antologia* de 1º de dezembro de 1929, contra A. Drews e seu livro *Die Marien Mithe*. Sobre estes assuntos, seria preciso consultar os artigos de Luigi Salvatorelli (por exemplo, seu artigo na *Rivista storica italiana*, nova série, VII, 1928, sobre o nome e o culto de um divino Joshua). Nas notas deste artigo de Chiappelli, existem muitas referências bibliográficas.

§ 131. *Tipos de revista. Uma rubrica gramatical-linguística.* A rubrica "Querelles de langage", confiada nas *Nouvelles Littéraires* a André Thérive (que é o crítico literário do *Temps*), chamou minha atenção para a utilidade que teria uma rubrica similar nos jornais e nas revistas italianos. Para a Itália, a rubrica seria de redação bem mais difícil, dada a ausência de grandes dicionários modernos e, notadamente, de grandes obras de conjunto sobre a história da língua (como os livros de Littré e de Brunot na França e como outros ainda), que poderiam pôr qualquer literato ou jornalista médio em condições de alimentar a referida rubrica. O único exemplo deste gênero de literatura na Itália foi o *Idioma gentile*, de De Amicis (além dos capítulos sobre o vocabulário nas *Pagine Sparse*), mas que tinha caráter muito pedante e excessivamente preocupado com o uso correto de linguagem, além de um manzonismo exasperante [12]. Caráter gramatiqueiro e, além disso, melosamente entediante tinha a rubrica iniciada por Alfredo Panzini na primeira *Fiera Letteraria* de U. Fracchia, que logo desapareceu. Para que a rubrica seja interessante, seu caráter deveria ser muito despreconceituoso e sobretudo ideológico-histórico, e não estreitamente gramatical: a língua deveria ser tratada como uma concepção do mundo, como a expressão de uma concepção do mundo; o aperfeiçoamento técnico da expressão, seja quantitativo (aquisição de novos meios de expressão), seja qualitativo (aquisição dos matizes de significado e de uma ordem sintática e estilística mais complexa), significa ampliação e aprofundamento da concepção do mundo e da sua história. Seria possível começar com informações curiosas: a origem de "cretino"; os significados de "vilão"; a estratificação sedimentar das velhas ideologias (por exemplo: *desastre*, da astrologia; *sancionar*, tornar sagrado, da concepção religiosa sacerdotal do Estado, etc.). Deveriam assim ser corrigidos os erros mais comuns do povo italiano, que em grande parte aprende a língua através de textos (especialmente dos jornais) e, por isso, não sabe acentuar corretamente as palavras (por exemplo: "*profúgo*" [exilado] durante a guerra; cheguei a ouvir um milanês pronunciar "roseo" em vez de "róseo", etc.). Erros muito graves de significado (significado particular ampliado, ou vice-versa); erros e equívocos sintáticos e morfológicos muito curiosos (os subjuntivos dos sicilianos: "*si accomodasse, venisse*", por "*si accomodi, venga*", etc.).

CADERNO 6 (1930-1932)

§ 58. *História do jornalismo italiano.* Que jornais italianos publicaram suplementos do tipo dos jornais ingleses e alemães? O exemplo clássico é o *Fanfulla della Domenica*, do *Fanfulla*; e digo "clássico" porque o suplemento tinha uma personalidade e uma autoridade próprias. Os tipos de suplemento como a *Domenica del Corriere* ou a *Tribuna illustrata* são outra coisa e dificilmente podem ser chamados de suplemento. A *Gazzetta del Popolo* fez tentativas de "páginas" dedicadas a um único assunto, e editou a *Gazzetta letteraria* e, atualmente, a *Illustrazione del Popolo.* A tentativa mais orgânica foi feita pelo *Tempo*, de Roma, em 1919-1920, com suplementos propriamente ditos, como o "econômico" e o "sindical", muito bem realizados para a Itália. Assim, teve grande aceitação o *Giornale d'Italia agricolo.* Um cotidiano bem-feito, e que tenda a introduzir-se através de suplementos onde dificilmente penetraria como cotidiano, deveria ter uma série de suplementos mensais, de formato diverso do cotidiano, mas com o título do cotidiano seguido pela matéria especial que pretende tratar. Os suplementos principais deveriam ser, pelo menos: 1) literário, 2) econômico/industrial/sindical, 3) agrícola. No literário, deveriam ser tratadas também a filosofia, a arte e o teatro. O mais difícil de ser feito é o agrário: técnico-agrário ou político-agrário para os camponeses mais inteligentes? Este segundo tipo deveria aproximar-se de um semanário político, isto é, resumir toda a política da semana e, além disso, ter uma parte especificamente agrícola (não do tipo da *Domenica dell'Agricoltore*); seria agrícola somente no sentido principal de que é destinado aos camponeses que não leem os diários: seria, portanto, do tipo *Amico delle famiglie*, mais a parte técnica agrícola mais popular. Suplemento esportivo, etc.

O suplemento literário deveria ter também a parte sobre educação, etc. Todos de formato diverso, segundo o conteúdo, e mensais. (O literário como o *Ordine Nuovo* semanal; o agrícola, como o *Amico delle famiglie*; o econômico, como o *Times* literário, etc.)

§ 65. *Jornalismo.* Cf. o que Napoleão III disse do jornalismo, durante a sua prisão na Alemanha, ao jornalista inglês Mels-Cohn (cf. Paul Guériot, *La Captivité de Napoléon III en Allemagne*, Paris, Perrin, 250 p.). Napoleão quisera fazer do diário oficial uma folha modelo, enviada gratuitamente a cada eleitor, com a colaboração das mais ilustres penas da época e com as informações mais seguras e confirmadas de toda parte do mundo. A polêmica, excluída, seria confinada nos jornais particulares, etc.

A concepção do jornal de Estado é logicamente ligada às estruturas governativas não liberais (isto é, àquelas nas quais a sociedade civil se confunde com a sociedade política), sejam elas despóticas ou democráticas (ou seja, quer naquelas onde a minoria oligárquica pretende ser toda a sociedade, quer naquelas onde o povo indiferenciado pretende e acredita ser verdadeiramente o Estado). Se a escola é de Estado, por que não será de Estado também o jornalismo, que é a escola dos adultos?

Napoleão argumentava partindo do conceito segundo o qual, se é verdade o axioma jurídico de que a ignorância das leis não exime de culpa, o Estado deve manter gratuitamente informados os cidadãos sobre toda a sua atividade, isto é, deve educá-los: argumento democrático que se transforma em justificação da atividade oligárquica. O argumento, porém, não deixa de ter valor: ele só pode ser democrático nas sociedades em que a unidade histórica de sociedade civil e sociedade política for entendida dialeticamente (na dialética real e não só conceitual) e o Estado for concebido como capaz de ser superado pela "sociedade regulada": nesta sociedade, o partido dominante não se confunde organicamente com o governo, mas é instrumento para a passagem da sociedade civil-política à "sociedade regulada", na medida em que absorve ambas em si, para superá-las (e não para perpetuar sua contradição), etc.

A propósito do regime jornalístico sob Napoleão III, recordar o episódio do chefe de polícia que repreendeu um jornal porque, num artigo sobre fertilizantes, não se afirmava resolutamente qual era o melhor fertilizante: segundo o chefe de polícia, isto contribuía para deixar o público na incerteza e, por esta razão, era condenável e digno de repreensão pela polícia.

§ 79. *Tipos de revista.* Diletantismo e disciplina. Necessidade de uma crítica interna severa e rigorosa, sem convencionalismos e meias medidas. Existe uma tendência do materialismo histórico que estimula (e favorece) todas as más tradições da cultura média italiana e parece aderir a alguns traços do caráter italiano: a improvisação, o "genialismo", a preguiça fatalista, o diletantismo desmiolado, a falta de disciplina intelectual, a irresponsabilidade e a deslealdade moral e intelectual. O materialismo histórico destrói toda uma série de preconceitos e de convencionalismos, de falsos deveres, de obrigações hipócritas: mas nem por isso justifica que se caia no ceticismo e no cinismo esnobe. O mesmo resultado tivera o maquiavelismo, por causa de uma arbitrária ampliação ou confusão entre a "moral" política e a "moral" privada, isto é, entre a política e a ética, confusão que, por certo, não existia em Maquiavel, muito pelo contrário, já que a grandeza de Maquiavel reside no fato de ter distinguido a política da ética. Não pode existir associação permanente, com capacidade de desenvolvimento, que não seja sustentada por determinados princípios éticos, que a própria associação determina para seus componentes individuais, a fim de obter a solidez interna e a homogeneidade necessárias para alcançar o objetivo. Nem por isso estes princípios deixam de ter caráter universal. Isto ocorreria se a associação tivesse seu fim em si mesma, isto é, se fosse uma seita ou uma associação de delinquentes (somente neste caso, ao que me parece, pode-se dizer que política e ética se confundem, precisamente porque o "particular" foi elevado a "universal"). Mas uma associação normal concebe a si mesma como uma aristocracia, uma elite, uma vanguarda, isto é, concebe a si mesma como ligada por milhões de fios a um determinado agrupamento social e, através dele, a toda a humanidade. Portanto, esta associação não se considera como algo definitivo e enrijecido, mas como tendente a ampliar-se a todo um agrupamento social, que é também considerado como tendente a unificar toda a humanidade. Todas estas relações emprestam caráter (tendencialmente) universal à ética de um grupo, que deve ser concebida como capaz de tornar-se norma de conduta de toda a humanidade. A política é concebida como um processo que desembocará na moral, isto é, como tendente a desembocar numa forma de convivência na qual a política e, consequentemente, a moral serão ambas superadas. (Somente a partir deste ponto de vista historicista é que se pode explicar a angústia de muitos diante da contradição entre moral privada e moral público-política: ela é um reflexo inconsciente e sentimentalmente acrítico das contradições da atual sociedade, isto é, da ausência de igualdade dos sujeitos morais.)

Mas não se pode falar de elite-aristocracia-vanguarda como de uma coletividade indistinta e caótica, sobre a qual — pela graça de um misterioso espírito santo, ou de qualquer outra deidade oculta misteriosa e metafísica — caia a graça da inteligência, da capacidade, da educação, da preparação técnica, etc.: não obstante, este modo de pensar é muito comum. Reflete-se em pequena escala o que ocorria em escala nacional, quando o Estado era concebido como algo abstraído da coletividade dos cidadãos, como um pai eterno que tinha pensado em tudo, providenciado tudo, etc.; daí decorre a ausência de uma democracia real, de uma real vontade coletiva nacional e, portanto, em face dessa passividade dos indivíduos, a necessidade de um despotismo mais ou menos aberto da burocracia. A coletividade deve ser entendida como produto de uma elaboração de vontade e pensamento coletivos, obtidos através do esforço individual concreto, e não como resultado de um processo fatal estranho aos indivíduos singulares: daí, portanto, a obrigação da disciplina interior, e não apenas daquela exterior e mecânica. Se devem existir polêmicas e cisões, é necessário não ter medo de enfrentá-las e superá-las: elas são inevitáveis nestes processos de desenvolvimento e evitá-las significa somente adiá-las para quando já forem perigosas ou mesmo catastróficas, etc.

§ 96. *Tipos de revista. Economia. Resenha de estudos econômicos italianos.* 1) A Itália na economia mundial. Obras gerais nas quais a economia italiana é comparada e inserida na economia mundial. Livros tipo: Mortara, *Prospettive economiche*; *Anuário econômico da Sociedade das Nações*; publicações do *Dresdner Bank* sobre as forças econômicas mundiais, etc. Livros sobre a balança comercial, sobre as exportações e importações, sobre os empréstimos internacionais, sobre a saída dos emigrantes (e, portanto, sobre a emigração e suas características), sobre o turismo internacional na Itália e seu significado econômico, sobre os tratados comerciais, as crises econômicas mundiais e seus reflexos na Itália, sobre a frota marítima e os fretes, sobre as zonas francas, o protecionismo e o livre-cambismo, sobre o comércio e seus resultados para a economia italiana, sobre os portos e seu *hinterland* não italiano (Gênova e Suíça, Trieste e os Bálcãs, etc.), sobre pesca nos mares não italianos, cartéis e trustes internacionais e seus efeitos para a Itália, bancos e sua expansão no exterior (Banco Comercial no exterior, Banco de Roma no exterior, etc.), capitais estrangeiros na Itália e capitais italianos no exterior.

2) Organização econômica e produção nacional. Livros de conjunto sobre a produção italiana e a política econômica italiana, sobre o regime dos impostos, sobre a distribuição regional entre indústria e agricultura e atividades econômicas menores; distribuição das grandes

zonas econômicas nacionais e suas características: Itália setentrional, Itália central, Sicília, Sardenha.

3) Estudos sobre as economias regionais (Piemonte, Lombardia, etc.).

4) Estudos sobre as economias provinciais ou de zonas provinciais. Publicações das Câmaras de Comércio, dos Comitês Agrários e dos Conselhos Econômicos provinciais, publicações dos bancos locais, boletins municipais para as capitais de província, estudos de pesquisadores individuais, publicações de observatórios econômicos como o de Palermo para a Sicília, ou o de Bári para a Apúlia, etc. A resenha deve ter caráter atual, mas nas partes singulares deve ter também caráter histórico, ou seja, deve referir-se a estudos que já estão superados, etc. Esta resenha pode ser seguida ou precedida por outra resenha sobre os estudos e as escolas de ciência econômica e as publicações periódicas de economia e de política econômica, bem como sobre as personalidades de cientistas individuais vivos ou mortos.

§ 104. *Jornalismo.* O tipo de semanário provincial que era tradicionalmente divulgado na Itália, cultivado especialmente pelos católicos e pelos socialistas, representava adequadamente as condições culturais da província (vilas e pequenas cidades). Nenhum interesse pela vida internacional (a não ser como curiosidade e exotismo), pouco interesse pela própria vida nacional, salvo enquanto ligada aos interesses locais, sobretudo eleitorais; todo o interesse pela vida local, mesmo pelos mexericos e pelas miudezas. Grande importância para a polêmica pessoal (de caráter galhofeiro e provinciano: fazer o adversário parecer estúpido, ridículo, desonesto, etc.). A informação reduzida apenas ao noticiário enviado das várias vilas. Comentários políticos genéricos que pressupunham a informação dada pelos jornais diários, que os leitores do semanário não liam e que se supunha precisamente que não lessem (por isso é que se fazia o semanário para eles).

O redator desses semanários era, via de regra, um intelectual medíocre, pretensioso e ignorante, cheio de cavilações e de sofismas banais. Resumir o jornal diário teria sido para ele uma “vergonha”: sua pretensão era fazer um semanário todo com editoriais e textos "brilhantes", e inventar complicadas teorias em economia, em política, em filosofia.

Precisamente na Itália, por causa da infeliz disposição geográfica e da ausência de um centro político e intelectual nacional, deveria ter tido êxito, ao contrário, o tipo de semanário inglês (*Observer*, *Times Sunday*, etc.), que é redigido com base no tipo de jornal diário: isto é, a cada semana informa aos leitores que não leem o cotidiano, ou que querem ter, a cada semana, um quadro sintético da vida de toda a semana. Este tipo inglês deve ser estudado e adaptado teoricamente às condições italianas. Ele deveria (semanário, bissemanário) substituir o cotidiano em amplas zonas onde o cotidiano não teria condições suficientes (Nápoles, Florença, Palermo, etc.; em geral, nas capitais de regiões e mesmo de províncias não industriais: recordar exemplos como Biella, Como, Tortona, que requeriam o semanário, embora fossem industriais e consumidoras de cotidianos. O mesmo vale para Alexandria, Cuneo, Fossano, etc. Na Itália, o semanário assim redigido teria o mesmo papel que os inúmeros pequenos cotidianos provinciais alemães e suíços.)

§ 105. *Tipos de revista. Tradição e suas sedimentações psicológicas.* Através de um exame das poesias e dos discursos de P. Gori — que pode ser poeticamente (!) comparado (subordinadamente) a Cavallotti — pode-se observar como o espírito libertário genérico (cf. o conceito totalmente italiano de "subversivo") seja muito enraizado nas tradições populares. Existe em Gori todo um modo de pensar e de se expressar que cheira a sacristia e a heroísmo de papel. Todavia, estes modos e estas formas, difundidos sem oposição e sem crítica, penetraram muito profundamente no povo e constituíram um gosto (e talvez ainda o constituam).

§ 106. *Jornalismo. Editor de assuntos locais.* Dificuldade de criar bons editores de assuntos locais, isto é, jornalistas tecnicamente preparados para compreender e analisar a vida orgânica de uma grande cidade, inserindo neste quadro (sem pedantismo, mas sem superficialidades e sem "brilhantes" improvisações) todo problema singular à medida que esse se torna de atualidade. O que se diz do editor local pode ser dito igualmente de toda uma série de atividades públicas: um bom editor local deveria ter a preparação técnica suficiente e necessária para tornar-se *podestà* ou mesmo *prefetto* [13], ou ainda presidente (efetivo) de um conselho provincial de economia do tipo atual; e, do ponto de vista jornalístico, deveria assemelhar-se ao correspondente local de uma grande cidade (e paulatinamente, na ordem de competência e de amplitude decrescente dos problemas, das cidades médias, pequenas e das vilas).

Em geral, as funções de um jornal deveriam ser equiparadas às funções correspondentes na direção da vida administrativa e, deste ponto de vista, deveriam ser concebidas as escolas de jornalismo, se se pretende que esta profissão saia do estado primitivo e de diletantismo em que hoje se encontra e se torne qualificada e dotada de uma completa independência, isto é, se se pretende que o jornal seja capaz de oferecer ao público informações e julgamentos não ligados a interesses particulares. Se um editor local informa o público "jornalisticamente", como se diz, isto significa que o editor local aceita sem crítica e sem juízo independentes informações e julgamentos — através de entrevistas ou *tuyaux* — de pessoas que pretendem servir-se do jornal para promover determinados interesses particulares.

Deveriam existir dois tipos de matéria principal: 1) o tipo orgânico; e 2) o tipo de atualidade mais intensa. Com o tipo orgânico, para dar um ponto de vista abrangente, deveria ser possível compilar volumes sobre os aspectos mais gerais e constantes da vida de uma cidade, após ter depurado as matérias daqueles elementos de atualidade que devem sempre existir em toda publicação jornalística; mas, para que fique claro o que queremos dizer, em tais matérias "orgânicas" o elemento de atualidade deve ser subordinado e não principal. Por isso, essas matérias "orgânicas" não devem ser muito frequentes. O editor de assuntos locais estuda o organismo urbano em seu conjunto e em sua generalidade, a fim de obter sua qualificação profissional (só muito limitadamente pode um editor local mudar de cidade: sua qualificação superior não pode deixar de estar ligada a uma cidade determinada): é justo que os resultados originais, ou úteis em geral, desse estudo orgânico não sejam completamente desinteressados, que não sejam apenas premissas, mas que se manifestem também de um modo imediato, captando um tema de atualidade. A verdade é que o trabalho de um editor local é tão amplo quanto o de um redator-chefe, ou de um chefe de reportagem, numa organização jornalística com divisão orgânica do trabalho. Numa escola de jornalismo, dever-se-ia ter uma série de monografias sobre grandes cidades e sobre o conjunto de sua vida. O simples problema do abastecimento de uma grande cidade é capaz de absorver muito trabalho e muita atividade (escrevi outras notas sobre outros ramos de atividade de um editor local [141). Cf. o livro de W. P. Hedden, *How great cities are fed*, Boston, Heath, 1929, 2,80 dólares, resenhado no *Giornale degli Economisti* de janeiro de 1931. Hedden examina o abastecimento de algumas cidades dos Estados Unidos, particularmente de Nova York.

§ 120. *Tipos de revista. O ser evolutivo final.* Anedota do curso de história da filosofia do professor D'Ercole e do "ser evolutivo final". Durante quarenta anos, falou somente da filosofia chinesa e de Lao-Tse: como a cada ano chegavam "novos alunos", que não tinham escutado as aulas do ano anterior, era preciso recomeçar. Assim, entre as gerações de alunos, "o ser evolutivo final" tornou-se uma lenda. [15]

Em certos movimentos culturais que recrutam seus membros entre pessoas que somente então iniciam sua vida cultural, por causa da rápida ampliação do próprio movimento (que conquista sempre novos adeptos) e do fato de que os já conquistados não têm autoiniciativa cultural, parece impossível sair um dia do abecê. Este fato tem graves repercussões na atividade jornalística em geral, nos cotidianos, semanários, revistas, etc.; parece que jamais se deva superar um certo nível. De resto, o fato de não levar em conta esta ordem de exigências explica o trabalho de Sísifo das chamadas "pequenas revistas", que se dirigem a todos e a ninguém e, em dado momento, tornam-se na verdade inteiramente inúteis. O exemplo mais típico foi o da *Voce*, que em certo momento cindiu-se em *Lacerba*, *La Voce* e *L'Unità*, todas elas com a tendência a se cindirem infinitamente. As redações, se não estão ligadas a um movimento de base disciplinado, tendem ou a se tornarem igrejinhas de "profetas desarmados", ou a se cindirem de acordo com os movimentos inorgânicos e caóticos que se verificam entre os diversos grupos e camadas de leitores.

Portanto, é necessário reconhecer abertamente que, por si mesmas, as revistas são estéreis se não se tornam a força motriz e formadora de instituições culturais de tipo associativo de massa, isto é, cujos quadros não são fechados. O mesmo deve ser dito das revistas de partido; não se deve crer que o partido constitua, por si mesmo, a "instituição" cultural de massa da revista. O partido é essencialmente político e até mesmo sua atividade cultural é atividade de política cultural; as "instituições" culturais devem ser não apenas de "política cultural", mas de "técnica cultural". Exemplo: num partido existem analfabetos e a política cultural do partido é a luta contra o analfabetismo. Um grupo formado para lutar contra o analfabetismo não é ainda, estritamente, uma "escola para analfabetos"; numa escola para analfabetos, ensina-se a ler e a escrever; num grupo formado para lutar contra o analfabetismo, planejam-se todos os meios mais eficazes para extirpar o analfabetismo das grandes massas da população de um país, etc.

§ 121. *Jornalismo.* Albert Rival, *Le journalisme appris en 18 leçons*, Albin Michel, 1931, 3,50 liras. Em quatro partes: 1) *História do jornalismo*: Origens do jornalismo. Os grandes jornalistas. 2) *Como se faz um jornal*: Redação. Impressão: composição, revisão, paginação, clicheria, tiragem. 3) *Qualidades exigidas de um jornalista*: Que é um jornalista? Aptidões exigidas. Qualidades exigidas. A mulher pode aspirar ao jornalismo? 4) *O estilo do jornalista*: Estilo em geral. Gêneros de estilo. Da composição. A descrição. Como não se deve escrever. O artigo de informação. A grande reportagem: como é feita. O editorial. O artigo polêmico. Organização de um jornal. (Esquema elementar e defeituoso. Falta a referência aos diversos tipos de jornal, etc.)

§ 122. *Tipos de revista. Resenhas.* Resenhas sobre temas de jurisprudência que interessam a determinados movimentos. Por exemplo: o conceito de "empregado" segundo a jurisprudência italiana, o conceito de "meeiro", de "técnico-chefe", etc., que significam? Que posição têm, na jurisprudência italiana, as figuras econômicas de "empregado", "meeiro", "técnico-chefe", etc., e por quais razões teórico-práticas?

As coleções de revistas como *Il Foro Italiano*, etc., com as sentenças promulgadas e os artigos de especialistas que as comentam, deveriam ser atentamente examinadas, para se ver quando certas questões são colocadas e por quais razões, como se desenvolvem, a que sistematização chegam (se chegam), etc. No fundo, também este é um aspecto (e muito importante) da história do trabalho, isto é, o reflexo jurídico-legislativo do movimento histórico real: ver como se dá este reflexo significa estudar um aspecto da reação estatal ao próprio movimento, etc. Ao lado das sentenças e dos artigos dessas revistas técnicas, dever-se-iam ver as outras publicações jurídicas (livros, revistas, etc.), as quais, nestes últimos anos, multiplicaram-se de modo impressionante, embora sejam de má qualidade.

§ 126. *Tipos de revista.* Série de guias e pequenos manuais para o leitor de jornais (e para o leitor em geral). Como se lê uma lista da bolsa, um balanço de sociedade industrial, etc. (Não longos e só com os dados esquemáticos fundamentais.) A referência deveria ser o leitor médio italiano que, em geral, é pouco informado sobre estas noções.

O conjunto destes pequenos manuais poderia formar uma coleção popular de primeiro grau, que poderia desenvolver-se numa segunda coleção de "segundo grau", com textos mais complexos e amplos — ambos de tipo didático e redigidos como subsídio para hipotéticas lições —, e as duas coleções deveriam funcionar como introdução às coleções de textos científicos de cultura geral e às coleções para especialistas. Em suma, quatro coleções: duas didáticas e duas gerais, graduadas em mais ou menos elementares, cada uma em seu gênero.

§ 169. *Jornalismo.* Cf. Luigi Villari, "Giornalismo britannico di ieri e di oggi", *Nuova Antologia*, 1º de maio de 1931.

CADERNO 7 (1930-1931)

§ 81. *Tipos de revista. Colaboração estrangeira.* Não se pode deixar de ter colaboradores estrangeiros, mas a colaboração estrangeira deve ser orgânica, e não antológica e esporádica ou casual. Para que seja orgânica, e necessário que os colaboradores estrangeiros, além de conhecerem as correntes culturais de seu país, sejam capazes de "compará-las" com as do país no qual a revista é publicada, isto é, conheçam também as correntes culturais deste outro país e compreendam sua "linguagem" nacional. Portanto, a revista (ou seja, o diretor da revista) deve formar também seus colaboradores estrangeiros para alcançar a organicidade.

No *Risorgimento*, isto ocorreu muito raramente; por isso, a cultura italiana permaneceu bastante provinciana. Ademais, uma organicidade de colaboração internacional talvez só tenha se verificado na França, porque a cultura francesa, já antes da época liberal, havia exercido uma hegemonia europeia; eram relativamente numerosos, portanto, os intelectuais alemães, ingleses, etc., que sabiam informar sobre a cultura de seus países empregando uma "Linguagem" francesa. De fato, não bastava que a *Antologia* de Vieusseux publicasse artigos de "liberais" franceses ou alemães ou ingleses para que tais artigos pudessem informar de modo útil os liberais italianos, isto é, para que tais informações pudessem suscitar ou reforçar correntes ideológicas italianas: o pensamento permanecia genérico, abstrato, cosmopolita. [16] Teria sido necessário criar colaboradores especializados no conhecimento da Itália, de suas correntes intelectuais, de seus problemas, isto é, colaboradores capazes de informar à Itália sobre a França, ao mesmo tempo que eram capazes de informar à França sobre a Itália.

Este tipo de colaborador não existe "espontaneamente", mas deve ser criado e cultivado. A este modo racional de entender a colaboração opõe-se a superstição de possuir entre os próprios colaboradores estrangeiros os mestres, os grandes teóricos, etc. Não se nega a utilidade (sobretudo comercial) de ter grandes nomes. Mas, do ponto de vista prático da promoção da cultura, é mais importante o tipo de colaborador afinado com a revista, que sabe traduzir um mundo cultural na linguagem de outro mundo cultural, pois sabe encontrar as semelhanças mesmo onde elas parecem não existir, e sabe descobrir as diferenças mesmo onde parecem existir apenas semelhanças, etc.

§ 101. *Jornalismo. Correspondentes do exterior.* Cf. outra nota a respeito na rubrica "Tipos de revista". Nela, mencionavam-se os colaboradores estrangeiros de revistas italianas [17]. O tipo do "correspondente no exterior" de um jornal diário é algo diverso; todavia, algumas observações da outra nota são válidas também para esta atividade. Não se deve conceber o correspondente do exterior como um mero repórter ou transmissor de notícias do dia por telegrama ou por telefone, isto é, como um complemento das agências telegráficas. O tipo moderno mais completo de correspondente do exterior é o publicista de partido, o crítico político que observa e comenta as correntes políticas mais vitais de um país estrangeiro e tende a tornar-se um "especialista" nas questões daquele determinado país (por isso, os grandes jornais têm "escritórios de correspondência" nos diversos países, e o chefe do escritório é o "escritor político", o diretor do escritório). O correspondente deveria ser capaz, num prazo determinado, de escrever um livro sobre o país para o qual foi enviado a fim de nele residir permanentemente, uma obra completa sobre todos os aspectos vitais da sua vida nacional e internacional. (Diverso é o caso do enviado especial, que vai ao país para informar sobre grandes eventos imediatos que nele se processam.)

Critérios para a preparação e formação de um correspondente: 1) Julgar os eventos no quadro histórico do país onde está e não apenas com referência ao seu país de origem. Isto significa que a posição de um país deve ser avaliada pelos progressos ou regressos verificados naquele mesmo país e não pode ser mecanicamente comparada à posição de outros países no mesmo momento. A comparação entre Estado e Estado tem importância, já que mede a posição relativa de cada um deles: de fato, um país pode progredir, mas, se em outros o progresso foi maior ou menor, modifica-se a posição relativa e modifica-se a influência internacional do referido país. Se julgamos a Inglaterra pelo que era antes da guerra e não pelo que hoje é em comparação com a Alemanha, modifica-se o julgamento, embora o julgamento comparativo tenha também grande importância. 2) Os partidos em cada país têm um caráter nacional, além de internacional: o liberalismo inglês não é igual ao francês ou ao alemão, embora exista muito em comum, etc. 3) As jovens gerações estão em luta contra as velhas na medida normal em que os jovens estão em luta contra os velhos, ou os velhos possuem um monopólio cultural que se tornou artificial ou prejudicial? Os partidos respondem aos novos problemas, ou estão superados e existe crise? Etc.

Mas o erro maior e mais comum é o de não saber sair da própria concha cultural e medir o exterior com um metro que não lhe é próprio: não ver as diferenças sob as aparências iguais e não ver a identidade sob as diversas aparências.

Caderno 8 (1931-1932)

§ 57. *Tipos de revista.* Individualmente, ninguém pode acompanhar toda a literatura publicada sobre um grupo de assuntos e nem mesmo sobre um só assunto. O serviço de informação crítica, para um público de cultura medíocre ou que se inicia na vida cultural, sobre todas as publicações a respeito do grupo de assuntos que mais possa interessá-lo, é um serviço obrigatório. Assim como os governantes têm uma secretaria ou uma assessoria de imprensa, que periódica ou cotidianamente os mantêm informados sobre tudo o que se publica e que lhes é indispensável conhecer, assim também deve proceder a revista para com o seu público. Fixará sua tarefa, estabelecerá seus limites, mas esta será sua tarefa; isto requer, porém, que se dê um corpo orgânico e completo de informações: limitado, mas orgânico e completo. As resenhas não devem ser casuais e esporádicas, mas sistemáticas, e não podem deixar de ser acompanhadas por "resenhas-resumos" retrospectivas sobre os assuntos mais essenciais.

Uma revista, como um jornal, como um livro, como qualquer outro modo de expressão didática que seja planejado tendo em vista uma determinada média de leitores, de ouvintes, etc., de público, não pode contentar a todos na mesma medida, ser igualmente útil a todos, etc.: o importante é que seja um estímulo para todos, pois nenhuma publicação pode substituir o cérebro pensante ou determinar *ex novo* interesses intelectuais e científicos onde só exista interesse pelos bate-papos de botequim ou se pense que o objetivo da vida é divertir-se e passar bem. Por isso, não é preciso ficar perturbado com a multiplicidade de críticas: a multiplicidade de críticas, ao contrário, é a prova de que se está no bom caminho; quando, porém, o motivo da crítica for um só, então deve-se refletir: 1) porque pode tratar-se de uma deficiência real; 2) porque pode estar-se enganado a respeito da "média" dos leitores aos quais se destina a publicação e, portanto, pode estar-se trabalhando no vazio, "para a eternidade".

§ 60. *Tipos de revista. As resenhas.* Referi-me a diversos tipos de resenha [18], colocando-me do ponto de vista das exigências culturais de um público bem determinado e de um movimento cultural também bem determinado, que se gostaria de criar: resenhas — "resumos", portanto, para os livros que se acredita não poderem ser lidos, e resenhas-críticas para os livros que se considera necessário indicar à leitura, mas não assim sem mais nem menos, porém após ter fixado seus limites e indicado suas deficiências parciais, etc. Esta segunda forma é a mais importante e cientificamente digna, e deve ser concebida como uma colaboração do resenhista ao tema tratado pelo livro resenhado. Em suma: há necessidade de resenhistas especializados e de luta contra a extemporaneidade e a genericidade dos juízos críticos.

Estas observações e notas sobre tipos de revista e sobre outros temas de técnica jornalística poderiam ser recolhidas e organizadas em conjunto, com o título: *Pequeno manual de técnica jornalística.*

§ 110. *Jornalismo. Panorama da imprensa.* No jornalismo tradicional italiano, a rubrica "panorama da imprensa" foi sempre pouco desenvolvida, embora a parte polêmica tenha sempre desempenhado nela uma função frequentemente exagerada: mas tratava-se, precisamente, de polêmica miúda, ocasional, ligada mais ao temperamento litigioso do individualismo italiano do que a um objetivo programático de prestar serviço ao público leitor.

É preciso distinguir entre o panorama da imprensa dos jornais de informação e o dos jornais de opinião: o primeiro é também um serviço de informação, isto é, o jornal em questão oferece diariamente aos seus leitores, ordenados e separados, os juízos sobre os eventos em curso publicados pelos outros jornais (assim procedem muitos jornais franceses; os jornais italianos dão estas informações nas matérias de Roma para os jornais da capital, etc., isto é, no corpo do próprio jornal e como notícias em si); nos jornais de opinião, a rubrica tem uma outra função: serve para reafirmar os próprios pontos de vista, para detalhá-los, para apresentar, em contraditório, todas as suas facetas e toda a casuística. Revela-se o quanto é útil, "didaticamente", este modo de *"repetir"* de forma não mecânica e sem pedantismo as próprias opiniões: a "repetição" adquire um caráter quase "dramático" e de atualidade, como obrigação de responder a um adversário. Ao que eu saiba, o melhor "panorama da imprensa" é o da *Action Française*, tanto mais se se considera como panorama da imprensa (como o é na realidade) também o artigo diário de Maurras. [19] Observa-se que, entre o escrito de Maurras e o "panorama da imprensa" propriamente dito da *Action Française*, existe uma divisão de trabalho: Maurras assume os artigos polêmicos de maior importância teórica. Deve-se observar que o panorama da imprensa não pode ser deixado a uma borra-botas qualquer, como o fazem frequentemente alguns jornais: ele demanda o máximo de responsabilidade política e intelectual e o máximo de capacidade literária e de inventividade nos temas, nos títulos, etc., pois as repetições — necessárias — deveriam ser apresentadas com o máximo de variedade formal e externa. (Exemplo: os *"Scampoli"* de G. M. Serrati que, a seu modo, eram um panorama da imprensa: muito lidos, talvez a primeira coisa que o leitor buscava todo dia, embora não fossem sistemáticos e nem sempre possuíssem alto nível intelectual; as *"Opinioni"* de Missiroli no *Resto del Carlino* e na *Stampa*, depois em volume; bem como a rubrica do *"Frombolieri"* do *Popolo d'Italia*, a *"Dogana"* em *Critica Fascista*, a *"Rassegna della Stampa"* na *Italia Letteraria*.)

§ 143. *Jornalismo. Os títulos.* Tendência a títulos grandiloquentes e pedantes, com oposta reação de títulos chamados de "jornalísticos", isto é, anódinos e insignificantes. Dificuldade da arte dos títulos, que deveriam resumir algumas exigências: a de indicar sinteticamente o assunto central tratado, a de despertar interesse e curiosidade levando a que se leia a matéria. Também os títulos são determinados pelo público ao qual o jornal se dirige e pela atitude do jornal em face de seu público: atitude demagógico-comercial quando se quer explorar as tendências mais baixas; atitude educativo-didática, mas sem pedantismo, quando se quer explorar o sentimento dominante no público como ponto de partida para sua elevação. O título "Breves notas sobre o universo" como caricatura de título pedante e pretensioso

§ 147. *Jornalismo. A página policial.* Pode-se observar que a página policial dos grandes jornais é redigida como uma perpétua *Mil e uma noites*, concebida de acordo com os esquemas do romance de folhetim. Há a mesma variedade de esquemas sentimentais e de motivos: a tragédia, o drama frenético, a intriga hábil e inteligente, a farsa. O *Corriere della Sera* não publica romances de folhetim: mas sua página policial tem todos os atrativos desse tipo de romance, com a noção, sempre presente, de que se trata de fatos verdadeiros.

CADERNO 9 (1932)

§ 34. *Jornalismo. Tipos de revista.* Para ser verdadeiramente acessível à cultura média do leitor médio, todo fascículo de revista deveria ter dois apêndices: 1) uma rubrica na qual todos os nomes e palavras estrangeiros que possam ter sido usados nos vários artigos deveriam ser reapresentados numa transcrição fonética, a mais exata possível, da língua italiana. É necessário, portanto, construir com critérios práticos e unitários, tais como a estrutura escrita do italiano permite, uma tabela de tradutibilidade dos fonemas estrangeiros em fonemas italianos; 2) uma rubrica na qual seja dado o significado das palavras especializadas nas várias linguagens (filosófica, política, científica, religiosa, etc.) ou especializadas no uso de um determinado escritor.

A importância destes subsídios técnicos não é costumeiramente valorizada porque não se reflete no estorvo que constitui, quando se recordam e particularmente quando se expressam as próprias opiniões, a ignorância de como devem ser pronunciados determinados nomes e do significado de certos termos. Quando o leitor se encontra diante de muitas dificuldades de pronúncia ou de significado, ele estanca, desconfia das próprias forças e aptidões, e não se consegue fazê-lo sair de um estado de passividade intelectual, no qual sua inteligência apodrece.

CADERNO 14 (1932-1935)

§ 60. *Jornalismo. Almanaques.* Dado que o jornalismo foi considerado, nas notas a ele dedicadas, como exposição de um grupo que pretende (através de diversas atividades publicísticas) difundir uma concepção integral do mundo, pode-se prescindir da publicação de um almanaque? No fundo, o almanaque é uma publicação periódica anual onde, ano a ano, examina-se a atividade histórica global de um ano a partir de um certo ponto de vista. O almanaque é o "mínimo de "publicidade" periódica que se pode fazer das próprias ideias e dos próprios juízos sobre o mundo, e sua variedade mostra quanto se foi especializando no grupo cada momento singular desta história, assim como a organicidade mostra a medida de homogeneidade que o grupo foi adquirindo. Certamente, para sua difusão, o almanaque deve levar em conta determinadas necessidades do grupo de compradores ao qual se dirige, grupo que frequentemente não pode gastar duas vezes para uma mesma necessidade. Será preciso, portanto, selecionar o conteúdo: 1) as partes que tornam inútil a aquisição de outro almanaque: 2) a parte através da qual se pretende influir sobre os leitores para orientá-los num sentido preestabelecido. A primeira parte será reduzida ao mínimo: ao necessário para satisfazer a exigência em questão. A segunda parte insistirá sobre os assuntos considerados de maior peso educativo e formativo [20].

§ 62. *Jornalismo. Os leitores.* Os leitores devem ser considerados de dois pontos de vista principais: 1) como elementos ideológicos, "transformáveis" filosoficamente, capazes, dúcteis, maleáveis à transformação; 2) como elementos "econômicos", capazes de adquirir as publicações e de fazê-las adquirir por outros. Os dois elementos, na realidade, nem sempre são separáveis, na medida em que o elemento ideológico é um estímulo ao ato econômico da aquisição e da divulgação. Todavia, quando se constrói um plano editorial, é preciso manter a distinção entre os dois aspectos, a fim de que os cálculos sejam realistas e não de acordo com os próprios desejos. De resto, na esfera econômica, as possibilidades não correspondem à vontade e ao impulso ideológico; portanto, deve-se planejar para que seja dada a possibilidade da aquisição "indireta", isto é, compensada com serviços (divulgação). Uma empresa editorial publica tipos diversos de revistas e livros, cuja gradação varia de acordo com os diversos níveis de cultura. É difícil estabelecer quantos "clientes" possíveis existem em cada nível. Deve-se partir do nível mais baixo e, com base nele, pode-se estabelecer o plano comercial "mínimo", isto é, a previsão mais realista, levando-se porém em conta que a atividade pode modificar (e deve modificar) as condições do ponto de partida, não somente no sentido de que a esfera da clientela pode (deve) ser ampliada, mas também de que pode (deve) ser determinada uma hierarquia de necessidades a satisfazer e, consequentemente, de atividades a desenvolver. É uma observação óbvia a de que os empreendimentos até agora efetivados burocratizaram-se, isto é, não estimularam as necessidades e não organizaram sua satisfação, razão pela qual frequentemente ocorreu que a iniciativa individual caótica deu melhores frutos do que a iniciativa organizada. A verdade era que, neste segundo caso, não existia "iniciativa" nem existia "organização" mas só burocracia e hábito fatalista. No mais das vezes, a chamada organização, ao invés de ser um potenciamento de esforços, era um narcótico, um depressor, até mesmo um obstrucionismo e uma sabotagem. Ademais, é impossível falar de empresa jornalística e editorial séria se não existir este elemento, a saber, a organização do cliente da venda, que, sendo um cliente particular (pelo menos em sua massa), tem necessidade de uma organização particular, estreitamente ligada à orientação ideológica da "mercadoria" vendida. É observação generalizada a de que, num jornal moderno, o verdadeiro diretor é o diretor administrativo e não o diretor da redação.

§ 71. *Jornalismo. Movimentos e centros intelectuais.* É dever da atividade jornalística (em suas várias manifestações) seguir e controlar *todos* os movimentos e centros intelectuais que existem e se formam no país. *Todos.* Isto é, com exclusão apenas dos que têm um caráter arbitrário e amalucado; embora mesmo estes, com o tom que merecem, devam pelo menos ser registrados. Distinção entre *centros* e *movimentos* intelectuais e outras distinções e graduações. Por exemplo: o catolicismo é um grande centro e um grande movimento, mas existem em seu interior movimentos e centros parciais que tendem a transformar o conjunto, ou tendem a outros fins mais concretos e limitados, os quais devem ser levados em conta. Ao que parece, antes de mais nada, deve-se "desenhar" o *mapa* intelectual e moral do país, isto é, localizar os grandes movimentos de ideias e os grandes centros (mas nem sempre aos grandes movimentos correspondem grandes centros, pelo menos não com as características de visibilidade e de concreticidade que se costumam atribuir a esta palavra: o exemplo típico disto é o centro católico). Ademais, deve-se levar em conta os *impulsos* inovadores que se verificam, que nem sempre são vitais (isto é, nem sempre têm consequências), mas nem por isso devem deixar de ser acompanhados e verificados. No início, um movimento é sempre incerto, de futuro duvidoso, etc.; será necessário esperar que adquira toda sua força e consistência para que nos ocupemos dele? Tampouco é necessário que possua traços de coerência e de riqueza intelectual: nem sempre são os movimentos mais coerentes e intelectualmente ricos os que triunfam. Ao contrário, é muito frequente que um movimento triunfe precisamente graças à sua mediocridade e elasticidade lógica: tudo pode ocorrer, os compromissos mais evidentes são possíveis e precisamente estes compromissos podem ser a razão do triunfo. Ler as revistas dos jovens, e não somente aquelas que já se afirmaram e que representam interesses sérios e bem estabelecidos. No *Almanacco letterario Bompiani* de 1933 (p. 360-361), são indicados os programas essenciais de seis revistas de jovens, que deveriam representar os impulsos de movimento de nossa cultura: *Il Saggiatore*, *Ottobre*, *Il Ventuno*, *L'Italia vivente*, *L'Orto*, *Espero*, que não parecem ser muito claros, exceto talvez uma ou outra. A *Espero*, por exemplo, "no que se refere à filosofia", propõe-se "acolher os *pós-idealistas*, que empreendem uma aguda crítica do idealismo, e somente aqueles idealistas que souberem levar em conta esta crítica". O diretor de *Espero* é Aldo Capasso; e ser pós-idealista é como ser "contemporâneo", isto é, simplesmente nada. Mais claro, talvez mesmo o único claro, é o programa de *Ottobre*. Todavia, esnobismo à parte, todos estes movimentos deveriam ser examinados.

Distinção entre movimentos *militantes*, que são os mais interessantes, e movimentos de "retaguarda" ou de ideias adquiridas e tornadas clássicas ou comerciais. A qual dos dois tipos pertence a *Italia Letteraria*? Ela não é certamente nem militante nem clássica! Saco de batatas me parece ser a definição mais exata e apropriada.

§ 73. *Jornalismo. Tipos de revista.* Comparação entre o primeiro número da revista *Leonardo*, editada por Sansoni de Florença, e os números editados pela Casa Treves [21]. Há uma notável diferença e, todavia, a Casa Treves não é tipograficamente das piores. Tem grande importância o aspecto exterior de uma revista, tanto comercialmente como "ideologicamente", para assegurar fidelidade e afeição; na realidade, neste caso, é difícil distinguir o fato comercial do ideológico. Fatores: páginas, composição das margens, do espaço entre as colunas, largura das colunas (comprimento da linha), densidade das colunas, isto é, o número das letras por linha e do corpo usado em cada letra, do papel e da tinta (beleza dos títulos, nitidez dos caracteres devido ao maior ou menor desgaste das matrizes ou das letras manuais, etc.). Estes elementos não têm importância somente para as revistas, mas para os jornais diários. O problema fundamental de todo periódico (cotidiano ou não) é o de assegurar uma venda estável (se possível em contínuo incremento), o que significa, ademais, a possibilidade de construir um plano comercial (em desenvolvimento, etc.). Decerto, o elemento fundamental para o êxito de um periódico é o ideológico, isto é, o fato de que satisfaça ou não determinadas necessidades político-intelectuais. Mas seria um grande erro crer que este seja o único elemento e, sobretudo, que este seja válido se tomado "isoladamente". Somente em condições excepcionais, em determinados períodos de *boom* da opinião pública, ocorre que uma opinião tenha êxito independentemente da forma exterior na qual seja apresentada. Habitualmente, o modo de apresentação tem grande importância para a estabilidade do negócio; e a importância pode ser positiva, mas também negativa. Dar grátis ou abaixo do custo nem sempre é um "bom negócio" assim como não é bom negócio cobrar muito caro pelo "próprio dinheiro" ou depreciá-lo. Pelo menos em política. De uma opinião cuja manifestação impressa não custa nada, o público desconfia, vê como uma armadilha. E vice-versa: desconfia "politicamente" de quem não sabe administrar bem os fundos que o próprio público dá. Como poderia ser considerado capaz de administrar o poder estatal um partido que não tem ou não sabe escolher (o que é a mesma coisa) os elementos capazes de bem administrar um jornal ou uma revista? Vice-versa: um grupo que, com meios precários, sabe obter jornalisticamente resultados apreciáveis, demonstra com isto, ou já com isto, que saberá administrar bem até organismos mais amplos.

Eis por que o "exterior" de uma publicação deve ser cuidado com a mesma atenção que o conteúdo ideológico e intelectual; na realidade, as duas coisas são inseparáveis, e assim é que deve ser. Um bom princípio (mas nem sempre) consiste em dar ao exterior de uma publicação uma característica que, por si só, a faça notada e recordada: trata-se de uma publicidade gratuita, por assim dizer. Nem sempre, porque depende da psicologia do público específico que se pretende conquistar.

§ 80. *Jornalismo. Tipos de revista.* Gentile tem uma revista, *Educazione Politica*, cujo nome foi depois modificado [22]. O título é velho: Arcangelo Ghisleri dirigiu uma revista com este título e que era mais congruente com a finalidade proposta. Mas quantas revistas Ghisleri dirigiu e, deixando de lado sua honestidade, com quanta inutilidade? É verdade que a educação pode ser programada em diversos planos a fim de obter diversos níveis. O problema está no nível que o "diretor" acredita ter, e é natural que os diretores creiam sempre estar no mais alto nível e coloquem sua posição como um ideal para o medíocre rebanho dos leitores.

CADERNO 17 (1933-1935)

§ 30. *Jornalismo.* Mark Twain, quando era diretor de um jornal na Califórnia, publicou uma vinheta que representava um burro morto, no fundo de um poço, com a seguinte legenda: "Este burro morreu porque não zurrou." Twain queria evidenciar a utilidade do anúncio jornalístico, mas a vinheta pode ter também outros significados.

III.

LORIANISMO

1. Caderno 28

(1935)

Lorianismo

Sobre alguns aspectos deteriorados e bizarros da mentalidade de um grupo de intelectuais italianos e, portanto, da cultura nacional (falta de organicidade, ausência de espírito crítico sistemático, negligência no desenvolvimento da atividade científica, ausência de centralização cultural frouxidão e indulgência ética no campo da atividade científico-cultural, etc., não adequadamente combatidas e rigorosamente condenadas: irresponsabilidade, portanto, em face da formação da cultura nacional), aspectos que podem ser descritos sob o título geral de "lorianismo". [1]

§ 1. Registro dos principais "documentos" onde se encontram as principais bizarrias de Achille Loria. (Recordados de memória: existe agora a "Bibliografia di Achille Loria", compilada por Luigi Einaudi, suplemento ao nº 5, setembro-outubro de 1932, da *Riforma Sociale*; a lista não é completa, evidentemente, e talvez faltem "bizarrias" bem mais significativas do que as recordadas. O esforço de Einaudi é também significativo, pois avaliza a "dignidade científica" de Loria, e coloca necessariamente, diante do leitor-jovem contemporâneo, todos os escritos de Loria num mesmo "plano", estimulando a fantasia graças à grande quantidade do "trabalho" feito por Loria: 884 títulos, nestes tempos de civilização quantitativa. Einaudi merece, por este seu "esforço", ser inscrito *ad honorem* na lista dos lorianos; ademais, deve-se notar que Einaudi, como organizador de movimentos culturais, é responsável pelas "bizarrias" de Loria e, a respeito deste problema particular, caberia escrever uma nota.)

1) "Le influenze sociali dell'aviazione (Verità e fantasia)" *in Rassegna Contemporanea* (dirigida por Colonna de Cesarò e por V. Picardi, Roma, IIIº fascículo, 1º de janeiro de 1910, p. 20-28, republicado no vol. II de *Verso la giustizia sociale (Idee, battaglie ed apostoli)*, que tem como

título, precisamente, *Nell'alba di un secolo (1904-1915)*, Milão, Società Editrice Libraria, 1915, *in-8º*, 522 p. (Ao que me parece, não existia na publicação da *Rassegna contemporanea* o subtítulo "Verdade e fantasia": dever-se-ia ver se a reimpressão em livro apresenta modificações no texto.) Esse artigo é todo ele uma obra-prima de "bizarrias": nele se encontra a teoria da emancipação operária da coerção do salário fabril não mais obtida por meio da "terra livre", mas por meio dos aeroplanos que, oportunamente untados de visgo, permitiriam a evasão da presente sociedade graças à nutrição assegurada pelos pássaros enviscados; uma teoria sobre a queda do crédito bancário, sobre o desencadeamento das patifarias sexuais (adultérios sem punição, seduções, etc.); sobre a morte sistemática dos porteiros por causa da queda de binóculos; um resumo da teoria, desenvolvida em outro lugar, sobre o grau de moralidade de acordo com a altitude em relação ao nível do mar, com a proposta prática de regenerar os delinquentes levando-os às altas camadas atmosféricas em imensos aeroplanos, corrigindo assim uma anterior proposta de construir os presídios em montanhas elevadas, etc., etc. (Este artigo, dada a tolice do conteúdo, presta-se a ser "livro de texto negativo" numa escola de lógica formal e de bom senso científico.)

2) Uma conferência pronunciada em Turim durante a guerra e publicada logo após na *Nuova Antologia* (na "Bibliografia" de Einaudi, no nº 222, é citada uma conferência, *La pietà della scienza*, pronunciada em 13 de dezembro de 1915, em benefício dos hospitais de campo da Cruz Vermelha de Turim, e publicada em *Conferenze e Prolusioni*, IX, nº 1, e que poderia ser aquela à qual nos referimos.) Loria falou da "dor universal" de modo muito "bizarro", como se revela pelo fato de que o único documento concreto por ele exibido para demonstrar uma lei universal da dor foi a lista de quanto custa a claque aos atores de teatro, segundo uma estatística elaborada por Reina (consequentemente: monstruosa dor dos atores). É verdade que, de acordo com seu método habitual, Loria fez entrever a parte positiva do problema, afirmando seriamente que a natureza providencial cria uma defesa

e um antídoto contra o envenenamento universal da dor, como se pode ver pelo fato de que os pobres-diabos obrigados a pernoitar ao ar livre e na calçada nua têm a pele mais grossa do que os homens que dormem em plumas macias.

3) Artigo "Perché i veneti non addoppiano e i valtellinesi triplano"; Einaudi cita-o no nº 697 e, após o título, acrescenta: "em *Miscellanea di studi in onore di Attilio Hortis*" anotando: "É a separata, num folheto de uma coluna; mas na *Miscelânea* acima citada, editada em Trieste, maio de 1909, 2 vols., 1.050 p. com fotografias, não se encontra este artigo." O artigo fora enviado por Loria ao Comitê de Trieste para homenagear Attilio Hortis no cinquentenário de sua atividade literária; o Comitê não podia inserir o artigo na *Miscelânea* por causa de sua ridícula tolice, mas tampouco quis desrespeitar Loria, que era em Trieste um expoente "ilustre" da ciência italiana. Assim, comunicou-se a Loria que sua "contribuição" não podia ser publicada na *Miscelânea*, já impressa na tipografia, mas que seria publicada pelo semanário literário *Il Palvese*. A separata catalogada por Einaudi é do *Palvese*, de onde se deveria exumá-la por curiosidade. O artigo expõe um aspecto (o linguístico) da doutrina loriana sobre a influência da "altimetria" no desenvolvimento da civilização (o que demonstra, entre outras coisas, que não falta em Loria espírito de sistema e uma certa coerência, e que, portanto, suas "bizarrias" não são casuais e devidas a impulsos de diletantismo improvisador, mas correspondem a um substrato "cultural" que aflora continuamente): os montanheses, moralmente mais puros, fisicamente mais robustos, "triplicam" as consoantes; a gente das planícies, ao contrário (e pior ainda se se trata de populações que estão ao nível do mar, como os venezianos), além de moralmente depravada, é também fisicamente degenerada e não consegue nem sequer "duplicar". Loria recorre ao "testemunho da própria consciência" e afirma que, quando doente, não consegue pedir à camareira mais do que uma simples "taza" de sopa [2].

4) O prefácio à 1ª edição de uma das primeiras obras "científicas" de Loria, no qual ele fala de sua aula inaugural na Universidade de

Siena e da impressão causada no público acadêmico pela exposição de suas "originais" doutrinas materialistas: aí encontra-se mencionada sua teoria da conexão entre "misticismo" e "sífilis". (Por "misticismo", Loria entende todas as atitudes que não são "positivistas" ou materialistas em sentido vulgar.) Sobre este assunto, cita-se um artigo na "Bibliografia": "Sensualità e misticismo" *in Rivista Popolare*, XV, 15 de novembro de 1909, p. 577-578.

5) "Documenti ulteriori a suffragio dell'economismo storico", na *Riforma Sociale* de setembro-outubro de 1929.

Estes cinco "documentos" são os mais vistosos de que me recordo neste momento: mas deve-se lembrar que, no caso de Loria, não se trata de um "cochilo" intelectual, ainda que com recaídas nos mesmos delírios: trata-se de um filão "profundo", de uma continuidade bastante sistemática, que acompanha toda sua carreira literária. Nem se pode negar que Loria seja um homem de talento e que tenha juízo. Em toda uma série de artigos, as "bizarrias e exotismos" aparecem aqui e ali, extemporaneamente, mas existem as de um certo tipo, isto é, ligadas a determinadas "conexões de pensamento". Por exemplo, vê-se a teoria "altimétrica" aparecer na questão "penitenciária" e na "linguística". Assim, num artigo publicado na *Prora*, que saía em Turim durante a guerra (dirigido por um certo Cipri-Romanò, jornaleco um pouco desonesto, que certamente publicava as mais baixas especulações sobre a guerra e o antiderrotismo), os protagonistas da guerra mundial eram divididos em místicos (Guilherme e Francisco José, ou Carlos) e *positivistas* (Clemenceau e Lloyd George) e falava-se do fim do czarismo como de um destino antimístico (no mesmo número da *Prora*, apareceu "Il vipistrello disfattista" de Esuperanzo Ballerini).

Rica de elementos cômicos é a poesia "Al mio bastone. Nel XXXV anno di possesso" *in Nuova Antologia* de 16 de novembro de 1909.

A "afetação literária" notada por Croce é um elemento secundário do desequilíbrio loriano, mas tem uma certa importância: 1) porque se manifesta continuamente; 2) porque a imagem e a ênfase literárias arrastam mecanicamente Loria para o grotesco, como nos seiscentistas, e são a origem imediata de algumas "bizarrias". Outro elemento deste gênero é a pretensão infantil e sem critérios a uma "originalidade" intelectual a todo custo. Não falta a Loria, além do "grande oportunismo", também uma notável dose de pequeno oportunismo da mais baixa extração: recordem-se, a propósito, dois artigos quase semelhantes, publicados a breve distância de tempo na *Gazzetta del Popolo* (ultrarreacionária) e no *Tempo* de Pippo Naldi (então nittiano), nos quais uma imagem de Macaulay era elaborada, em cada um deles, num sentido oposto. (Tratava-se da Rússia, e os artigos talvez sejam de 1918: sobre a Rússia, Loria escreveu no *Tempo* de 10 de março de 1918 e na *Gazzetta* de 1º de junho do mesmo ano.)

A respeito das observações de Croce sobre a doutrina loriana dos "servos desempregados" e de sua importância na sociologia loriana, deve-se recordar um artigo da *Gazzetta del Popolo* de 1918 (ou dos anos subsequentes, mas antes de 1921), no qual Loria fala dos intelectuais como dos que conservam de pé a "escada de ouro" pela qual sobe o povo, com advertências ao povo para que trate bem desses intelectuais, etc., etc.

Loria não é um caso teratológico individual: ao contrário, é o exemplar mais completo e acabado de uma série de representantes de uma certa camada intelectual de um determinado período histórico; em geral, daquela camada de intelectuais positivistas que se ocuparam da questão operária e que estavam mais ou menos convencidos de terem aprofundado, revisto e superado a filosofia da práxis. Mas deve-se notar que todo período tem o seu lorianismo mais ou menos completo e perfeito, e que todo país tem o seu: o hitlerismo revelou que a Alemanha alimentava, sob o aparente domínio de um grupo intelectual sério, um lorianismo monstruoso, que rompeu a crosta oficial e se difundiu como concepção e método científico de uma nova "oficialidade". Que Loria pudesse existir, escrever, elucubrar e publicar por sua conta livros e livraços, nada de estranho: existem sempre os descobridores do moto-perpétuo e os párocos que publicam continuações de *Jerusalém Libertada*. Mas que ele se tenha tornado um pilar da cultura, um "mestre", e que tenha encontrado "espontaneamente" um imenso público, eis algo que nos leva a refletir sobre a debilidade, mesmo em épocas normais, das resistências críticas que, não obstante, existiam: deve-se pensar como, em épocas anormais, de paixões desencadeadas, seja fácil aos Loria, apoiados por forças interessadas, superar todos os obstáculos e infectar por décadas um ambiente de civilização intelectual ainda débil e frágil.

Somente hoje (1935), após as manifestações de brutalidade e de ignomínia inauditas da "cultura" alemã dominada pelo hitlerismo, foi que alguns intelectuais tomaram consciência de quanto era frágil a civilização moderna — em todas as suas expressões contraditórias, mas necessárias em sua contradição — que teve como ponto de partida o primeiro Renascimento (depois do ano 1000) e se impôs como dominante através da Revolução Francesa e do movimento de ideias conhecido como "filosofia clássica alemã" e como "economia clássica inglesa". Daí a crítica apaixonada de intelectuais como Georges Sorel, como Spengler, etc., que enchem a vida cultural de gases asfixiantes e esterilizadores.

§ 2. Juntamente com Loria, devem-se examinar Enrico Ferri e Lumbroso. Arturo Labriola. O próprio Turati poderia fornecer uma certa safra de observações e anedotas. Deve-se ver, em outro campo, Luzzatti. Guglielmo Ferrero. Corrado Barbagallo (em Barbagallo, as manifestações "lorianas" são talvez mais ocasionais e episódicas: contudo, seu escrito sobre o capitalismo antigo, publicado na *Nuova Rivista Storica* de 1929, é extremamente sintomático, com a nota um pouco cômica, que se segue ao artigo, do professor Sanna). Muitos documentos do "lorianismo" em sentido amplo podem ser encontrados na *Critica*, na *Voce* e na *Unità* florentina [3].

§ 3. *O ossinho de Cuvier.* Exposição do princípio de Cuvier. Mas nem todos são Cuvier e, sobretudo, a "sociologia" não pode ser comparada com as ciências naturais. As generalizações arbitrárias e "bizarras" são muito mais possíveis nela (e mais danosas para a vida prática) [4].

§ 4. *Paolo Orano.* Duas "esquisitices" de P. Orano (lembradas de memória): o "ensaio" "Ad Metalla", no livro *Altorilievi* (ed. Puccini, Milão), no qual propõe aos mineiros (após uma catástrofe numa mina) abandonarem definitivamente a exploração das minas, de todas as minas: propõe isso como "sindicalista", como representante de uma nova moral dos produtores modernos, isto é, propõe, como se não fosse nada, interromper e destruir toda a indústria metalúrgica e mecânica; o livrinho sobre a Sardenha (que foi, ao que parece, o primeiro escrito publicado por Orano), onde se fala de um cômico "ambiente fluido", etc. Nos "retratos literários" (*I moderni*) e em outras publicações de Orano, há muito a investigar, até sua mais recente produção (recordar o discurso de resposta à Coroa após a Concordata, onde há uma teoria do "arbitrário", ligada ao bergsonismo, realmente hilariante) [5].

§ 5. Nas cartas de G. Sorel a B. Croce, pode-se desencavar mais de um elemento de lorianismo na produção literária dos sindicalistas italianos. Sorel afirma, por exemplo, que — em sua tese de conclusão de curso — Arturo Labriola parece crer que *O Capital* de Marx foi elaborado a partir da experiência econômica francesa, e não da inglesa [6].

§ 6. *Alberto Lumbroso.* A. Lumbroso deve ser incluído na série loriana, mas noutro campo e sob outro ponto de vista [7].

Poder-se-ia fazer uma introdução geral à rubrica, a fim de demonstrar que Loria não é uma exceção, em seu campo, mas trata-se de um fenômeno geral de deterioração cultural, que teve talvez no campo "sociológico" sua tumefação mais vistosa. Assim, devem ser recordados Tomaso Sillani e sua "casa dos partos", a "borracha de Vallombrosa" de Filippo Carli, de quem é notável também um longo artigo na *Perseveranza* de 1918-19 sobre o próximo triunfo da navegação a vela sobre a navegação a vapor; a literatura econômica dos protecionistas de tipo antigo é plena destas preciosidades, que tiveram muitos continuadores até mesmo em épocas mais recentes, como se pode ver nos escritos de Belluzzo sobre as possíveis riquezas ocultas nas montanhas italianas e sobre o desencadeamento de tolices que provocou a primeira campanha em favor do ruralismo e do artesanato [8].

Estes elementos genéricos e errantes do "lorianismo" poderiam servir para tornar o tema agradável. Poder-se-ia recordar como caso limite e absurdo, pois já pertencente à técnica clínico-patológica, a candidatura de Lenzi no IVº distrito de Turim, em 1914, com o "avião--cisne" o "filopresentismo" e a proposta de reduzir a pó as montanhas italianas, que ocupam muito espaço, para transportar o seu material para a Líbia e fertilizar assim o deserto (porém, ao que me parece, também Kropotkin, na *Luta pelo pão*, propõe moer as pedras para ampliar a área cultivável) [9].

O caso de Lumbroso é muito interessante, porque seu pai (Giacomo) era um erudito de grande nível; mas a metodologia da erudição (e da seriedade científica), ao que parece, não se transmite por geração e nem mesmo pelo contato intelectual mais assíduo. Cabe indagar, no caso de Lumbroso, como é que seus dois imensos volumes sobre as *Origini diplomatiche e politiche della guerra* puderam ser acolhidos na coleção Gatti: a responsabilidade do sistema é aqui evidente. O mesmo vale para Loria e a *Riforma Sociale*, para L. Luzzatti e o *Corriere della Sera*. (Sobre Luzzatti, cabe recordar o caso do "florilégio" de São Francisco, publicado como inédito pelo *Corriere* — de 1913, parece-me, ou de antes —, com um divertido comentário econômico precisamente de Luzzatti, que pouco antes havia publicado uma edição dos *Florilégios* na Coleção Notari; o chamado inédito era uma variante enviada a Luzzatti por Sabatier.) Frases famosas de Luzzatti, como "quem sabe é o atum", num artigo do *Corriere*, que foi a origem casual do livro de Bacchelli [10].

§ 7. *Lorianismo na ciência geográfica*. Recordar o livro do professor Alberto Magnaghi (fora de comércio) sobre geógrafos despropositados. Parece-me que o livro seja um modelo no gênero [11].

§ 8. Recordar o volume sobre a *Cultura italiana* de Papini e Prezzolini (ed. Lumachi e F. Gonnelli) [12].

§ 9. *Turati.* O discurso parlamentar sobre as "assalariadas do amor". Discurso desonroso e abjeto. Os traços do "mau gosto" de Turati são numerosos em suas "poesias" [13].

§ 10. *Credaro-Luzzatti.* Recordar o episódio parlamentar Credaro-Luzzatti. Havia sido proposta uma cátedra especial de "filosofia da história" na Universidade de Roma, para Guglielmo Ferrero (em 1911 ou 1912). O ministro Credaro, entre outras coisas, justificou a "filosofia da história" (contra B. Croce, que falara no Senado contra a cátedra) alegando a importância que os filósofos haviam tido no desenvolvimento da história, citando como exemplo... Cícero. Luzzatti concordou gravemente: "É verdade, é verdade!"

§ 11. *Graziadei e o Eldorado.* Cf., no opúsculo de Graziadei, *Sindacati e salari*, a ultracômica resposta à nota de Croce sobre o Eldorado graziadeiano, quase trinta anos depois [14]. A resposta, cômica, mas não desprovida de uma boa dose de jesuitismo político (crocianismo tardio de um certo grupelho de personagens lasquianos: Lasca dizia que o homem é um pedaço de esterco sobre dois gravetos), foi determinada indubitavelmente pelo ensaio publicado em 1926, em *Unter dem Banner*, sobre *Prezzo e sovraprezzo*, que iniciava precisamente com a citação da nota crociana [15]. (Seria interessante investigar, na produção literária de Graziadei, as possíveis referências a Croce: ele jamais respondeu, mesmo indiretamente? E a pancada fora forte! De qualquer modo, o respeito à autoridade científica de Croce, expresso com tanta unção após trinta anos, é verdadeiramente cômico.) O motivo do Eldorado indicado por Croce em Graziadei possui um certo interesse geral, pois serve para desenterrar uma corrente subterrânea de romantismo e de fantasias populares, alimentada pelo "culto da ciência", pela "religião do progresso" e pelo otimismo do século XIX, que foi também ele uma forma de ópio. Neste sentido, deve-se observar se não foi legítima e de amplo alcance a reação de Marx, que — com a lei tendencial da queda da taxa de lucro e com o chamado catastrofismo — jogava muita água no fogo; deve-se ver também em que medida a "opiomania" impediu uma análise mais cuidadosa das proposições de Marx.

Estas observações nos remetem à questão da "utilidade" ou não de uma exposição do lorianismo. À parte o fato de um julgamento "desapaixonado" da obra global de Loria e da aparente "injustiça" que consiste em destacar apenas as manifestações estrambóticas de sua produção, existe ainda, para justificar estas notas, uma série de razões. Os "autodidatas", em particular, em função da ausência de uma disciplina crítica e científica, inclinam-se a sonhar com Eldorados e com soluções fáceis para todos os problemas. Como reagir? A melhor solução seria a escola, mas é solução a longo prazo, particularmente para as grandes massas de homens que se deixam levar pela opiomania. Enquanto isso, deve-se assim golpear a "fantasia" com tipos "grandiosos" de hilotismo intelectual, criar a aversão "instintiva" pela desordem intelectual, acompanhando-a com o senso do ridículo; isto pode ser obtido, como se viu experimentalmente em outros campos, até com certa facilidade, já que o bom senso, despertado por um oportuno peteleco, aniquila quase fulminantemente os efeitos do ópio intelectual. Esta aversão é ainda pouco, mas já é premissa necessária para instaurar uma indispensável ordem intelectual: por isso, o meio pedagógico indicado tem sua importância.

Recordar alguns episódios típicos: a Interplanetária de 1916-17, de Rabezzana; o episódio do "moto-perpétuo" em 1925, ao que parece; figuras como Pozzoni, de Como, e outras, que resolviam tudo partindo do aluguel da casa, etc. (Ademais, um episódio clamoroso foi o da "Baronata", que ofereceu a motivação para o *Diavolo al Puntelungo* de Bacchelli.) [16] A falta de sobriedade e de ordem intelectual acompanha muito frequentemente a desordem moral. A questão sexual traz, com suas fantasias, muita desordem: pouca participação das mulheres na vida coletiva, atração de conquistadores baratos por iniciativas sérias, etc. (recordar o episódio narrado por Cecilia De Tormay, que é verossímil, mesmo que seja inventado) [17]. Em muitas cidades, sobretudo meridionais, nas reuniões femininas, organizadas com muito esforço, apareciam de repente os defensores do amor livre, com seus opúsculos neomalthusianos, etc., e tinha-se de fazer tudo de novo. Todos os mais ridículos fantasistas, que em seus esconderijos de gênios incompreendidos fazem descobertas espantosas e definitivas, precipitam-se sobre todo movimento novo, convencidos de poder vender suas tolices. De resto, todo colapso traz consigo desordem intelectual e moral. É necessário criar homens sóbrios, pacientes, que não se desesperem diante dos piores horrores e não se exaltem em face de qualquer tolice. Pessimismo da inteligência, otimismo da vontade [18].

§ 12. *Guglielmo Ferrero.* Recordar os despropósitos contidos nas primeiras edições de alguns de seus livros de história: por exemplo, uma unidade de medida persa tomada por uma rainha, de quem se escreve a biografia romanceada, etc. (Seria o mesmo que, daqui a mil anos, numa época de puritanismo, fosse descoberto o brasão de uma aldeia com sua *"Regia Gabella"* [tributo real] e a imagem de moça com o cachimbo na boca se tornasse uma *"Regina* [Rainha] *Gabella"* receptáculo de todos os vícios.) Ademais, Ferrero não mudou: em seu livro *Fine delle avventure*, que é de 1930, ao que me parece, acredita-se possível voltar à "guerra dos bordados" e se exalta a arte militar dos chichisbéus [19].

§ 13. *Luigi Valli.* Luigi Valli, com sua interpretação conspiratória e maçônica do *dolce stil nuovo* (com os precedentes de D. G. Rossetti e de Pascoli), deve ser colocado numa determinada série do lorianismo. [20] Ao contrário, Giulio Salvadori — que descobre, em *Os Noivos* de Manzoni, o drama de Enrichetta Blondel (Lucia) oprimida por Condorcet, por Dona Giulia e pelo próprio Manzoni (Dom Rodrigo, o Anônimo, etc.) — deve talvez ser considerado como um "seguidor" inconsciente das teorias de Freud, fenômeno curioso, por sua vez, sob muitos aspectos. (De Giulio Salvadori e sua interpretação, cf. um artigo em *Arte e vita* de junho de 1920, bem como o livro póstumo *Enrichetta Manzoni-Blondel e il Natale del 33*, Treves, 1929) [21].

§ 14. *Loria e a altimetria.* A respeito das teorias "altimétricas" de Loria, poder-se-ia recordar, para rir, que — segundo Aristóteles — "as acrópoles são oportunas para os governos oligárquicos e tirânicos, e as planícies para os governos democráticos".

§ 15. *Corso Bovio*. Corso Bovio deve ser posto no quadro do lorianismo, mas deve-se ao mesmo tempo não esquecer de guardar as distâncias para ter uma boa perspectiva. No quadro, Loria é um "elefante"; o que é Corso Bovio? Alguns flamengos põem sempre um cachorrinho em seus quadros, mas talvez o cachorrinho seja um animal muito grande e estimável: uma barata talvez seja mais adequada para representar Corso Bovio [22].

§ 16. *Domenico Giuliotti*. Da "doutrina" loriana da conexão necessária entre misticismo e sífilis, aproxima-se (até certo ponto) Domenico Giuliotti que, no prefácio a *Profili di Santi*, editado pela Casa Ed. Rinascimento del Libro, escreve: "E, todavia, ou construímos *unicamente* em Cristo, ou, caso contrário, construiremos na morte. Nietzsche, por exemplo, o último anticristão de peso, é bom não esquecer, terminou sifilítico e louco." Ao que parece, segundo Giuliotti, Nietzsche é apenas um caso numa série, isto é, trata-se de uma lei, e "é bom não esquecer" a conexão. Giuliotti diz: fiquem atentos, rapazes, não sejam anticristãos, pois senão morrerão sifilíticos e loucos. E ainda: "Fiquem atentas, moças, para os anticristãos: eles são sifilíticos e loucos." (O prefácio de Giuliotti foi republicado na *Italia Letteraria* de 15 de dezembro de 1929: ao que parece, o livro é uma coletânea de vidas de santos traduzidas por Giuliotti.) [23]

§ 17. *G. A. Fanelli*. Um livro que pode ser considerado como caso-limite teratológico da reação dos intelectuais de província às tendências "americanistas" de racionalização da economia é o de G. A. Fanelli (cujo semanário representa a extrema direita reacionária na atual situação italiana): *L'Artigianato. Sintesi di uneconomia corporativa*, Ed. Spes, Roma, 1929, *in-8º*, XIX-505 p., 30 liras, sobre o qual a *Civiltà Cattolica* de 17 de agosto de 1929 publica uma resenha, na rubrica "Problemi sociali" (de Padre Brucculeri) [24]. Deve-se notar que o padre jesuíta defende a civilização moderna (pelo menos em algumas de suas manifestações) contra Fanelli. Trechos característicos de Fanelli, citados pela *Civiltà Cattolica*: "O sistema (do industrialismo mecanizado) apresenta o inconveniente de reabsorver, por via indireta, neutralizando-a, a maior parte das vantagens materiais que possa oferecer. Dos cavalos-vapor instalados, três quartos são utilizados nos transportes rápidos, tornados indispensáveis pela necessidade de evitar o apodrecimento causado pelas grandes concentrações de mercadorias. Da quarta parte restante, utilizada na concentração de mercadorias, cerca de metade é empregada na produção das máquinas; deste modo, feitas as contas, de todo o enorme desenvolvimento mecânico que oprime o mundo com o peso de seu aço, não mais do que um oitavo dos cavalos instalados é empregado na produção das manufaturas e das substâncias alimentares" (p. 205 do livro).

"O italiano, temperamento assistemático, genial, criador, avesso às racionalizações, não pode se adaptar àquela metodicidade da fábrica, na qual só conta o rendimento do trabalho em série. Aliás, o horário de trabalho para ele torna-se puramente nominal, em função do escasso rendimento que dá num trabalho sistemático. Espírito eminentemente musical, o italiano pode acompanhar com o canto seu trabalho livre, obtendo desta recreação novas forças e inspirações. Mente aberta, caráter vivaz, coração generoso, levado ao ateliê... pode o italiano explicitar suas próprias virtudes criadoras, nas quais, por outro lado, apoia-se toda a economia do ateliê. Sóbrio como nenhum outro povo, o italiano sabe realizar, na independência da vida de ateliê, qualquer sacrifício ou privação para fazer frente às necessidades da arte, ao passo que — mortificado em seu espírito criador pelo trabalho desqualificado da fábrica — gasta o salário na aquisição de um esquecimento e de uma alegria que lhe abreviam a existência" (p. 171 do livro).

No plano intelectual e cultural, o livro de Fanelli corresponde à atividade literária de certos poetas de província que ainda continuam a escrever continuações, em oitava rima, da *Jerusalém Libertada e Vitoriosa (Conquistada)*, à parte uma certa carranca altiva e bufa.

Deve-se notar que as "ideias" expostas por Fanelli tiveram, durante certo tempo, uma grande difusão, o que estava em curioso contraste com o plano "demográfico", por um lado, e com o conceito de "nação militar", por outro, já que é impossível pensar em canhões e encouraçados construídos por artesãos ou em motorização com carros de boi, nem no plano de uma Itália "artesã" e militarmente impotente em meio a Estados altamente industrializados, com as relativas consequências militares: tudo isto demonstra que os grupos intelectuais que expressavam estas lorianadas desprezavam, na realidade, não só a lógica, mas a vida nacional, a política e tudo mais. Não é muito difícil responder a Fanelli. O próprio Brucculeri observa, corretamente, que o artesanato liga-se agora à grande indústria e dela depende: desta recebe matérias-primas semitrabalhadas e utensílios aperfeiçoados.

Pode ser verdade que o operário italiano (em média) dê uma produção relativamente baixa: mas isto depende do fato de que, na Itália, o industrialismo — abusando da massa crescente de desempregados (que só parcialmente a emigração conseguia eliminar) — foi sempre um industrialismo de rapina, que especulou com os baixos salários e negligenciou o desenvolvimento técnico; a proverbial "sobriedade" dos italianos é somente uma metáfora para significar que não existe um padrão de vida adequado ao consumo de energia requerido pelo trabalho fabril (portanto, também um baixo rendimento).

O "italiano" típico, apresentado por Fanelli, é coreográfico e falso em todos os aspectos: na ordem intelectual, foram os italianos que criaram a "erudição" e o paciente trabalho de arquivo: Muratori, Tiraboschi, Baronio etc. eram italianos e não alemães; a "fábrica", como grande manufatura, teve certamente na Itália suas primeiras manifestações orgânicas e racionais. De resto, todo este discurso sobre artesanato e artesãos funda-se num equívoco grosseiro, já que existe no artesanato um trabalho em série, estandardizado, do mesmo tipo "intelectual" que o da grande indústria racionalizada; o artesão produz móveis, arados, foices, facas, casas camponesas, tecidos, etc., sempre de um mesmo tipo, que está de acordo com o gosto secular de uma aldeia, de uma vila, de um distrito, de uma província, no máximo de uma região. A grande indústria *busca* estandardizar o gosto de um continente ou do mundo inteiro durante uma estação ou alguns anos; o artesanato *sofre* uma estandardização já existente e mumificada de um vale ou de um cantinho do mundo. Um artesanato de "criação individual" arbitrária incessante é tão restrito que compreende somente os artistas no sentido estrito da palavra (mais ainda: somente os "grandes" artistas, que se tornam "protótipos" para seus discípulos).

O livro de Fanelli brilha em lorianismo: mas pode ser examinado em outras rubricas: "Americanismo" e "Passado e presente".

§ 18. *A altimetria, os bons costumes e a inteligência.* Na "utopia" de Ludovico Zuccolo, *Il Belluzzi o la città felice*, reimpresso por Amy Bernardy nas "Curiosidades Literárias" da Editora Zanichelli (que não é precisamente uma utopia, pois se fala da República de S. Marino), menciona-se a teoria loriana das relações entre altimetria e costumes humanos. Zuccolo afirma que "os homens de alma modesta ou de cérebro obtuso unem-se mais facilmente para cuidar dos negócios comuns": esta seria a razão da solidez dos ordenamentos de Veneza, dos suíços e de Ragusa; já os homens de natureza vivaz e aguda, como os florentinos, são levados ao excesso ou "a se ocuparem dos interesses privados sem se ocuparem absolutamente dos públicos". Como então explicar que os samarineses, de natureza vivaz e aguda, tenham conservado, durante tantos séculos, um governo popular? Porque em S. Marino a rarefação do ar, que torna os corpos bem formados e vigorosos, produz também "espíritos puros e sinceros". É verdade que Zuccolo fala também de motivos econômicos, isto é, da mediocridade das riquezas individuais, pelo que o mais rico tem "pouca vantagem" e ao mais pobre não falta nada. Esta igualdade é assegurada por boas leis: proibição da usura, inalienabilidade da terra, etc.

Zuccolo escreveu uma "utopia" propriamente dita, *La Repubblica di Evandria*, situada numa península nos antípodas da Itália, que — segundo Gargno ("Un utopista di senso pratico", em *Marzocco* de 2 de fevereiro de 1930) — teria ligações com *a Utopia* de T. Morus e teria assim originado o *Belluzzi* [25].

2. Dos cadernos miscelâneos

CADERNO 2 (1929-1933)

§ 99. Giuseppe Brindisi, *Giuseppe Salvioli*, Nápoles, Casella, 1928, 142 p., 5 liras (coleção "Contemporanei")

Brindisi é o editor e prefaciador da edição póstuma do *Capitalismo antico* de Salvioli: ver se, nesse livrinho, ele trata da questão das relações entre Salvioli e o materialismo histórico na forma crociana, etc. (O prefácio ao *Capitalismo antico*, porém, é medíocre e hesitante.) Por uma resenha de Tilgher em Italia che scrive (setembro de 1928), vejo que esse assunto é tratado amplamente, junto com um outro, também ele interessante: as concepções sociais de Salvioli, que o levavam a uma espécie de socialismo jurídico de Estado (!?), não sem semelhança com a legislação social fascista [1].

CADERNO 3 (1930)

§ 22. *Lorianismo.* Numa nota dedicada a Alberto Lumbroso, escrevi que este não herdara do pai as qualidades de estudioso sóbrio, preciso, disciplinado [2]. Giacomo Lumbroso, morto (ao que me parece) em 1927, foi um historiador da época helenística, papirólogo, lexicógrafo da helenidade alexandrina. (Cf. o artigo "Giacomo Lumbroso", de V. Scialoja, na *Nuova Antologia* de 16 de setembro de 1927.) (Foi também professor de história moderna antes de Fedele?)

§ 23. *Loria.* Suas memórias, publicadas em 1927 por N. Zanichelli, Bolonha, têm o seguinte título: *Ricordi di uno studente settuagenario*, 10 liras.

§ 54. *Emilio Bodrero*. Ramo aristocrático ou nacionalista do lorianismo. Bodrero é professor universitário, creio que de filosofia (história da filosofia), embora não seja absolutamente filósofo e nem mesmo filólogo ou erudito em filosofia. Pertencia ao grupo de Ardigò. Subsecretário de Instrução Pública quando Fedele foi ministro, ou seja, numa gestão do ministério que foi muito criticada até pelos elementos menos preconceituosos do partido no poder. Bodrero é, especificamente, autor de uma circular na qual se afirma que a educação religiosa é o coroamento da instrução pública, circular que serviu aos clericais para promover um assédio sistemático à organização escolar e que se tornou, para seus publicistas, o argumento polêmico decisivo (exposição no opúsculo polêmico de Ignotus, o qual, porém, é obrigado a silenciar hipocritamente sobre o fato de que a mesma afirmação está na Concordata) [3]. Artigo de Bodrero "Itaca Italia" em *Gerarchia* de junho de 1930: espantoso. Para Bodrero, a *Odisseia* é "o poema da contrarrevolução", um paralelo entre após-guerra troianogrego e o pós-guerra 1919-1920 digno de um novo Bertoldo. Os pretendentes são... os que fogem à luta. Penélope é... a democracia liberal. O fato de que os cortejadores saqueiem as provisões de Ulisses, estuprem suas servas e busquem tomar-lhe a esposa é uma... revolução. Ulisses é o... espírito de combate. Os feácios são a Holanda ou a Espanha neutras, que se enriquecem com os sacrifícios alheios, etc. Há ainda proposições de método filológico: quem fez a guerra e conheceu o pós-guerra não pode afirmar, com segurança, que a *Ilíada* e a *Odisseia* sejam de um único autor e sejam unitárias em toda a sua estrutura (também essa é uma variação da teoria da voz do sangue como origem e meio do conhecimento). (Poder-se-ia observar, de modo cômico, que precisamente Ulisses é o tipo que foge do recrutamento militar e simula loucura!) [4]

§ 66. *Lorianismo e barroquismo. Paolo Orano*. Um artigo de P. Orano sobre Ibsen na *Nuova Antologia* de 1º de abril de 1928. Um aforisma prenhe de vacuidade: "O autêntico (! isto é, o sinônimo reforçado do tão desacreditado 'verdadeiro') esforço moderno da arte dramática consistiu em resolver cenicamente (!) os absurdos (!) da vida consciente (!). Fora disto, o teatro pode ser um belíssimo jogo consolador (!), um agradável passatempo; nada mais." Outro aforismo similar: "Com ele e por ele (lbsen), começamos a acreditar na eternidade do instante, porque o instante é pensamento e tem o valor absoluto da personalidade individual, que é agente e juiz fora do tempo e do espaço, além dos tormentos temporais e do nada espacial, momento e duração inatingíveis para o critério da ciência e da religião." [5]

§ 86. *Lorianismo. Alfredo Trombetti.* Por muitos aspectos, pode ser incluído no lorianismo, com a advertência de que isso não significa um juízo global sobre sua obra, mas um simples juízo de desequilíbrio entre a "logicidade" e o conteúdo concreto de seus estudos. Trombetti era um formidável poliglota, mas não um linguista; ou, pelo menos, sua linguística não se identificava com seu poliglotismo: o conhecimento material de inúmeras línguas vai em detrimento do método científico. Ademais, era um iluminado: a teoria da monogênese da linguagem era a prova da monogênese da humanidade, com Adão e Eva como precursores. Por isso, os católicos o aplaudiram e ele se tornou popular, isto é, foi "ligado" à sua teoria por um ponto de honra não científico, mas ideológico. Nos últimos tempos, obteve reconhecimentos oficiais e foi exaltado pelos jornais como uma glória nacional, particularmente pelo anúncio feito num Congresso Internacional de Linguística (de Haia, em princípios de 1928) sobre a decifração do etrusco. Ao que me parece, porém, o etrusco continua tão indecifrável como antes e tudo se reduz a mais uma tentativa fracassada [6].

Na *Nuova Antologia* de 16 de julho de 1928, publicou-se um artigo de Pericle Ducati, "Il Primo Congresso Internazionale Etrusco" (27 de abril — 3 de maio de 1928), no qual se fala de um modo muito estranho, mas *up to date*, da "descoberta" de Trombetti. Na p. 129, fala-se de "decifração exitosa" do etrusco, "graças sobretudo aos esforços de um italiano, de Alfredo Trombetti". Na p. 204, a "decifração exitosa" é reduzida, todavia, a "um passo gigantesco na interpretação do etrusco". A tese de Trombetti é a seguinte, já anunciada por ele no Simpósio

Nacional Etrusco de 1926: o etrusco é uma língua intermediária, juntamente com outros idiomas da Ásia Menor e pré-helênicos, entre o grupo caucásico e o grupo ário-europeu, com maiores afinidades com este último; por isso, a língua de Leminos, tal como aparece nas duas inscrições da famosa estrela, e o etrusco são quase idênticos. Esta tese se insere no sistema geral de Trombetti, que pressupõe provada a monogênese e, portanto, tem uma base fragilíssima. Mais ainda: pressupõe certa origem transmarina dos etruscos, e esta opinião (ainda que seja a mais difundida) não é universal: Gaetano De Sanctis e Luigi Pareti defendem, ao contrário, a origem transalpina, e eles não são estudiosos a desprezar. No Congresso Internacional Etrusco, Trombetti passou a uma mais precisa determinação da gramática e à hermenêutica dos textos, esboço de seu livro *La lingua etrusca*, que saiu logo após. Teve grande sucesso. Contraditores, não entre os estrangeiros, nota Ducati, mas entre os nacionais, mas "de modo cortês e prestando homenagem ao excepcional talento de Trombetti". "Um jovem e já valoroso linguista, Giacomo Devoto, preocupou-se com o método, pois o rigor do método pareceu-lhe comprometido pelas investigações e pelos resultados de Trombetti." Neste ponto, Ducati faz uma série de considerações verdadeiramente assombrosas sobre o método da linguística e contra Devoto, concluindo: "Olhemos, portanto, para os resultados de Trombetti e esqueçamos as sutilezas." Já se viu, ademais, o que significa esquecer as sutilezas. Nas ciências em geral, o método é a coisa mais importante: além disso, em certas ciências, que devem basear-se necessariamente sobre um conjunto restrito de dados positivos, restrito e não homogêneo, as questões de método são ainda mais importantes, quando não são simplesmente tudo. Não é difícil, com um pouco de fantasia, construir hipóteses e mais hipóteses e dar uma brilhante aparência lógica a uma doutrina: mas a crítica destas hipóteses derruba todo o castelo de cartas e revela a vacuidade por baixo do brilhantismo. Trombetti descobriu um novo método? Esta é a questão. Este novo método faz progredir a ciência mais do que o método antigo, interpreta melhor? Nada disso acontece.

Também aqui se revela como o nacionalismo introduz desvios danosos na avaliação científica e, portanto, nas condições práticas do trabalho científico. Bartoli descobriu um método novo, mas não pode alardeá-lo interpretando o etrusco; Trombetti, ao contrário, afirma ter decifrado o etrusco, ou seja, ter resolvido um dos maiores e mais apaixonantes enigmas da história: aplausos, popularidade, ajuda econômica, etc. Ducati repete, aprovando, o que lhe disse no Congresso um linguista "muito eminente": "Trombetti é uma exceção: eleva-se muito acima de nós e pode realizar aquilo que a nós não nos parece lícito tentar." E acrescenta as opiniões muito profundas do paleontólogo Ugo Antonielli: para Antonielli, Trombetti é um "bom gigante que indica um caminho direto e seguro". Quem dera, como argutamente (!) aduz o próprio Antonielli, nosso italianíssimo Trombetti, "para a sensibilidade subalterna de alguns, se chamasse *Von Trombetting* ou *Trombetty...*" já que a questão se colocava assim, é preciso convir que Devoto e outros opositores foram heróis e que existe algo sadio na ciência italiana. Ducati apoia esta tendência nacionalista na ciência, sem se dar conta das contradições em que incide: se Trombetti indicasse um caminho direto e seguro, teria precisamente renovado (ou desenvolvido) e aperfeiçoado o método, e então seria lícito que todos os estudiosos tentassem o que ele tentou. Das duas, uma: ou Trombetti está acima da ciência graças a seus dotes peculiares de intuição, ou indica um caminho para todos. "Um fato curioso! Entre os linguistas reunidos em Florença, Trombetti mereceu o aplauso mais incondicionado entre os estrangeiros." E, então, por que Ducati refere-se ao *Von Trombetting*? Ou isto não quer dizer que a linguística italiana é mais séria e avançada do que a estrangeira? Pode ocorrer precisamente o seguinte ao nacionalismo científico: não perceber as verdadeiras "glórias" nacionais e ser precisamente ele o escravo, o mais servil lacaio dos estrangeiros!

§ 89. *Lorianismo.* Deve-se ligar a essa corrente a famosa controvérsia sobre os livros perdidos de Tito Lívio, que teriam sido encontrados em Nápoles, há alguns anos, por um professor que adquiriu assim um instante de celebridade que talvez não desejasse. A meu ver, as causas desse escandaloso episódio devem ser buscadas nas intrigas do professor Francesco Ribezzo e na abulia do professor em questão, do qual não lembro o nome. Este professor publicava uma revista, e o professor Ribezzo uma outra, concorrente, ambas inúteis ou quase (vi a revista de Ribezzo durante muitos anos e conheci Ribezzo naquilo que interessa): os dois lutavam por uma cátedra na Universidade de Nápoles. Foi Ribezzo quem anunciou em sua revista a descoberta feita (!) pelo colega, que assim se tornou o centro da curiosidade dos jornais e do público, e foi liquidado científica e moralmente. Ribezzo não tem a menor capacidade científica: quando o conheci, em 1910-11, esquecera quase completamente o grego e o latim, e era um "especialista" em linguística comparada ário-europeia. Esta sua ignorância era tão evidente que Ribezzo teve frequentes conflitos violentos com os alunos. No liceu de Palermo, foi envolvido no escândalo do assassinato de um professor por um aluno (parece-me que em 1908 ou 1909). Enviado a Cagliari como punição, entrou em conflito com os estudantes, conflito que se tornou tão agudo em 1912, com polêmicas nos jornais, ameaças de morte a Ribezzo, etc., que ele teve de se transferir para Nápoles. Ribezzo devia ser fortemente sustentado pela máfia universitária napolitana (Cocchia & Cia.). Participou do concurso para a cátedra de linguística da Universidade de Turim: porque o nomeado foi Bartoli, publicou uma coisa ridícula etc. [7]

§ 105. *Lorianismo. Os amendoins americanos e o petróleo.* Numa nota sobre o lorianismo, fiz referência à proposta de um coronel de cultivar amendoim em 50 mil km², a fim de suprir o mercado italiano de óleo combustível. [8] Trata-se de Barberis, coronel de Engenharia Naval, que falou sobre isso numa comunicação sobre "Il combustibile liquido e il suo avvenire", no Congresso das Ciências ocorrido em Perúgia, em outubro de 1927. (Cf. Manfredi Gravina, "Olii, petroli e benzina", na *Nuova Antologia* de 1º de janeiro de 1927, p. 71, nota.)

§ 111. *Lorianismo.* Sobre as interpretações *sectárias* da *Comédia* de Dante e do *dolce stil nuovo* por parte de Luigi Valli, cf., para uma informação rápida, "Una nuova interpretazione delle rime di Dante e del 'dolce stil nuovo'", de Benedetto Migliore, na *Nuova Antologia* de 16 de fevereiro de 1928.

§ 132. *Lorianismo. Paolo Orano.* Sobre as relações entre os intelectuais sindicalistas italianos e Sorel, devem-se comparar os juízos que Sorel publicou sobre eles, resenhando seus livros (no *Mouvement socialiste* e em outros lugares), e os que expressou em suas cartas a Croce. Estes últimos iluminam os primeiros com uma luz frequentemente irônica e reticente: comparar o juízo sobre *Cristo e Quirino*, de P. Orano, publicado no *Mouvement socialiste* de abril de 1908, com aquele expresso na carta a Croce de 29 de dezembro de 1907: evidentemente, o juízo público era irônico e reticente, mas Orano o reproduz na edição Campitelli, Foligno, 1928, como se fosse de aprovação [9].

§ 156. *Lorianismo. Trombetti e a monogênese da linguagem.* A *Nuova Antologia*, que no artigo de Pericle Ducati (já comentado por mim anteriormente [10]) exaltara a obra de Trombetti para a interpretação do etrusco, publica no número de 1º de março de 1929 uma nota de V. Pisani, "Divagazioni etrusche", violentamente crítica. Pisani recorda, contra Trombetti, alguns cânones elementares para o estudo crítico da ciência das línguas:

1º. O método puramente etimológico carece de consistência científica: a língua não é o puro léxico, erro vulgar e muito difundido. As palavras singulares tomadas abstratamente, ainda que muito semelhantes numa determinada fase histórica, podem: a) ter nascido independentemente uma da outra: exemplo clássico é o *mysterion* grego e hebraico, com o mesmo significado: mas em grego o significado é dado por *myst-*, e *-erion* é o sufixo dos abstratos, enquanto em hebraico é exatamente o contrário: *-erion* (ou *-terion*) é o radical fundamental, e *myst-* (ou *mys-*) é o prefixo genérico. Assim, também o *haben* alemão não tem a mesma origem de *habere* latino, nem *to call* inglês do χαλεω grego ou de *calare* latino (chamar), nem *ähnlich* alemão pode unir-se a αν"λογοζ grego etc. Littmann publicou, na *Zeitschrift der Deutschen Morgenl. Geselschaft*, LXXVI, p. 270 e ss., uma lista destas aparentes concordâncias para demonstrar o absurdo da etimologia anticientífica; b) podem ter sido importadas de uma língua para outra, em épocas relativamente pré-históricas; por exemplo: a América foi descoberta por Cristóvão Colombo "apenas" do ponto de vista da civilização europeia em seu conjunto, isto é, Cristóvão Colombo fez com que a América entrasse na zona de influência da civilização europeia, da história europeia; mas isso não exclui, de modo algum, que elementos europeus, ou de outros continentes, possam ter estado na América, até mesmo em grupos relativamente consideráveis, lá deixando "palavras", formas léxicas mais ou menos consideráveis; isto pode repetir-se no caso da Austrália e de qualquer outra parte do mundo; como, então, é possível afirmar, como o faz Trombetti, com base em números relativamente escassos de formas lexicais (30-40), que tais formas sejam documento da monogênese?

2º. As formas lexicais e seus significados devem ser cotejados por fases históricas homogêneas das línguas em questão: para cada forma, por isso, é preciso "fazer", além da história fonológica, também a história semântica e cotejar com os significados mais antigos. Trombetti não respeita nenhum destes cânones elementares: a) contenta-se, nos cotejos, com significados genéricos afins, até mesmo não muito afins (algumas vezes, com interpretações ridiculamente forçadas: lembro-me de um caso curiosíssimo, de um verbo de movimento ário-europeu cotejado com uma palavra de um dialeto asiático que significa aproximadamente "umbigo", que deveriam corresponder, segundo Trombetti, porque o umbigo se "move" continuamente por causa da respiração!); b) basta, para ele, que nas palavras cotejadas se verifique a sucessão de dois sons consonantais semelhantes, como, por exemplo, *t*, *th*, *d*, *dh*, *s* etc., ou *p*, *ph*, *f*, *b*, *bh*, *v*, *w*, etc.; desembaraça-se das demais consoantes eventuais, considerando-as como prefixos, sufixos ou infixos.

3º. O parentesco de duas línguas não pode ser demonstrado pela comparação, ainda que fundada, de um número (ainda que muito grande) de palavras, caso faltem os argumentos gramaticais de natureza fonética e morfológica (e mesmo sintática, embora em grau menor). Exemplo: o inglês, que é uma língua germânica, embora o léxico seja muito neolatino; o romeno, que é neolatino, ainda que tenha muitas palavras eslavas; o albanês, que é ilírico, embora o léxico seja grego, latino, eslavo, turco, italiano; o armênio, que contém muito irânico: persa arabizado, mas que continua a ser ário-europeu etc.

Por que Trombetti teve tanta fama? 1º Naturalmente, tem méritos, antes de mais nada o de ser um grande poliglota. 2º. Porque a tese da monogênese é defendida pelos católicos, que veem em Trombetti "um grande cientista de acordo com a Bíblia" e, portanto, põem-no nas nuvens. 3º. A vaidade nacional. Mas Trombetti é mais apreciado pelos profanos do que por seus colegas de ciência. Decerto, a monogenese não pode ser excluída *a priori*, mas não pode tampouco ser provada, ou pelo menos Trombetti não a provou. Recordar os epigramas de Voltaire contra o famigerado etimologista Ménage (Gilles, 1633-1692), sobre a etimologia de *alfana* > *equa*, por exemplo.

O método acrítico de Trombetti aplicado ao etrusco não podia, evidentemente, proporcionar resultados corretos. Sua interpretação pode ser posta na série das muitas outras interpretações já dadas: "por acaso" poderia ser verdadeira, mas não se pode demonstrar esta verdade. (Ver em que consiste o método que Trombetti chama de "combinatório"; não disponho de material; parece que significa o seguinte: a aproximação de um termo etrusco desconhecido com um termo conhecido de outra língua considerada afim deve ser controlada com os termos conhecidos de outras línguas afins que se assemelham no som, mas não coincidem entre si nos significados etc.; mas talvez não seja isso.)

CADERNO 6 (1930-1932)

§ 36. *Lorianismo. Trombetti e o etrusco.* Cf. Luigi Pareti, "Alla vigilia del I' Congresso Internazionale Etrusco", *Marzocco* de 29 de abril de 1928, e Pareti, "Dopo il Congresso etrusco", *Marzocco* de 13 de maio de 1928, e "Consensi e dissensi storici archeologici al Congresso etrusco", *Marzocco* de 20 de maio de 1928.

Sobre as pesquisas linguísticas, Pareti escreve no primeiro artigo: "Garantidos pela precisão dos textos transcritos e pela completicidade de nossas coletâneas, poder-se-á reelaborá-los, de maneira não comum, no que concerne à *linguística*. Pois é indispensável, agora, não só levar adiante as tentativas de interpretação, mas proceder de modo histórico, isto é, considerando os termos lexicais e os fenômenos fonéticos no espaço e no tempo: distinguindo o antigo do recente, e determinando as diferenças dialetais de cada região. Fixada esta base histórico-linguística, será mais fácil e seguro seja partir dos termos e dos fonemas mais antigos até cotejá-los com outras línguas que interessem por causa do problema dos parentescos originários; seja, ao contrário, partir de algumas peculiaridades dos dialetos etruscos em sua última fase, aproximando termos e fonemas dialetais atuais. Igualmente meticulosa há de ser, naturalmente, a pesquisa visando a desenterrar os vários estratos, utilizáveis historicamente, da *toponomástica*. Dado que, em teoria, cabe estabelecer para cada nome a época e o estrato étnico ao qual remonta, é indispensável que, para cada um deles, sejam recolhidos os mais antigos testemunhos, bem como registrada a forma inicial precisa, ao lado das posteriores deformações. E isto para evitar a arriscada comparação entre termos cuja incomparabilidade se pode demonstrar, ou pela real deformidade fonética, ou pela impossibilidade cronológica. De todo o material coletado, ademais, será oportuno redigir léxicos e cartas topográficas, de fácil e evidente consulta." Estes artigos de Pareti são muito bem-feitos e dão uma ideia precisa das atuais condições dos estudos sobre os etruscos.

§ 189. *Lorianismo.* Em 12 de dezembro de 1931, no apogeu da crise mundial, Achille Loria discute no Senado sobre uma sua indagação: se o Ministério do Interior "não considera oportuno evitar os espetáculos de equilibrismo, que não desempenham nenhuma função educativa, mas que são com muita frequência ocasião de acidentes fatais". Pela resposta do deputado Arpinati, parece que "os espetáculos de equilibrismo se incluem naquelas atividades improdutivas que o senador Loria analisou no *Tratado de Economia*"; a questão, portanto, segundo Loria, poderia ser uma contribuição para a solução da crise econômica. Seria possível fazer ironia barata sobre os espetáculos de equilibrismo do próprio Loria, que não lhe causaram até agora nenhum acidente fatal.

CADERNO 8 (1931-1932)

§ 74. *Lorianismo. E. Ferri.* O modo de julgar a música e Verdi por parte de Enrico Ferri foi contado originariamente por Croce, nas *Conversazioni Critiche* (Série II, p. 314), num pequeno capítulo sobre os *Ricordi ed affetti*, de Alessandro d'Ancona — publicados por Treves em 1902 —, que apareceu na *Critica* dos primeiros anos (1903 ou 1904): "Noto naquela 'recordação' sobre o centenário de Leopardi uma felicíssima invectiva contra os críticos literários da chamada escola lombrosiana: invectiva que, de resto, parece-me atualmente supérflua, tendo eu escutado, há algumas semanas, um destes solenes críticos, Enrico Ferri, numa comemoração de Zola ocorrida em Nápoles, declarar o seguinte sobre a questão se Verdi é ou não um gênio: que ele, Ferri, não entendendo nada de música, ou seja, não estando exposto ao fascínio daquela arte, podia por isso pronunciar a respeito 'um juízo *sincero* em *sua objetividade*' e afirmar, com consciência tranquila, que Verdi é um 'talento' e não um 'gênio'; tanto é assim que costuma manter em perfeita ordem as contas da economia doméstica!" A anedota foi contada também de outra forma, ou seja, que Ferri se considerava o mais capaz de julgar objetiva e desapaixonadamente qual dos dois era um grande gênio, Wagner ou Verdi, precisamente porque não entendia absolutamente nada de música [11].

§ 76. *Lorianismo.* Nesta rubrica, ao que parece, não registrei pró-memória A. O. Olivetti, que a ela pertence sob todos os aspectos; como inventor de pensamentos genialíssimos e como desconexo e pretensioso erudito de botequim [12].

§ 77. *Lorianismo. G. A. Borgese.* "Quase todas as guerras e revoltas, em última instância, podem ser reduzidas a baldes roubados; o importante é ver que coisa raptores e defensores viam no balde." *Corriere della Sera*, 8 de março de 1932 ("Psicologia della proibizione"). O áureo aforismo de Borgese poderia ser citado como comentário autêntico ao livrinho no qual G. A. Borgese fala das novas correntes de opinião científicas (Eddington) e anuncia que elas deram um golpe mortal no materialismo histórico. Pode-se escolher: entre a "última instância" econômica e a "última instância" do balde roubado [13].

§ 133. *Lorianismo. Giuseppe De Lorenzo.* Também alguns aspectos da atividade intelectual de De Lorenzo incluem-se na categoria do lorianismo. Mas, com ele, devemos ser discretos [14].

§ 166. *Graziadei.* Além das teorias de Loria, investigar se as questões levantadas por Graziadei não têm origem nas teorias de Rodbertus [15]. Na *Histoire des doctrines économiques* de Gide e Rist (5ª ed., reimpressão de 1929), lê-se na p. 504: "Observemos de imediato a diferença de atitude entre Rodbertus e Marx. O segundo, inteiramente impregnado de economia política e de socialismo inglês, parte da teoria da *troca* e faz do trabalho a fonte de todo *valor*. Rodbertus, inspirado nos saint-simonianos, parte da *produção* e faz do trabalho a única fonte de todo *produto*, proposição mais simples e mais verdadeira que a anterior, embora ainda incompleta. Não apenas Rodbertus não diz que só o trabalho cria valor, mas o nega expressamente em várias oportunidades, fornecendo as razões de sua opinião" [16]. Em nota, Rist apresenta referências bibliográficas a respeito e cita uma carta de

Rodbertus a R. Meyer, de 7 de janeiro de 1872, onde há uma menção ao fato de que a "demonstração poderia, caso necessário, ser utilizada contra Marx".

CADERNO 9 (1932)

§ 12. *Lorianismo. Enrico Ferri.* Pode ser que a conferência de Ferri sobre Zola, na qual está contida a afirmação da "objetividade" baseada na ignorância, seja o escrito "Emilio Zola, artista e cittadino", incluído no volume *I delinquenti nell'arte ed altre conferenze*, publicado pela Unione Tipogr. Ed. Torinese, em 1926 (2ª ed., inteiramente reelaborada, *in-8º*, XX-350 p., 35 liras) [17]. No volume, talvez se possam encontrar outros temas "lorianos" não menos característicos que o "musical". No volume, de resto, estão contidos escritos que terão significado para outras rubricas, como "Recordações de jornalismo" e "A ciência e a vida no século XIX".

§ 28. *Lorianismo. O Sr. Netuno.* No início desta série de notas sobre o lorianismo, poderá ser citada a novela narrada pelo barbeiro nos primeiros capítulos da segunda parte do *Dom Quixote*. O louco que recorre ao bispo para ser libertado do hospício, afirmando, numa carta ajuizadíssima, que é sensato e, portanto, está segregado do mundo de modo arbitrário. O arcebispo envia uma pessoa de sua confiança, que se convence de estar realmente em face de um homem de mente sadia, até o momento em que — quando o pretenso sadio se despede dos seus amigos do hospício — ocorre a catástrofe. Um louco, que afirma ser Júpiter, ameaça, se o amigo for embora, não mais fazer chover sobre a terra; e o amigo, temendo que o enviado do bispo se amedronte, diz: "Não se aflija, porque se o Sr. Júpiter não fizer mais chover, eu, que sou Netuno, encontrarei um modo de solucionar a questão." Pois bem: estas notas referem-se precisamente a escritores que, em um ou em muitos instantes de sua atividade científica, demonstraram ser o "Sr. Netuno".

§ 77. *Loria.* Na introdução ao artigo sobre o "Fascismo" publicado pela *Enciclopedia Italiana*, introdução escrita pelo Chefe do Governo [18], pode-se ler: "Uma tal concepção da vida leva o fascismo a ser a decidida negação daquela doutrina que constituiu a base do chamado socialismo científico ou marxismo: a doutrina do materialismo histórico, segundo a qual a história das civilizações humanas seria explicada apenas com a luta de interesses entre os diversos grupos sociais e com a modificação dos meios e dos instrumentos de produção. Que os fatos econômicos — descoberta de matérias-primas, novos métodos de trabalho, invenções científicas — tenham sua importância, ninguém o nega; mas é absurdo supor que sejam suficientes para explicar a história humana, excluindo-se todos os demais fatores. O fascismo crê, ainda e sempre, na santidade e no heroísmo, isto é, em atos nos quais nenhum motivo econômico — próximo ou remoto — atua." A influência das teorias de Loria é evidente.

NOTAS AO TEXTO

I. OS INTELECTUAIS. O PRINCÍPIO EDUCATIVO

1. Caderno 12

1. Sobre Achille Loria, cf., infra, caderno 28.

2. Cf., sobre este mesmo assunto, "Alguns temas da questão meridional", in A. Gramsci, *A questão meridional*, Rio de Janeiro-São Paulo, Paz e Terra, 1987, p. 154 e ss.

3. Max Weber, *Parlamento e governo na Alemanha reordenada* [1917], Petrópolis, Vozes, 1993. É muito provável que Gramsci conhecesse a tradução italiana deste livro de Weber (Laterza, Bári, 1919).

4. Gramsci alude aqui à posição dos "sionistas", que defendiam a criação de uma pátria territorial judaica, para onde todos os judeus deveriam emigrar. Essa proposta materializou-se após a Segunda Guerra Mundial, com a criação do Estado de Israel. Por sua vez, a menção à possível transformação da Libéria — um Estado formalmente independente, criado sob direta influência dos Estados Unidos, logo após a Guerra de Secessão — num "Piemonte africano" significaria transformá-la no ponto de partida de uma possível unificação da África negra, então ainda sob dominação colonial, desempenhando assim a mesma função que teve o Reino do Piemonte no *Risorgimento*, ou seja, nos movimentos que levaram à unificação da Itália, em meados do século XIX. Essa "previsão" de Gramsci, evidentemente, não se realizou.

5. Com *Kulturkampf*, Gramsci refere-se provavelmente ao movimento empreendido por Otto von Bismarck, entre 1872 e 1875, quando — em seu empenho pela constituição da unidade estatal alemã — o chanceler do *Reich* se opôs duramente ao *Centro*, partido católico de massa de tipo confessional. Plutarco Calles, referido em seguida, ao ser eleito presidente do México em 1924, levou a cabo programas de reforma agrária e de

nacionalização das minas, enfrentando a oposição da Inglaterra e dos Estados Unidos, bem como da hierarquia eclesiástica mexicana e do próprio Vaticano. Gramsci fala da América Latina também no caderno 1, § 107, e no caderno 3, § 5, ambos no vol. 4 da presente edição.

6. Cf., infra, caderno 24, § 5.

7. Num de seus ensaios, o crítico Francesco de Sanctis (1817-1883) chama de "anciães de Santa Zita" (Dante, *Inferno*, XXI, 39) os jovens mais experientes reunidos em torno de Basilio Puoti: "O marquês [Puoti] era querido e respeitado por todos porque amava seus jovens — assim os chamava, não de estudantes ou discípulos — e era seu protetor, seu pai. Havia em torno dele um grupo de veteranos, jovens que ali já estavam há cinco ou seis anos, e que o marquês, brincalhonamente, chamava de 'anciães de Santa Zita'. O juízo deles era muito respeitado e, quando um falava, fazia-se silêncio, a começar pelo irrequieto marquês, e ouvia-se de boca aberta" (De Sanctis "L'ultimo dei puristi" in *Saggi critici*, Milão, 1924, p. 152).

8. O liceu, na Itália, corresponde ao nosso segundo grau ou "escola média".

9. Sobre o método Dalton, cf., infra, caderno 9, § 119.

10. A expressão *Sturm und Drang* [Tempestade e impulso], tomada de uma tragédia de Friedrich Klinger (1752-1831), indica o movimento alemão pré-romântico, surgido por volta de 1770, que se caracterizava pelo radicalismo de sua oposição à arte estabelecida; no início de suas carreiras, Goethe e Schiller participaram do movimento. Ao falar de um "*Sturm und Drang*" do futurismo, Gramsci alude à sua fase inicial fortemente iconoclasta; mais tarde, os principais futuristas italianos aderiram ao fascismo. Sobre os futuristas, cf., infra, caderno 1, § 124.

11. Entre 1922 e 1924, o filósofo Giovanni Gentile ocupou o cargo de ministro da Instrução Pública no governo fascista e empreendeu, em 1923, uma reforma do sistema educacional italiano. Ainda neste parágrafo, Gramsci menciona a Lei Casati, que tem o nome de um ministro de Vítor Emanuel II, Gabrio Casati. Aprovada em 1859, ainda antes da unificação italiana, a Lei Casati estabelece pela primeira vez um sistema de educação pública abrangente e centralizado no Piemonte e na Lombardia. Depois da unificação, seus dispositivos e regulamentações se aplicaram a todo o país e, apesar de algumas alterações, permaneceram como base do sistema educacional até a Reforma Gentile.

12. Trata-se de duas figuras de silogismo, nomeadas assim pelos escolásticos a partir das formulações de Aristóteles.

13. A primeira série de *L'Ordine Nuovo*, semanário dirigido por Gramsci, sai em 1919 e 1920. Gramsci, portanto, refere-se aqui ao chamado "biênio vermelho", ou seja, ao período de intensa agitação social na Itália, em especial em Turim, com a ocupação de fábricas e a formação de conselhos operários.

2. Dos cadernos miscelâneos

1. Em francês no original.

2. Sobre Rizzi, cf., infra, caderno 5, § 91.

3. Domenico Tempio (1750-1821), um poeta lírico nascido em Catânia, escreveu também algumas sátiras e farsas. Vincenzo Bellini (1801-1835), o famoso compositor, autor de óperas como *Norma* e *I puritani*, nasceu em Catânia. Mario Rapisardi (1844-1912), também nascido em Catânia, era poeta e professor na Universidade de sua cidade. Os demais autores citados por Gramsci neste parágrafo — inclusive o famoso romancista Giovanni Verga (1840-1922), o principal expoente do "verismo", uma variante italiana do naturalismo — ou nasceram ou viveram em Catânia. Em oposição aos escritores "sicilianíssimos", temos Giosuè Carducci (1837-1907), adepto de uma estética classicista e considerado o poeta oficial da Itália reunificada.

4. Piero Goberti (1901-1926), um liberal revolucionário falecido precocemente, foi amigo de Gramsci e colaborador, como crítico teatral, do semanário *L'Ordine Nuovo*. Gramsci refere-se a Gobetti em "Alguns temas da questão meridional", dizendo, entre outras coisas, o seguinte: "Ele não era um comunista e, provavelmente, jamais o teria sido, mas tinha compreendido a posição social e histórica do proletariado [...]. Revelou-se um organizador da cultura de extraordinário valor e teve uma função que não deve ser esquecida nem subestimada pelos operários" (A. Gramsci, *A questão meridional*, cit., p. 162-165).

5. Os comentários de Gramsci sobre Giuseppe Prezzolini (1882-1982) e sua revista *La Voce* se espalham por todos os *Cadernos*. Na fundação da revista, em 1908, Prezzolini esteve associado a outro intelectual também mencionado por Gramsci, Giovanni Papini (1881-1956).

Prezzolini evolui de suas iniciais posições antirracionalistas e nacionalistas para o idealismo crociano, com alguma abertura para temas socialistas (através de Sorel), mas termina por ajustar suas orientações às exigências culturais do fascismo em ascensão. Já Papini afasta-se de *La Voce* em direção ao futurismo, atacando os "valores burgueses" em nome de uma filosofia da ação voluntarista e nacionalista. Converte-se ao catolicismo e se torna mais tarde adepto do fascismo. *Il Popolo d'Italia*, fundado por Mussolini em 1914, tornou-se o primeiro jornal do movimento fascista.

6. Entre os vários juízos formulados por Gramsci sobre o futurismo, é particularmente interessante o contido em sua carta a Trotski sobre o futurismo italiano, de 8 de setembro de 1922, que o revolucionário russo incluiu como apêndice ao cap. IV do seu livro *Literatura e revolução*, ed. brasileira, Zahar Editores, 1970.

7. Gramsci retorna ao tema, com uma referência direta a este parágrafo, no caderno 3, § 34, no vol. 3 da presente edição.

8. Em seu livro, escrito em 1929, Berl contesta o argumento básico de Julien Benda em *A traição dos intelectuais*, de 1927 (cf., logo a seguir, o § 2). Benda acusa os intelectuais — entre os quais Charles Maurras e Maurice Barrès, mentores da direita monarquista e nacionalista francesa — de cederem às paixões políticas e aos preconceitos populares, abandonando a integridade do pensamento; Berl, ao contrário, denuncia o afastamento dos intelectuais em relação à realidade política. Sobre a posição de Berl, cf., infra, caderno 3, § 4.

9. Este parágrafo gramsciano retoma, às vezes literalmente, o citado artigo de Benda. Os comentários de Gramsci aparecem entre parênteses.

10. Em francês no original.

11. Em francês no original.

12. Todo o parágrafo resume e, às vezes, traduz literalmente um artigo de André Levinson, "Jacob Wassermann et le procès de la justice", em *Les Nouvelles Littéraires* de 19 de outubro de 1929. A enigmática referência a "Quincey" se deve provavelmente ao fato de que o advogado Josiah Quincey, em 1770, defendeu com êxito os soldados britânicos responsáveis pelo massacre de Boston.

13. Em francês no original.

14. Em francês no original.

15. Giacomo Di Giacomo foi, desde o início dos anos 20, organizador de sindicatos de intelectuais fascistas, tornando-se, no final da década, presidente da Confederação Fascista de Profissionais e Artistas, que agrupou coercitivamente todas as associações italianas de intelectuais. *Il Raduno* era o órgão do Sindicato de Artistas e Escritores. Mais adiante, Gramsci refere-se a Pietro Fedele (1873-1953), professor da Universidade de Roma, que, depois de aderir ao Partido Nacional Fascista em 1924, sucedeu Giovanni Gentile como ministro da Instrução Pública; nesta condição, fez promulgar uma lei que permitia a demissão dos professores universitários que não fossem leais ao Estado. Emilio Bodrero (1874-1949) teve uma trajetória análoga à de Fedele, de quem foi subsecretário no Ministério da Educação; em 1940, tornou-se professor de doutrina fascista na Universidade de Roma. Sobre Bodrero, cf. também, infra, caderno 3, § 54.

16. Em 1927, Emilio Salgari — autor de narrativas rocambolescas sem nenhuma qualidade literária — foi proclamado por *Il Raduno* um dos maiores escritores italianos, capaz de deixar na sombra o "democrata" Jules Verne.

17. Em alemão no original.

18. "Espírito de cisão" é uma expressão que aparece frequentemente nos escritos de Gramsci. Trata-se da peculiar leitura gramsciana de um conceito presente em Georges Sorel, que, na primeira seção do capítulo 6 das *Reflexões sobre a violência* (Petrópolis, Vozes, 1987), fala da "cisão entre as classes que é a base de todo socialismo".

19. O "período liberal de Pio IX" situa-se entre 1846 (quando ascende ao papado) e 1848; nestes dois anos, é formulada a hipótese dita neoguelfa, ou seja, a da unificação da Itália por meio de uma federação sob o governo do papa. A República Romana, implantada em 1849, foi derrotada pela intervenção militar francesa. Sobre isso, cf., em particular, o conjunto do caderno 19, no vol. 5 da presente edição.

20. Sobre Francesco Savorgnan di Brazzà, cf., infra, caderno 17, § 19. Ver também, infra, caderno 6, § 77.

21. A tragédia *Adelchi*, de Alessandro Manzoni, de 1822, traz como apêndice um "Discorso sopra alcuni punti della storia longobardica in Italia". Um dos argumentos do "Discorso" é que, ao longo dos séculos, a população latina da península se manteve separada dos invasores lombardos. A tragédia faz de Adelchi, filho do último rei lombardo, um herói romântico, ao tentar retomar de Carlos Magno o reino do seu pai. Mas há também, na tragédia, a ideia implícita de que os italianos, postos em meio aos combates entre francos e lombardos, não deviam contar com a ajuda de outros povos em sua luta pela unidade nacional.

22. Giovanni Botero (1544-1617), importante intelectual da Contrarreforma, escreveu tratados políticos e econômicos, como *Della Ragion di Stato* (1589), em que teoriza a absoluta primazia da Igreja sobre o Estado. Tommaso Campanella (1568-1639), dominicano calabrês, conspirou para derrubar o domínio espanhol no sul da Itália, pelo que foi condenado a 36 anos de prisão; escreveu várias obras, a mais famosa das quais é *A cidade do Sol*, onde descreve uma utópica sociedade teocrático-comunista.

23. A Academia da Crusca foi fundada em 1582 por um pequeno grupo de literatos florentinos. Atribuindo-se o papel de árbitro da literatura, essa Academia promoveu a língua toscana — tal como era empregada por Petrarca, Boccaccio e outros autores do século XV — à condição de norma para a boa escrita. O *Vocabolario* que ela publicou em 1612 (e do qual uma nova edição foi iniciada em 1863, mas permanecia inconclusa quando Gramsci redigiu esta nota) é mais um repertório da língua do que um dicionário do tipo do que foi produzido pela Academia Francesa.

24. Gramsci descreve a sinuosa trajetória de Italo Toscani com base também em recordações pessoais, uma vez que Toscani fora editor de um jornal da juventude socialista e era conhecido nos ambientes da esquerda turinense. Soldado num regimento de infantaria, em 1916, é preso e condenado por divulgar propaganda pacifista. O "falso Calabresi" é um informante da polícia, que conquista a confiança de Toscani apresentando-se como irmão de Carlo Calabresi, um dirigente da Federação da Juventude Socialista.

25. Giovanni Battista Angioletti (1896-1961), coeditor, entre 1928 e 1934, de *L'Italia Letteraria* (antes chamada de *La Fiera Letteraria*), defendendo-se dos ataques de *La Quarta Roma*, menciona episódios que atestariam sua

fidelidade ao regime fascista. Em 15 de abril de 1919, grupos fascistas incendiaram a sede do jornal socialista *Avanti!*, em Milão. Bernardo Barbiellini era o *ras* (líder) dos fascistas e de seus esquadrões paramilitares em Piacenza.

26. Em dois artigos publicados em *Il Corriere*, jornal católico de Turim, em julho de 1926, Lovera de Castiglione apoia uma viagem de estudos à URSS de uma delegação de operários católicos. Os artigos de Lovera suscitam violenta reação tanto da imprensa fascista quanto de outros jornais católicos, entre os quais o *Corriere d'Italia* de Roma. Pouco abaixo, Gramsci se refere ao livro de Guido Miglioli, *Una Storia e una idea*, de 1926, no qual este dirigente de organizações camponesas católicas narra impressões de viagem à União Soviética. Solaro della Margarita (1792-1869), antepassado de Lovera di Castiglione, é personagem do *Risorgimento*: ministro do rei piemontês Carlos Alberto entre 1835 e 1847, Solaro — mesmo favorável à unidade nacional — distingue-se por posições conservadoras, monarquistas e pró-religiosas.

27. Franz Nikolaus Finck, *Die Sprachstämme der Erdkreises*, 3ª ed., Leipzig--Berlim, Taubner, 1923. Gramsci possuía essa obra em sua biblioteca carcerária (encomendou-a durante sua detenção em Milão) e traduziu no cárcere algumas de suas partes.

28. Trata-se de dirigentes provinciais, que atuavam como chefes militares.

29. Luca Beltrami (1854-1933), arquiteto do Vaticano nos anos 1920, empenhou-se na preservação do patrimônio artístico e histórico. O episódio de ostentação vulgar relatado por Beltrami, e que chama a atenção de Gramsci, foi um banquete seguido de baile no museu do Castelo Sforzesco, em Milão.

30. Frederico I (1122-1190), o Barba-Roxa, imperador romano-germânico a partir de 1152, realiza várias expedições contra a península italiana e, numa de suas investidas, chega a destruir Milão. Contra ele se ergue a primeira Liga Lombarda, que o força a reconhecer o direito das cidades lombardas aliadas ao papado. Seu neto, Frederico II (1194-1250), rei da Sicília e também imperador germânico, volta a enfrentar com sucesso a oposição do papa e de uma segunda Liga Lombarda. Num determinado momento, além da Sicília e da Sardenha, Frederico II tem sob seu controle também o Centro e o Norte da península, chegando a ocupar

os Estados papais e até mesmo Roma. Excomungado por Gregório IX e deposto formalmente por Inocêncio IV no Concílio de Lyon (1245), cidade onde o novo papa se refugiara, Frederico II contou com o apoio dos gibelinos e a oposição dos guelfos (sobre guelfos e gibelinos, cf., infra, n. 44). Por ocasião de sua morte, o poder unificador do Império já estava em declínio.

31. Gramsci menciona uma série de revistas envolvidas, de um modo ou de outro, na renovação da cultura italiana no início do século XX. A revista *Leonardo*, fundada por Giovanni Papini em Florença, em 1903, com a colaboração de Giuseppe Prezzolini, defende orientações antipositivistas de amplo espectro, como o pragmatismo americano, o intuicionismo bergsoniano e a filosofia da ação. *Lacerba*, publicada entre 1913 e 1915, é uma iniciativa de Papini, que assim se afasta da *Voce* prezzoliniana, em circulação desde 1908; *Lacerba* assume posições de "vanguarda", próximas ao futurismo. (Sobre Prezzolini e sua *Voce*, bem como sobre a "evolução" de Papini, cf., supra, n. 5.) A *Unità*, de Gaetano Salvemini, existiu como semanário político entre 1911 e 1920, concentrando-se no debate da "questão meridional". Scipio Slataper, objeto do livro de Giani Stuparich e que, afinal, dá origem a esta série de referências gramscianas sobre revistas e movimentos culturais, era, ele próprio, um escritor "vociano", morto em combate na Primeira Guerra Mundial.

32. A *Accademia d'Italia*, criada como o equivalente italiano da Academia Francesa, foi estabelecida por ato legislativo em 1926. Formalmente, contudo, só se instala em 1929. O primeiro grupo de "acadêmicos" inclui, entre outros intelectuais, o dramaturgo Luigi Pirandello, o físico Enrico Fermi, o compositor Pietro Mascagni e o poeta futurista Filippo Tomimaso Marinetti. Benedetto Croce, tal como outros intelectuais, recusa qualquer vínculo com a Academia, temendo ser associado ao fascismo.

33. Em francês no original.

34. O poeta Giuseppe Giusti (1809-1850) é geralmente conhecido por seus versos satíricos, em que toma por alvo os opressores estrangeiros (austríacos), os demagogos e os jesuítas. Aqui, ele aparece replicando ao francês Lamartine, para quem a Itália seria a "terra dos mortos". Sobre Giosuè Carducci, cf., supra, n. 3. Tanto Giusti quanto Carducci, para Gramsci, seguem a inspiração de Ugo Foscolo (1778-1827), cujo *Dei*

sepolcri, poema "noturno" e tumular característico do pré-romantismo, ressalta a glória passada da Itália através de uma série de reflexões sobre túmulos de figuras como Maquiavel, Michelângelo e Galileu. Sobre Foscolo, cf., inter alia, caderno 5, § 32, no vol. 6 desta edição.

35. Sobre a observação de Sorel contra Michels, referente à falta de continuidade entre o legado romano e a Itália, cf., supra, caderno 3, § 59, e, particularmente, caderno 2, § 45, no vol. 4 desta edição. Sobre Ezio Levi, cf. caderno 16, § 5, no vol. 4 da presente edição.

36. Sobre os "três princípios do povo" (ou o "tríplice demismo") de Sun Yat-Sen, cf., infra, caderno 5, § 51; cf. também caderno 5, § 122, no vol. 6 da presente edição. Sun Yat-Sen, o líder da revolução que proclamou a república na China, em 1911, aparece às vezes grafado por Gramsci como "Suen Uen" ou "Sun Wen".

37. Cf. Henri Pirenne, *Le villes de Moyen Age. Essai d'histoire économique et sociale*, Bruxelas, M. Lamertin, 1927.

38. Os termos "giolittismo" e "nittismo" referem-se, respectivamente, a Giovanni Giolitti e Francesco Saverio Nitti. Sobre o primeiro, cf. n. 4, parte II, 2, no vol. 1 da presente edição; sobre o segundo, cf., infra, n. 2, parte II, 2.

39. Pietro de *ser* Parenzo (ou Petracco), pai do poeta Petrarca, foi banido de Florença junto com outros líderes guelfos (cf., infra, n. 44). Mais adiante, neste mesmo parágrafo, Gramsci indaga sobre a origem italiana do jurisconsulto Piacentino, o qual, de fato, nasceu em Piacenza. Intérprete de textos legais romanos, na linha do célebre exegeta Irnerius (1055-1125), Piacentino ensinou em Bolonha e em Mântua, antes de transferir-se para Montpellier.

40. O conde Nikita I. Panin (1718-1783), por exemplo, foi o principal conselheiro de Catarina, a Grande, em assuntos de política externa, por mais de uma década.

41. Albertino Mussato (1261-1329), estadista, poeta e historiador, participa intensamente da vida política e militar de Pádua, sua cidade natal. Em suas obras como historiador, relata os feitos italianos de Henrique VII, imperador germânico. Em tais obras, ele se distancia nitidamente do tipo de relato histórico próprio dos cronistas medievais.

42. Com um diminutivo irônico, Gramsci se refere aos primeiros que tentaram estabelecer nas Comunas italianas (cidades-Estados com maior ou menor grau de autonomia) regimes políticos conhecidos como "*signorie*" ["senhorias"], centrados numa pessoa ou numa família. A dinastia dos Médici, na Florença dos séculos XV e XVI, é a mais conhecida das "*signorie*".

43. Apontado neste parágrafo gramsciano como um dos dois termos possíveis do desenvolvimento do espírito burguês iniciado no período comunal (o outro é Maquiavel), Leon Battista Alberti (1404-1472) é um típico intelectual renascentista, comparável a Leonardo da Vinci pelo seu universalismo. Escreveu importantes tratados sobre pintura e arquitetura, lançando as bases do princípio da perspectiva. Matemático, músico, escultor, cartógrafo, Alberti escreveu também a primeira gramática da língua italiana ou, mais precisamente, do vernáculo toscano. Em seus trabalhos de moral e ética, reflete sobre o valor da família, a educação, a administração prudente, a volubilidade da fortuna, os deveres cívicos e outros temas.

44. Durante o final da Idade Média, travou-se na Itália uma intensa luta entre dois "partidos", os "guelfos" e os "gibelinos". Dividiam-se em torno de quem seria o detentor do poder secular, se o papa ou o monarca do Sacro Império Romano-Germânico. Os "guelfos" defendiam o poder do papa, enquanto os "gibelinos" defendiam o poder do imperador. Ao longo dos *Cadernos*, Gramsci mencionará várias vezes essas correntes, que continuaram a ter influência na Itália, naturalmente sob formas modificadas, até a época do *Risorgimento*, quando o chamado "neoguelfismo" bateu-se por uma unidade italiana materializada numa confederação encabeçada pelo papa.

45. Cf., supra, caderno 1, § 14.

46. No poema satírico "Il giorno", Giuseppe Parini (1729-1799) descreve um dia na vida de um jovem aristocrata milanês, na segunda metade do século XVIII: trata-se de uma evidente denúncia da frivolidade, ociosidade e decadência moral das classes dominantes daquele período. Giuseppe Balsamo (1743-1795), mais conhecido como Cagliostro, charlatão e aventureiro siciliano, conseguiu por um certo tempo fascinar boa parte da Europa, sobretudo a alta sociedade francesa.

47. Cf., supra, caderno 12, § 1.

48. O chefe de Governo que toma posse na Academia é, evidentemente, Benito Mussolini. Tommaso Tittoni é o presidente da Academia, indicado por Mussolini. Sobre Tittoni, cf., inter alia, caderno 5, § 44, no vol. 5 da presente edição. Sobre a própria Academia da Itália, cf., supra, caderno 5, § 36, bem como, também supra, n. 32.

49. Cf. caderno 2, § 64, no vol. 5 da presente edição.

50. Gramsci alude ao discurso proferido por Gentile em Palermo, em 31 de março de 1924, no qual ele declara: "Toda força é força moral, já que interpela sempre a vontade; e seja qual for o argumento usado, da oratória ao porrete, sua eficácia só pode ser aquela que, em última instância, estimula interiormente o homem e o leva a consentir." Cf., sobre isso, caderno 6, § 112, no vol. 1 da presente edição.

51. Sobre isso, cf. caderno 2, § 55, no vol. 5 da presente edição.

52. Sobre Missiroli, cf. n. 60, parte II, 1, no vol. 1 desta edição.

53. No panorama da lírica classicista do século XVI, Giovanni Della Casa (1503-1566), poeta menor, destaca-se porém como um dos menos apegados à fórmula petrarquiana. Seu livro *Galateo* é habitualmente associado a *Il Cortigiano*, de Baldassare Castiglione, também mencionado neste parágrafo de Gramsci, ambos em oposição ao *ethos* burguês de L. B. Alberti.

54. "Lettera enciclica del Santissimo Signor Nostro Pio per Divina Provvidenza papa XI. Nella cristiana educazione della gioventù", em *La Civiltà Cattolica*, 1º de fevereiro de 1930, p. 193-230.

55. Em francês no original.

56. Na *Teoria economica della costituzione politica*, de 1886, Achille Loria expõe sua teoria das crises históricas como rebeliões de servidores desempregados. O crescimento da população e o decréscimo da produtividade do solo, segundo Loria, levam os exploradores a se desfazerem de seus "funcionários", isto é, os padres, os cientistas, os poetas, os advogados. Tais trabalhadores improdutivos deslocam-se na direção dos novos patrões, exatamente os antigos explorados, tendo início, assim, um ciclo revolucionário.

57. Gramsci leu algumas dessas entrevistas das *Nouvelles Littéraires* no momento da primeira publicação, antes da reunião em livro. Cf., logo

acima, neste caderno, o § 32, no qual Gramsci comenta a resposta de A. Huxley a uma dessas entrevistas.

58. "Super-regionalismo", traduz o termo original *strapaesismo*. Na verdade, *Strapaese* e *Stracittà* são duas tendências de literatura e cultura que se opõem entre si no primeiro pós-guerra italiano. A corrente *Strapaese*, ou "super-regionalista", propõe um retorno à variada tradição cultural camponesa das várias regiões italianas, opondo-se à imitação dos modelos literários estrangeiros. Inversamente, a corrente *Stracittá*, ou "supercosmopolita", adota posições europeizantes em contraposição a este regionalismo nacionalista. Kurt Erich Suckert (1898-1957), de pai alemão e mãe italiana, assume definitivamente o nome de Curzio Malaparte nos anos 1920; "intervencionista" na Primeira Guerra, adepto de Gabriele D'Annunzio e, em seguida, do fascismo, Malaparte mantém-se fiel ao culto da ação violenta, a ponto de se tornar um embaraço para o próprio Partido Nacional Fascista, do qual foi expulso em 1931. Malaparte foi um dos mais inflamados promotores do *strapaesismo*.

59. Sobre Francesco Guicciardini, cf. n. 36, parte II, 1, no vol. 1 da presente edição; cf., também, caderno 18, § 3, no vol. 3.

60. A coluna de Arturo Calza (1862-1934), chamada "O Farmacêutico", no *Giornale d'Italia*, segue a linha conservadora e nacionalista do jornal. Calza torna-se, depois, colaborador da *Nuova Antologia*, mas o ataque desferido contra ele por *Critica Fascista*, em 15 de fevereiro de 1930, encerra sua carreira.

61. Os dados bibliográficos estão incompletos. Cf., infra, caderno 6, § 149.

62. Como em outras partes dos *Cadernos*, Gramsci se refere aqui ao livro de Bernard Groethuysen, *Origines de l'esprit bourgeois en France, I. L' Eglise et la bourgeoisie*, Paris, Gallimard, 1927. Neste livro, B. Groethuysen (1880-1946), influenciado por Max Weber, analisa minuciosamente sermões e livros devocionais anteriores a 1789, para reconstruir pontos de vista, crenças e atitudes da nova classe que então lutava pelo poder.

63. Em 1921, D'Annunzio havia subscrito 2.000 liras para as vítimas da carestia na Rússia soviética.

64. Sobre Botero, cf., supra, n. 22. Em um de seus livros, o que explica a observação gramsciana a seguir, Botero correlaciona a força econômica e o poder político de um Estado ao crescimento de sua população.

65. Cf., supra, caderno 3, § 76.

66. Sobre o mesmo tema, cf., infra, caderno 7, § 89.

67. Pietro Giannone (1676-1748), historiador napolitano, denunciou a Igreja em suas obras, apontando-a como causa de abusos e de regressão na vida civil. Defendeu a limitação dos privilégios eclesiásticos em benefício da autoridade real, o que era conhecido na época como "regalismo". Em contraposição, o "sanfedismo" (termo composto a partir de *Santa Fede*) designa inicialmente os bandos camponeses controlados pelo clero que combateram a República Napolitana no final do século XVIII. Após a Restauração, o termo se ampliou para designar comportamentos reacionários e clericais, em oposição ao neoguelfismo, a corrente católica liberal. Sobre este conjunto de temas, cf. caderno 19, no vol. 5 da presente edição.

68. Cf., infra, caderno 9, § 84.

69. Sobre Giuseppe Toffanin e sua concepção do Humanismo, cf. caderno 5, §§ 123 e 160, no vol. 5 desta edição. Para Toffanin, professor de Literatura em Nápoles, o Renascimento não foi um movimento secular e oposto ao catolicismo, mas algo que deságua na revitalização da Igreja Católica.

70. Cf., sobretudo, caderno 5, § 123, no vol. 5 da presente edição.

71. Cf. caderno 5, § 55, no vol. 5 da presente edição.

72. Gramsci se refere aqui, como o fará também em algumas outras passagens dos *Cadernos*, a Gaetano Mosca (1858-1941), que, ao lado de Vilfredo Pareto e Roberto Michels, foi o principal teórico italiano do chamado "elitismo". Para Mosca, a política é sempre ação de minorias, que se constituem em "classe dirigente" e usam "fórmulas políticas" para legitimar seu poder. A teoria de Mosca, ao contrário daquela de Gramsci, faz da divisão entre governantes e governados algo eterno e insuperável. Gramsci, reconhecendo essa divisão como "primeiro elemento" da política, afirma logo em seguida que se trata de um fato histórico e, portanto, de algo que pode e deve ser superado. Cf. caderno 13, § 6, e caderno 15, § 4, no vol. 3 desta edição.

73. Vincenzo Gioberti (1801-1852), capelão da corte piemontesa em 1831, foi preso sob a acusação de pertencer ao movimento nacionalista

revolucionário. Exilado em Paris e em Bruxelas até 1845, escreve livros de filosofia e política, nos quais defende o papado, por ele visto como a base de uma unidade federativa das várias regiões italianas e, ao mesmo tempo, como reserva moral de uma civilização atacada pela Reforma, pelo Humanismo e pelo Iluminismo. Em 1848, decepciona-se com o papa e adere ao programa liberal moderado de Cavour, que levou à unificação da Itália.

74. Cf. caderno 10, II, § 41. XIV, no vol. 1 da presente edição.

75. Antonio Anzilotti, *Gioberti*, Florença, Vallecchi, 1922. O historiador Anzilotti era ligado ao grupo prezzoliniano de *La Voce*. Sobre Prezzolini e *La Voce*, cf., supra, n. 5.

76. Cf., supra, caderno 5, § 50.

77. Gioacchino Volpe, fundador da escola econômico-jurídica, particularmente importante nos estudos de história medieval, tornou-se o historiador oficial do fascismo. Entre 1929 e 1934, foi o secretário-geral da Academia da Itália.

78. Cf. caderno 11, § 15, no vol. 1, e caderno 16, § 21, no vol. 4 da presente edição.

79. Karl Ludwig von Haller (1768-1854), inimigo da Revolução Francesa e de suas consequências emancipatórias, tornou-se um dos principais teóricos da Restauração. Hegel dedicou-lhe duras críticas em sua *Filosofia do direito*.

80. Cf., supra, caderno 12, § 1.

81. Sobre Emilio Bodrero, cf., supra, caderno 3, § 9, e n. 15. Cf. também, infra, caderno 3, § 54. Mino Maccari, artista plástico e escritor, editou por muitos anos *Il Selvaggio*, revista intransigentemente fascista e principal órgão do movimento "super-regionalista". Maccari chega a publicar versos do seguinte tipo: "Mais vale um arroto do teu pároco / que toda a América e sua glória: / por trás do último italiano / existem séculos de história". Cf. caderno 22, § 7, no vol. 4 da presente edição. Sobre Alfredo Oriani, cf., *inter alia*, caderno 6, § 68, e caderno 8, § 165, ambos no vol. 6 da presente edição.

82. Ou seja, Benito Mussolini.

83. Cf., supra, caderno 7, § 66.

84. Sobre Guido Miglioli, cf., supra, caderno 5, § 6, e n. 26. Além de Miglioli, o outro homem perigoso seria Gramsci. Giustino Fortunato (1848-1932), escritor e político conservador, é um dos pontos de referência para o debate sobre a "questão meridional" na Itália. Gramsci frequentemente associa Fortunato e Croce como dirigentes intelectuais da cultura liberal: cf., *inter alia*, caderno 10, II, § 59, no vol. 1, e caderno 19, § 24, no vol. 5 da presente edição. Athos Lisa era um comunista, companheiro de Gramsci por algum tempo na prisão de Túri; deve-se a ele um relatório à direção do PCI, no qual expõe a oposição de Gramsci às propostas "esquerdistas" da Internacional Comunista e do PCI no início dos anos 1930.

85. Gabriele D'Annunzio (1863-1938), influenciado pelo mito nietzschiano do "super-homem", é uma das expressões do decadentismo estetizante em sua vasta obra de poeta, dramaturgo e romancista. Entre setembro de 1919 e dezembro de 1921, liderou a ocupação da cidade de Fiume, que, depois da Primeira Guerra Mundial, fora anexada à Iugoslávia. Este empreendimento político-militar, que visava integrar esta cidade (e toda a região da Ístria e da Dalmácia) à Itália, resultou num fracasso. Mas, por causa disso, D'Annunzio tornou-se — sob o fascismo — um herói nacional. Com o nome de Rieka, Fiume faz hoje parte da Croácia.

86. Nino Daniele, *D'Annunzio politico*, São Paulo, 1928. Daniele, nos anos cruciais da ação de D'Annunzio no Fiume, foi seu homem de confiança em Turim. Curiosamente, seu livro foi publicado por um editor italiano radicado no Brasil.

87. Cesare Pascarella (1858-1940), poeta dialetal de ampla penetração popular, romantiza acontecimentos históricos, como a aventura de Colombo, em forma de soneto. Sobre a relação entre os poemas de Pascarella e o folclore, cf. caderno 27, § 1, no volume 6 da presente edição.

88. Adolfo Omodeo, historiador de tendência liberal e frequente colaborador da *Critica* crociana, refere-se aqui a um dos dois volumes das *Memórias* de Bernhard von Bulow, que, chanceler da Alemanha entre 1900 e 1909, foi responsável por uma agressiva política exterior.

89. Thomas G. Masaryk (1850-1937), além de sociólogo preocupado com a herança eslava, foi presidente da República Tcheca entre 1918 e 1935.

Um de seus livros, *A Rússia e a Europa*, publicado em 1913, foi objeto de um ensaio de Trotski publicado em *Der Kampf*, revista social-democrata de Viena, em 1914. Em 1919, Gramsci publica esse ensaio de Trotski em *Il Grido del Popolo*. Cf. caderno 7, § 44, no vol. 1 da presente edição.

90. O franciscano Edoardo Agostino Gemelli (1878-1959), tomista, esteve no centro de várias iniciativas conservadoras no campo editorial. Aderiu ao fascismo e chegou mesmo a avalizar o antissemitismo que o regime adotou depois de sua aliança com a Alemanha nazista. Sobre Gemelli, cf. caderno 9, § 31, no vol. 4 da presente edição.

91. Para compreender a posição político-cultural de Giovanni Ansaldo (1895-1969), famoso jornalista que se assinava "Estrela Negra", cf., *inter alia*, caderno 15, § 52, e caderno 19, § 24, no vol. 5 da presente edição. Depois de colaborar com a revista *Rivoluzione Liberale*, dirigida por Piero Gobetti e proibida em 1925, Ansaldo adere ao fascismo.

92. O prefácio de Victor Cambon está em Henry Ford, *Ma vie et mon oeuvre*, Paris, Payot, 1926. Citado em seguida, o livro de Thomas Carlyle chama-se *Sobre os heróis, o heroísmo e o heroico na história*, e foi publicado pela primeira vez em 1841.

93. Ugo Ojetti (1871-1946) foi uma destacada figura intelectual do período fascista, editor de várias revistas e jornais e membro da Academia italiana. Michele Barbi (1867-1941), filólogo e historiador da literatura, era especialista em Dante.

94. Cf., supra, caderno 3, § 80.

II. JORNALISMO

1. Caderno 24

1. Sobre Giovanni Giolitti, cf. n. 4, parte II, 2, no vol. 1 desta edição. O período giolittiano ou liberal abrange, *grosso modo*, a década anterior à Primeira Guerra Mundial. Logo em seguida, Gramsci menciona *Il Secolo*, jornal milanês fundado em 1865, pouco tempo após a proclamação do reino da Itália. *Il Corriere della Sera*, que data de 1876, só adquire dimensão nacional sob a direção de Luigi Albertini (1871-1941), jornalista e político liberal-conservador, afastado da direção do jornal pelo fascismo, em 1925.

2. Sobre as revistas *Leonardo*, *Unità e Voce*, cf., supra, n. 31, parte I, 2. "Rerum Scriptor" é o pseudônimo de Gaetano Salvemini. Sobre *Politica*, de Francesco Coppola, cf. n. 82, parte II, 1, no vol. 1 da presente edição.

3. Gasparo Gozzi (1713-1786), moralista e crítico dos aristocratas venezianos, publicou *L'Osservatore Veneto* entre 1761 e 1762, com base na revista londrina *Spectator*, de Joseph Addison e Richard Steele, editada entre 1711 e 1714. É ainda mencionado Giuseppe Baretti (1719-1789), amigo de Gozzi, cuja *Frusta Letteraria* também segue o mesmo padrão do *Spectator*. Contemporâneos de Gramsci são o semanário *Asino*, de Guido Podrecca, que aparece em Roma entre 1891 e 1925; e a revista *Seme*, publicação do Partido Socialista, que circula entre 1901 e 1914, tendo como público alvo os camponeses.

4. Trecho de difícil elucidação. O verso de Dante, porém, pertence a um conjunto de poemas conhecido como *Rime Pietrose*, dedicado a uma mulher de nome Pietra — uma referência à dureza do coração da musa. Gramsci, assim, talvez aluda à obscuridade intencional de determinadas publicações.

5. Carlo Cattaneo (1801-1869), intelectual enciclopédico de formação positivista e com vasta influência no *Risorgimento* italiano, publica, entre 1839 e 1844, a revista mensal *Il Politecnico*, voltada para "o estudo aplicado da cultura e a prosperidade social". Republicano, Cattaneo desempenha papel proeminente nos "Cinco Dias", ou seja, na rebelião milanesa contra os dominadores austríacos em 1848. Exilado na Suíça, só volta à Itália em 1859, quando retoma a publicação de *Il Politecnico*, que irá circular até 1864. No movimento pela unidade italiana, Cattaneo critica o programa neoguelfo de Vincenzo Gioberti, mas também a solução mazziniana de uma república unitária, temendo uma centralização que sufocasse a autonomia das regiões e das zonas mais pobres, sobretudo o *Mezzogiorno*. Em 1867, eleito para o Parlamento, recusa-se a jurar fidelidade à casa real de Savoia. O republicanismo de Cattaneo constitui um ponto de referência fundamental para o pensamento político posterior, influenciando no século XX, entre outros, Gaetano Salvemini e o movimento liberal-socialista agrupado em torno de *Giustizia e Libertà*.

6. Massimo Rocca (1884-1974), jornalista e publicista, é personagem de vários textos gramscianos pré-carcerários, ao lado de Mario Gioda,

Roberto Farinacci, Curzio Malaparte (cf., por exemplo, "Gioda o del romanticismo", publicado originalmente em *L'Unità*, fevereiro de 1924, e agora em A. Gramsci, *La costruzione del Partito comunista* 1923-1926, Turim, Einaudi, 1974, p. 367-369). Todos eles aparecem como fascistas embebidos no sub-romantismo à Eugène Sue, de imaginação desregrada e folhetinesca. Gioda e Rocca, especificamente, têm um passado anarquista, "subversivo", tornando-se mussolinianos ainda na conjuntura de 1914, ao advogarem o nacionalismo bélico e a intervenção da Itália no conflito. M. Rocca, no entanto, depois da "Marcha sobre Roma", torna-se o principal expoente da ala revisionista e moderada do fascismo, do qual termina por ser expulso.

2. Dos cadernos miscelâneos

1. Ricardo Balsamo-Crivelli (1874-1938) é uma figura literária menor, cuja poesia é um pastiche dos autores italianos dos séculos XIII e XIV. Gramsci protesta, ainda, contra a confusão entre Ricardo e Gustavo Balsamo-Crivelli, este último professor de Literatura em Turim na época em que Gramsci frequentou a Universidade.

2. Francesco Saverio Nitti (1868-1953), depois de ter sido ministro nos governos chefiados por Giovanni Giolitti e por Vittorio Orlando, torna-se ele próprio primeiro-ministro e ministro do Interior durante o chamado "biênio vermelho" (1919-1920). Exila-se com o advento do fascismo. De volta à Itália no segundo pós-guerra, Nitti passa pelo Partido Liberal antes de ingressar no Partido Socialista. Antonio Salandra (1853-1931) ocupa a função de primeiro-ministro durante a crise provocada pela Primeira Guerra Mundial; inicialmente defensor da neutralidade da Itália, passa depois a defender o ingresso na guerra ao lado da Entente (ou seja, da coalizão formada sobretudo pela França, Inglaterra e, mais tarde, pelos Estados Unidos), quando a Áustria se recusa a devolver os territórios italianos sob seu domínio. No pós-guerra, Salandra apoia o fascismo, embora se retire da vida pública em 1925.

3. Gramsci se refere a um longo texto A, caderno 1, § 43, retomado e desmembrado como textos C no caderno 20, § 1 (no vol. 4 da presente edição), no caderno 24, § 3 (cf., supra, no presente volume) e no caderno 19, § 26 (no vol. 5 da presente edição). Sobre o *Corriere della Sera*, cf., supra, n. 2, parte II, 1.

4. Luigi Facta (1861-1930), político de orientação liberal e giolittiana, torna-se primeiro-ministro em 1922, às vésperas da ascensão do fascismo. A ambiguidade de Facta diante da Marcha sobre Roma, que leva Mussolini ao governo, é considerada um componente do êxito fascista. Em 1924, Mussolini nomeia-o para o Senado.

5. No discurso em que apresenta seu programa de governo, Nitti afirma que "todo aquele que falar de revolução na Itália, um país que não dispõe de matérias-primas suficientes e que só tem produtos alimentares para uma parte de seu povo, deve ser considerado um inimigo do povo" (*Il Corriere della Sera*, 10 de julho de 1919). A carta aberta de Serrati chama-se "Risposta di un comunista unitario al compagno Gramsci" (edição piemontesa do *Avanti!*, 16 de dezembro de 1920). Já em 1922, Gramsci emite um duro juízo sobre essa carta: "Serrati prefere romper com Lenin a romper com Turati, porque suas ideias convergiam com as de Turati e não com as de Lenin, porque também Serrati se deixara convencer pela propaganda de Nitti sobre a impossibilidade técnica de uma revolução na Itália" (A. Gramsci, "Serrati e il fronte unico", in Id., *Socialismo e fascismo. L'Ordine Nuovo* 1921-1922, Turim, Einaudi, 1966, p. 482). Giacinto Menotti Serrati (1857-1926) foi o principal líder da corrente maximalista do Partido Socialista Italiano; depois da Revolução Russa de 1917, Serrati declara-se disposto a aderir à Internacional Comunista, mas — por se recusar a expulsar do PSI a corrente reformista — favorece a cisão que, em 1922, leva à formação do Partido Comunista da Itália; em 1924, já minoritário no interior do PSI, adere ao PCI junto com o grupo dos chamados "terceiristas". Filippo Turati (1857-1932), fundador do Partido Socialista em 1892, marxista de orientação positivista, foi um dos principais expoentes da corrente reformista; por se opor ao fascismo, exilou-se em 1926 na França, onde morreu.

6. Por "fatos de agosto de 1917" deve-se entender a irrupção espontânea de uma forte agitação popular, incluindo uma greve geral, que se manifestou em várias cidades, particularmente em Turim, entre os dias 22 e 26, causada imediatamente pela escassez de pão e pela carestia. Tais fatos se situam no contexto de uma série de derrotas do exército italiano (comandado por Luigi Cadorna) diante dos austríacos, culminando com a tragédia de Caporetto em 24 de outubro. Nesse meio-tempo, os socialistas que se opunham à intervenção na guerra — chamados de "derrotistas" e "desagregadores" — são perseguidos e presos. Depois

de Caporetto, chega até a delinear-se a perspectiva de uma ofensiva da Áustria contra a Itália, que Gramsci menciona mais adiante. O fato de que os Estados Unidos declarem guerra à Áustria modifica o rumo dos acontecimentos.

7. Vincenzo Morello (1860-1933), teatrólogo e jornalista, adota o pseudônimo balzaquiano de Rastignac. Nacionalista e depois fascista, torna-se senador em 1923. Gramsci critica a interpretação morelliana do Canto X do *Inferno* no caderno 4, § 83, no vol. 6 da presente edição. Isacco Artom (1866-1935) é um dos políticos que tentam obter concessões territoriais da Áustria em troca da neutralidade italiana. Camille Barrère (1851-1940), embaixador francês em Roma, desenvolve ação no sentido de obter a adesão político-militar à Entente.

8. Giuseppe Canepa (1865-1948), socialista que sai do PSI por apoiar a guerra colonial da Itália na Líbia, é o responsável pelo comissariado de abastecimento em 1917. Mais adiante, Gramsci refere-se a Quirino Gamba e Alfredo Frassati. Em 1915, Gamba substitui o major Carlo Zunini, convocado para a frente de batalha, como crítico militar do *La Stampa*, jornal turinense ligado a Giovanni Giolitti. No final de 1915, Zunini é preso sob a acusação de enviar artigos difamatórios contra o exército a Gamba e a Frassati, este último diretor do *Stampa*. Zunini é condenado pelo tribunal militar de Portogruaro a dois anos e meio de prisão, num processo utilizado politicamente contra Giolitti.

9. Trata-se de uma disputa político-eclesiástica em torno da igreja e da paróquia dos Santos Mártires, que tem lugar em 1916; havia a suspeita de que os jesuítas buscavam apropriar-se de ambas para estender sua influência em Turim.

10. Alfred Hugenberg, político da direita alemã, coloca seu vasto império jornalístico a serviço da ascensão dos nazistas. Sobre Hugenberg, cf. também caderno 13, § 27, no vol. 3.

11. Alfredo Omodeo (1889-1946), de orientação liberal-crociana, dedicou-se à história do cristianismo, além de escrever trabalhos sobre o *Risorgimento* diretamente criticados por Gramsci (cf., *inter alia*, caderno 19, § 2, no vol. 5 da presente edição). Paul-Louis Couchoud dirige as coleções "Christianisme" e "Judaïsme", publicadas pela editora Rieder, de Paris.

12. Edmondo De Amicis (1846-1908), inicialmente oficial piemontês, torna-se em 1867 responsável pela revista *L'Italia Militare*, do Ministério da

Guerra. Abandonando a carreira militar, publica romances moralistas de temática "social", como emigração, pobreza, educação pública, etc. *L'Idioma Gentile*, citado por Gramsci, é de 1905. Segundo Gramsci, De Amicis teria sido afetado nesse livro por um "manzonismo exasperante". Alessando Manzoni não é apenas um das figuras literárias mais importantes do século XIX, mas também estudioso e intérprete destacado do italiano moderno, tendo participado, em 1862, de uma comissão oficial para a unificação e difusão da língua.

13. O *podestá* era um magistrado dotado de autoridade suprema nos municípios (ou "comunas") italianos; durante o regime fascista, a designação voltou a ser adotada, substituindo a de *sindaco* (ou, para nós, "prefeito"), restabelecida após a Constituição de 1946. Já o *prefetto*, nomeado pelo governo central, desempenha suas funções numa esfera mais ampla, ou seja, a da "província", que abrange um conjunto de municípios e não tem correspondência na estrutura administrativa brasileira.

14. Não foi possível localizar em que outra nota Gramsci se refere a esse assunto.

15. Trata-se de uma reminiscência da vida universitária de Gramsci, já mencionada num artigo de juventude, "Cultura e lotta di classe", publicado em *Il Grido del Popolo* de 25 de maio de 1918 (cf. A. Gramsci, *Scritti giovanili* 1914-1918, Einaudi, Turim, 1958, p. 238-241).

16. Sobre Giovan Pietro Vieusseux, cf. caderno 6, § 171, no vol. 5 da presente edição.

17. Cf., supra, caderno 7, § 81.

18. Cf., supra, caderno 8, § 57.

19. A *Action Française*, além de título de um jornal, designa também o movimento monárquico antiparlamentar e nacionalista francês, cuja atuação tem lugar entre 1899 e 1944. Seu principal líder foi Charles Maurras (1868-1952), que — depois da derrota da França para a Alemanha hitleriana, em 1940 — aderiu ao regime colaboracionista de Vichy e, após a Libertação, em 1945, foi condenado à prisão perpétua. Sobre a *Action Française*, cf., em particular, caderno 13, § 37, no vol. 3.

20. Cf., supra, caderno 24, § 5. Já em 20 de dezembro de 1923, Gramsci escreve ao comitê executivo do PCI: "Quero propor-lhes a confecção

de uma espécie de anuário da classe operária, que contenha sucintamente tudo o que pode interessar a um membro do Partido ou simpatizante. [...] Penso que, depois de três anos de guerra civil e, consequentemente, de imensa dificuldade para acompanhar sistematicamente os jornais e as publicações do Partido, um grande número de operários, particularmente entre os emigrados, gostaria de ter à disposição um volume como este" (A. Gramsci, *Lettere* 1908-1926, ed. por A. A. Santucci, Turim, Einaudi, 1992, p. 146-147).

21. Trata-se de uma revista contemporânea de Gramsci, não da *Leonardo* fundada por Giovanni Papini e Giuseppe Prezzolini em 1903, também em Florença (cf., supra, n. 31, parte I, 2). Essa segunda *Leonardo*, dirigida por Federico Gentile, começa a ser publicada em janeiro de 1930.

22. *L'Educazione Politica*, dirigida por Giovanni Gentile, foi publicada entre 1925 e 1926 como continuação de *La Nuova Politica Liberale*, que iniciara suas atividades em 1923. Em 1927, o título da revista passou de *Educazione Politica* para *Educazione Fascista*. Finalmente, em 1933, passou a chamar-se *Civiltá Fascista*. Arcangelo Ghisleri (1855-1938), mencionado em seguida, é um escritor e político republicano, ligado aos socialistas reformistas.

III. LORIANISMO

1. Caderno 28

1. A expressão "lorianismo" é cunhada por Gramsci a partir de Achille Loria (1857-1943), professor de economia em Siena, Pádua e Turim. Em sua volumosa obra, Loria defende uma espécie de "economicismo histórico", no qual mistura uma leitura extremamente vulgar do marxismo com um positivismo acrítico e cientificista. No prefácio ao Livro III de *O Capital*, Engels trata Loria como um caso de "charlatanismo científico" (cf. K. Marx, *O Capital*, Rio de Janeiro, Civilização Brasileira, Livro 3, 1974, p. 18-22). Além de dedicar-lhe boa parte do caderno 28, Gramsci fala de Loria também em outros parágrafos; cf., em particular, caderno II, § § 21, 29 e 48, no vol. 1 da presente edição.

2. *Tazza* (xícara), em italiano, se pronuncia com dupla consoante e se grafa com dois *zz*.

3. Em sua *Nuova Rivista Storica*, Corrado Barbagallo (1877-1952) publica ensaios que tendem a anular qualquer diferença substantiva entre regimes econômicos de diferentes épocas históricas, enfatizando o fator econômico em sua interpretação. Gramsci volta a se ocupar de Barbagallo no caderno 16, § 6, e no caderno 6, § 156, ambos no vol. 4 da presente edição.

4. Cf. também o caderno 14, § 29, no vol. 4 da presente edição. O princípio de Cuvier baseia-se na correlação entre as partes orgânicas de um corpo, o que o fazia supor ser possível reconstruir um animal a partir de um pequeno osso.

5. Paolo Orano (1875-1945) participa do conselho editorial do jornal socialista *Avanti!*, em 1903, mas pouco depois afasta-se do PSI. Eleito para o Parlamento em 1919, torna-se em seguida teórico do jornalismo sob regime fascista. Diretor da edição romana de *Il Popolo d'Italia*, entre 1924-1925, Orano escreve também sobre temas sardos. Em 1896, em seu livro *Psicologia della Sardegna*, Orano comete o seguinte "lorianismo": "É preciso convencer-se absolutamente de que existe um ambiente insular fluido na Sardenha. Por mil sinais, por cem observações diferentes, revela-se ao analista demopsicólogo a enorme diversidade de funcionalidades biológicas altas e baixas na Sardenha, em relação a qualquer outra região. Depois de ter sido fisicamente explicado, isso se explica muito bem historicamente." E, em seu discurso na Câmara, em 1929, afirma: "O fascismo nasce do conflito trágico e grandioso entre as classes [...]. Para mim, ele é a tentativa vitoriosa de erradicar a alma esquerda deste conflito e de conciliar os contrários na Pátria. Solução arbitrária e violenta: criação, não evolução. E aqui Mussolini é único e autóctone." Sobre Paolo Orano, cf. também, infra, caderno 3, §§ 66 e 132.

6. A carta de G. Sorel, datada de novembro de 1897, só é publicada por Croce, na *Critica*, em janeiro de 1927. Arturo Labriola (1875-1959) iniciou sua atividade em posições sindicalistas revolucionárias, sob a influência de Sorel; deputado em 1913, torna-se socialista independente, apoia a guerra colonial da Itália na Líbia e defende a participação italiana na Primeira Guerra Mundial. Ministro do Trabalho no gabinete Giolitti (1920-1921), opôs-se depois ao fascismo e, em 1946, foi deputado à Assembleia Constituinte.

7. Alberto Lumbroso, bibliófilo e homem de letras, escreve sobre a época napoleônica e a guerra de 1914. Era filho de Giacomo Lumbroso, respeitado helenista e egiptologista. Sobre ambos, cf., infra, caderno 3, § 22.

8. Tomaso Sillani, autor de livros exaltadamente patrióticos, confunde em um de seus artigos a "casa dos partos" — uma ruína romana cujo nome deriva dos partos, um povo asiático — com uma fantasiosa clínica ginecológica romana, supostamente modelar. Já Filippo Carli infere erroneamente que, por existir uma companhia inglesa chamada *Valombrosa Rubber*, que explora a borracha na Malásia, haveria uma exploração de borracha na floresta italiana de Vallombrosa. Giuseppe Belluzzo (1867-1952), deputado e ministro do governo fascista, escreve textos hiperbólicos sobre supostas riquezas minerais ocultas nos Alpes e nos Apeninos italianos.

9. Na eleição de 1914, em Turim, os reais concorrentes são o liberal F. Paniè, o nacionalista G. Bevione e o socialista M. Bonetto. Candidato independente, Arturo Lenzi proporciona o elemento "loriano" da campanha. A referência de Gramsci ao famoso anarquista russo Piotr Kropotkin (1842-1921), feita de memória, é imprecisa. Na verdade, o livro de Kropotkin *A conquista do pão*, divulgado na Itália a partir de 1892, contém um capítulo onde se mencionam os benefícios que uma revolução social traria para os trabalhadores agrícolas, tornando possível o uso de terras acidentadas e pedregosas.

10. Luigi Luzzatti (1841-1927), economista e político, primeiro-ministro em 1910-1911, apoiava a legislação de proteção ao trabalho. Luzzatti recebe o florilégio mencionado por Gramsci de Paul Sabatier (1858-1928), calvinista francês especialista em São Francisco de Assis. E sua frase sobre o atum torna-se o título de um livro de Riccardo Bacchelli (1891-1985), *Lo sa il tonno, ossia gli esemplari marini (favola mondana e filosofica)*, de 1925.

11. Alberto Magnaghi, *D'Anania a Botero. A proposito di una "Fantasia" storico-geografica sul Cinquecento*, Tipografia Govanni Capella, Ciriè, 1914.

12. Editado em 1906, este livro reúne artigos já anteriormente publicados, muitos dos quais têm como alvo polêmico a cultura positivista da época (Loria, Lombroso, Ferri, etc.).

13. Em 1919, Filippo Turati pronuncia um discurso na Câmara no qual aborda simultaneamente a questão do direito das mulheres ao voto e o problema das prostitutas, que ele chama de "assalariadas do amor". Em

vários textos publicados em *L'Ordine Nuovo*, Gramsci já critica duramente essa intervenção de Turati. Sobre Turati, cf., supra, n. 5, parte II, 2.

14. Sobre Graziadei e seu "Eldorado", cf. também caderno 7, §§ 23, 27 e 30, no vol. 1 da presente edição, bem como n. 7, parte II, 2, no vol. 1.

15. Cf. L. Rudas, "Graziadei — ein ökonom und Kommunist von Gottes Gnaden", em *Untem den Banner des Marxismus*, janeiro de 1926 (ano 1, nº 3), p. 600-631. O artigo de Rudas criticava o livro de A. Graziadei, *Prezzo e sovraprezzo nell'economia capitalistica. Critica alla teoria del valore di Carlo Marx*, Milão, Avanti!, 1923.

16. Pietro Rabezzana, socialista de Turim, propõe em 1916 radicalizar a ideia da Internacional operária — que ainda supõe a existência de nações, pelo menos como ponto de partida —, substituindo-a por uma "União Proletária Mundial" que passa a ser chamada de "Interplanetária". Referido logo após, o episódio do "moto-perpétuo" permanece obscuro. Carlo Pozzoni, socialista de Como, propoe substituir — enquanto centro da estratégia operária — o conflito fabril pela recusa de pagar aluguéis e pela apropriação das casas. Finalmente, a "Baronata" é uma casa em Locarno adquirida pelo anarquista Carlo Cafiero para servir de refúgio aos internacionalistas perseguidos em outros países europeus. Bakunin é acusado de se ter servido da "Baronata" para fins pessoais. Sobre esse episódio, retomado por Riccardo Bacchelli em seu romance *Diavolo al Puntelungo*, cf. caderno 23, § 33, no vol. 6 da presente edição.

17. Cecilia de Tormay (1876-1937), escritora húngara, empenhou-se no combate ao breve governo soviético húngaro liderado por Béla Kun, entre março e agosto de 1919. Escreveu um livro de propaganda anticomunista, que se tornou relativamente popular nos anos 1920. Gramsci, provavelmente, leu alguns dos seus episódios publicados na imprensa, um dos quais menciona a presença de um comunista pregando o amor livre num internato feminino das classes altas.

18. A fórmula "pessimismo da inteligência, otimismo da vontade" — tão frequentemente utilizada por Gramsci — é atribuída por nosso autor a Romain Rolland, num artigo publicado em *L'Ordine Nuovo*, de 3-10 de abril de 1920. Diz Gramsci: "A concepção socialista do processo revolucionário se caracteriza por duas notas fundamentais, que Romain

Rolland resumiu em sua palavra de ordem: 'pessimismo da inteligência, otimismo da vontade'" (A. Gramsci, *L'Ordine Nuovo* 1919-1920, Turim, Einaudi, 1954, p. 400). Num artigo um pouco posterior, de 10 de julho de 1920, Gramsci escreveu ainda: "A palavra de ordem 'pessimismo da inteligência, otimismo da vontade' deve ser a palavra de ordem de todo comunista consciente dos esforços e dos sacrifícios que são exigidos a quem voluntariamente assumiu um posto de militante nas fileiras da classe operária" (*ibid.*, p. 404). Embora a expressão ainda não tenha sido localizada na obra de Romain Rolland, é possível que ela se encontre realmente em algum texto do romancista francês. De resto, Rolland pode tê-la recolhido em um livro de sua amiga e colaboradora Malwida von Meysemburg (*Der Lebensabend einer Idealistin*, Berlim-Leipzig, Schutter und Loeffer, 1898, p. 50), onde é mencionada uma frase que o historiador Jakob Burckhardt teria usado para se referir aos gregos: *"Pessimismus der Weltanschauung und Ottimismus des Temperaments"* ["Pessimismo da concepção do mundo e otimismo do temperamento"].

19. Sobre Guglielmo Ferrero, cf. n. 79, parte II, 1, no vol. 1 desta edição.

20. Luigi Valli (1878-1931), professor de filosofia e crítico literário, segue em seus estudos sobre Dante juízos anteriormente expressos por Giovanni Pascoli e Dante Gabriel Rossetti.

21. O poeta e crítico Giulio Salvadori (1862-1928), de forte orientação católica, propõe uma interpretação de *Os Noivos* que identifica personagens de ficção (Lucia, Dom Rodrigo) com figuras-chave da vida de Alessandro Manzoni.

22. Ex-deputado socialista, Corso Bovio tem uma sinuosa trajetória no interior do PSI, pertencendo a diferentes correntes. É expulso do PSI em 1925, quando publica um artigo na revista fascista *Roma*.

23. Domenico Giuliotti (1877-1965), polemista de orientação católica ultraconservadora, está também associado à tendência literária "super-regionalista" (*strapaese*): em 1923, junto com Giovanni Papini, publica o *Dizionario dell' uomo selvatico*, um dos textos de referência do movimento.

24. Em seu livro, Giuseppe Attilio Fanelli — diretor do semanário *Secolo fascista* — defende a ideia de que o sistema de pequenas indústrias, operado artesanalmente, é a base da economia corporativa proposta pelo fascismo.

25. Ludovico Zuccolo (1568-1630), além dos textos "utópicos" comentados no parágrafo, escreve também sobre teoria do Estado: considerando a política como uma esfera autônoma, Zuccolo pode ser incluído na tradição maquiaveliana.

2. Dos cadernos miscelâneos

1. Em 1906, Giuseppe Sabioli (1857-1928), professor de história do Direito em Nápoles, publica em francês *O capitalismo antigo. História da economia romana*. Neste livro, ele critica a tendência que afirma ser capitalismo toda e qualquer economia monetária, tendência representada na Itália pelos "lorianos" Guglielmo Ferrero e seu discípulo Corrado Barbagallo. Sobre Barbagallo, cf., supra, caderno 28, § 2, e, no vol. 4 desta edição, caderno 16, § 6.

2. Cf., supra, caderno 28, § 6.

3. Sobre E. Bodrero e P. Fedele, cf., supra, caderno 3, § 9. O fato de que Bodrero seja ligado ao grupo de Roberto Ardigò indica uma orientação filosófica positivista. Sobre Ignotus, também mencionado por Gramsci, cf. caderno 5, § 70, no vol. 4 da presente edição.

4. Em sua interpretação analógica da *Odisseia*, E. Bodrero — ironicamente designado como Bertoldo, ou seja, alguém que se faz passar por tolo — identifica Ulisses com o *combattentismo* (aqui traduzido como "espírito de combate"). Esse termo se refere ao movimento nacionalista que desemboca nos *Fasci di combattimento*, organizados por Mussolini depois de 1919.

5. Sobre Paolo Orano, cf., supra, n. 5, parte III, 1.

6. Alfredo Trombetti (1866-1929), poliglota, foi professor de linguística na Universidade de Bolonha. Defendia a teoria de que todas as línguas derivam de uma única fonte. Trombetti era membro da Academia da Itália. Gramsci volta a falar dele em infra, caderno 3, § 156, e caderno 6, § 36.

7. O episódio em questão ocorre entre agosto e outubro de 1924. O professor de cujo nome Gramsci não se lembra chama-se Mario De Martino-Fusco.

8. Não foi possível localizar, nas demais notas gramscianas sobre o lorianismo, nenhuma que abordasse esse assunto.

9. Sobre Paolo Orano, cf., supra, caderno 28, § 4, e caderno 3, § 66. Para outro juízo crítico de Sorel sobre um sindicalista italiano (no caso, Arturo Labriola), cf., supra, caderno 28, § 5.

10. Cf., supra, caderno 3, § 86.

11. Enrico Ferri (1856-1929), considerado um dos fundadores da moderna criminologia, é várias vezes eleito deputado. Inicialmente socialista, chega a ser editor do *Avanti!* entre 1900 e 1905. Em 1919, preside uma comissão para a reforma das leis penais. Participa do primeiro governo Mussolini em 1922 e é nomeado senador em 1929. Sua visão do direito e da sociedade é marcada acentuadamente pelo positivismo. Num dos seus livros, *Socialismo e scienza politica*, afirma que o socialismo é uma extensão lógica do evolucionismo de H. Spencer. Sobre Ferri, cf., infra, caderno 9, § 12.

12. Em 1930, Angelo Oliviero Olivetti publica um livro cujo anúncio suscita a breve observação de Gramsci: *Storia critica dell'utopia comunistica. I. Psicologia, etica del comunismo; il comunismo nel mondo antico*, Roma, Libreria del Littorio.

13. A questão dos "baldes roubados" como causa das guerras tem origem num poema herói-cômico de Alessandro Tassoni (1565-1635), crítico da poesia petrarquizante de seu tempo e também provável autor de versos contra o domínio espanhol na península itálica. Nesse poema, escrito em 1622 e intitulado *La secchia rapita* [O balde roubado], Tassoni descreve uma rixa banal entre bolonheses e modenenses, na qual esses perseguem os primeiros até o centro de Bolonha e, sedentos, roubam o balde do poço da cidade. Da recusa de devolver o balde advém uma complicadíssima guerra entre Bolonha e Módena. A trama, ambientada no século XIII, está plena de menções satíricas a personagens e fatos contemporâneos de Tassoni. Na última frase do parágrafo, Gramsci refere-se, ironicamente, à conhecida expressão de Engels, segundo a qual a economia determinaria "em última instância" os fatos históricos. Sobre G. A. Borgese e as novas correntes científicas, cf. caderno 11, § 36 e 68, no vol. 1 da presente edição.

14. Giuseppe De Lorenzo, professor de geografia física e geologia em Nápoles, nomeado senador em 1913, também se ocupa com o hinduísmo e o budismo.

15. Gramsci alude aqui às questões levantadas por Graziadei a respeito da teoria do valor, já discutidas em outras cadernos. Cf., supra, caderno 28, § 11; e também caderno 7, §§ 23, 27 e 30, e caderno 10, II, § 41. VI, no vol. 1 da presente edição.

16. Esta citação e a seguinte estão em francês no original.

17. Cf., supra, caderno 8, § 74.

18. Ou seja, Benito Mussolini.

ÍNDICE ONOMÁSTICO

O texto deste livro foi composto em Minion Pro, em corpo 11,5/15,5.

A impressão se deu sobre papel off-white pelo Sistema Digital Instant Duplex da Divisão Gráfica da Distribuidora Record.